统一的前夜

忽必烈吸纳江南

丁俐文 著

辽宁人民出版社

© 丁俐文　2025

图书在版编目（CIP）数据

统一的前夜. 忽必烈吸纳江南 / 丁俐文著. -- 沈阳：辽宁人民出版社，2025．1． -- ISBN 978-7-205-11366-7

Ⅰ．K220.9

中国国家版本馆 CIP 数据核字第 2024Z5H016 号

出版发行：辽宁人民出版社
　　　地址：沈阳市和平区十一纬路 25 号　邮编：110003
　　　电话：024-23284191（发行部）　024-23284304（办公室）
　　　http://www.lnpph.com.cn

印　　　刷：嘉业印刷（天津）有限公司
幅面尺寸：160mm×230mm
印　　张：19
字　　数：243 千字
出版时间：2025 年 1 月第 1 版
印刷时间：2025 年 1 月第 1 次印刷
责任编辑：赵维宁
封面设计：人马艺术设计·储平
版式设计：一诺设计
责任校对：耿　珺
书　　号：ISBN 978-7-205-11366-7
定　　价：79.80 元

前言

提起秦朝，人们便能想到主持修建万里长城的千古一帝秦始皇；提起唐朝，一幅长安城中灯火辉煌的画卷就在脑海中缓缓展开；提起宋朝，南渡词人们的婉约与豪放在书中如蛟龙般灵活展现；提到元朝，很多人却对此油然生出一股陌生感，即使是丰富多彩的电视剧里，关于元朝的剧本也是少之又少。

元朝以前，从黄帝开始，一直到宋朝，基本就是汉族的天下。在此期间，也有华夏或汉族以外的各族侵入过中原，例如匈奴、氐、鲜卑、契丹、女真等，但他们只是侵占一方，称雄一时，终都没能统一得了中国。几乎天南地北，中州所及之处，汉族一直是这块版图的当家老大，那些少数民族贵族势力再强悍，也没能吞下这块肥肉。

可谁知南宋灭亡，崖山覆灭，一夜之间竟变了天。

最后一块嫡亲骨肉赵昺淹死海中，赤心赤胆的文天祥等人也随后迎来悲剧的结局，浩荡中原被蒙古大汗夺池，随后更是由蒙古大汗一统江山八十九年——而打破这一切的根源人物，就是对世界历史产生深远影响的成吉思汗。

统一的前夜： 忽必烈吸纳江南

成吉思汗幼年时期十分坎坷，丧父与族人的驱赶使他备受磨难与流离，也就是在这样一种逆境中，造就了他天命般的人格。他善于聚集猛将精英，并以高昂的斗志与锐气征服了半个世界。他先灭乃蛮后灭西夏，直至死前留下了灭金方略，儿子窝阔台、拖雷与宋联手攻下金境，之后蒙古铁骑踏入宋境。

直到成吉思汗的孙子忽必烈拿下大理，统一的趋势逐渐显露，南宋本来难以撼动的地位在后知后觉中已然变得岌岌可危。

也正是南宋本身的纸醉金迷，在樊城被攻破后的最后一丝余威终散尽，元军成功打开了大一统的大门。

本书的前半部分主要讲述元朝统一前的事情，从忽必烈如何建立大元，到他以汉法治理汉地，获得了一定的成绩，同时介绍了忽必烈身边的忠臣们。后半部分着重分析元朝与南宋之间在平行线上发生的事情，即元朝重建新社会秩序的时候，腐朽的南宋经历了怎样的尾声。

平宋将军伯颜与忽必烈之间爱恨交加的关系、叱咤风云的张弘范与后世宋人的误会、忠心耿耿的文臣郝经在被宋关押的牢房中放雁寄托思念……任何一个故事都值得我们回味。

元朝是一个特殊的朝代，它是中国第一个由少数民族称帝并统一全国的朝代，即使到了后面的明朝，元朝依然有着它独特的魅力和影响力。

元曲是继唐诗宋词之后在元朝诞生的中华文化瑰宝之一，杂糅着四海民众、逐步多民族化的中原也从此迎来了空前绝后的繁盛景象，这个朝代，同样是属于我们中华民族的骄傲。

目录

前　言　//001

楔　子　//001

第一章
热爱汉文化的忽必烈

一、任贤使能　//006

二、韬晦待时　//014

三、兄弟之争（上）　//022

四、兄弟之争（中）　//029

五、兄弟之争（下）　//038

六、贤后察必　//047

第二章
败事则有余，成事则为王

一、大哉乾元　//062

二、李璮之变　//073

三、诸王叛乱　//088

四、汉将交权　//100

第三章
国孝之事尽，谁家无忠臣

一、百雁来过　// 112
二、忠奸贾相　// 123
三、丹心照谁　// 135
四、帝命张王　// 147

第四章
铁骑上武打江山

一、灭宋之战　// 162
二、假道灭虢　// 169
三、乱箭直下　// 182
四、攻占临安　// 190

第五章
两国之间的平行线

一、秩序重建　// 208
二、道教在元　// 214
三、赵㬎登极　// 223
四、亡宋君臣　// 236

目 录

第六章

不只草原,也不只是戈壁

一、元曲南戏　// 256

二、火敦脑儿　// 259

第七章

一个朝代的挽歌

一、悲壮崖山　// 274

二、千古帝王　// 281

楔　子

统一的前夜： 忽必烈吸纳江南

在元朝建立半个世纪之前，成吉思汗已经带军队西征了很多地区。随着成吉思汗家族统治领域的不断扩张，原本眼中只有草原牛马的蒙古人也接触到了更高的文明。他们不断转换自己的统治方式，并重用各族知识分子来扩大统治阶级的力量与思想。

孛儿只斤·忽必烈正是这样一位顺从历史规律的统治者，他采取了"附会汉法"的措施，成为中原地区的政治与文化的总代表，这也是他能在中原建立大元王朝的关键要素。

忽必烈是拖雷的第四个儿子，身为成吉思汗的孙子，他可谓有仁心矣，甚至明太祖朱元璋都把他看作历史上杰出的君主之一，也正是因为这位君王愿意接受汉文化，才能有权得此名声。

关于忽必烈这个人，历史上关于他的功绩记载最多的是他建立了元朝，推行了很多汉化政策。元朝在中国历史上影响巨大，它建立了非常辽阔的疆域。西藏和台湾地区自古以来就是我国领土的一部分，从元朝开始，中央政府对西藏和台湾地区建立行政机构，正式行使行政管辖。

除此之外，就连五代十国时期失去的燕云十六州、辽东、河西走廊、南诏（云南）、贵州等地区，还有蒙古草原，都一并被融入到元朝的疆域里，中华民族的版图在元朝时期真正达到了顶点，正因为元朝的强大，才使得这些地区不再是以前身近心远的关系，而是被彻底地纳入到元朝的统治范围内。

虽然元朝统一的时期并不长久，但它的复杂程度值得考究，究其原因，一是这是一个少数民族掌管的统一王朝，很多人名比较拗口，大部分人觉得有些陌生；二是元朝帝位继承的世系也十分混乱，贵族内部的倾轧导致皇位交替频繁，仅不到百年的朝代传了五世，却换了十一个皇帝。

关于元朝究竟存在了多少年，说法有好几种，从铁木真（成吉思汗）建国到顺帝北奔，共162年（1206—1368），从灭南宋统一全国到顺帝出亡，共89年（1279—1368）。而从忽必烈确定国号开始，到朱元璋伐元，历时97年（1271—1368）。若不强调国号问题，笔者认为，从灭南宋统一全国到顺帝出逃，89年是最合理的说法。1276年之后，虽然还有宋朝皇帝，也有文天祥，但是，也已经失去了政权，宋帝只能天天逃亡了。

从唐朝末年到南宋时期，天下一直处在四分五裂中。如果没有元朝，这块版图恐怕很难恢复统一。

《元史》尽管把铁木真、窝阔台、贵由、蒙哥这四汗都纳入了本纪，但按照忽必烈本人的思想来看，不论是他建立元朝的初衷还是他继承王族的思想，元朝的开国皇帝都只能是忽必烈，而不是成吉思汗。

第一章

热爱汉文化的忽必烈

一、任贤使能

当 12 世纪的中原人还在过着辛勤耕耘，抑或是养花斗茶的小日子时，不远处的北方正有一个强大的国家在草原上崛起。

那一年，成吉思汗西征中亚归来，年仅 9 岁的忽必烈在原乃蛮部边境完成了他的初猎——拔弓射杀了一只兔子。

对于游牧族人来说，狩猎不仅是一种生存的能力，也是骑射作战的演习。按照蒙古人的风俗，成吉思汗将要亲自为这个初猎成功的嫡孙举行拭指仪式。所谓的"拭指"，就是小孩儿第一次出去打猎回来，要用肉和油脂涂抹手指。就在成吉思汗为这个小孙子拭指时，忽必烈小心翼翼地轻轻抓住了成吉思汗的大拇指。（典故出自《史集》）

在那以后，直到忽必烈 36 岁之前，历史上都很少出现他的影子了。

公元 1215 年，忽必烈的出生仿佛是在庆祝成吉思汗攻陷中都城，这也是成吉思汗的第四个儿子拖雷的嫡次子。

家中再添弄璋之喜，成吉思汗自然喜出望外。可就当他抱起这个孙子时，成吉思汗发现："我们的子孙都是红色的，这个孩子却是黑色，长得就像他的舅舅们。"

忽必烈的母亲是突厥人后裔，因皮肤黝黑后被称为"克烈"部族。就因为成吉思汗不满意这种肤色，忽必烈也没能受到成吉思汗的特别关注。

虽然没有讨到祖父的欢心，但这也并没有影响到忽必烈以后要走的路。

1235年，继承成吉思汗大业的窝阔台率军发动了针对斡罗思等地的"诸子西征"，四个家族都派出了勇猛将领。

据说成吉思汗在位时，曾根据四个儿子的才能和特长，给他们安排了不同的职掌：术赤管理狩猎；察合台执掌法令；窝阔台主持朝政；拖雷统率军队。

而此次西征，拖雷家族的代表是忽必烈的长兄蒙哥，忽必烈的同父异母弟弟拔绰担任副将。身为家族次子的忽必烈却没有参加这次重要的战役，此时他已经年满20岁，不用说在成吉思汗的整个黄金家族，就连在父亲拖雷的家族中，他也没有发出过什么张扬的动静。

正是因为忽必烈过于低调，以至于周围的人都容易忽视他，恰好是这一点，造就了忽必烈日后沉稳、有智谋的性格。

这样的性格在忽必烈出生后第一次于历史舞台上亮相时就有所体现。一般来说，小孙子见到祖父总是会百般撒娇，可忽必烈对祖父的表现方式不太一样。同样在拭指仪式上，7岁的弟弟旭烈兀天真无邪地掐住祖父的拇指，把成吉思汗疼得叫出了声，而忽必烈只是乖巧地轻轻抓住成吉思汗的大拇指。

一个年幼的孩子和自己的亲祖父在一起相处时都能小心谨慎，不逾矩半步，忽必烈的城府可见一斑。

兄弟们在金戈铁骑上四处征战，忽必烈虽然从不露头角，却在一些不引人注意的地方展现了他的真知灼见，默默地为自己的未来奠定根基。

中国有一个成语，叫作母慈子孝。

忽必烈的母亲唆鲁禾帖尼是一个极其强大的女人，忽必烈身为她的儿子，血液中也流淌着她的智慧，母强子壮，忽必烈注定不会是一个芸芸众生中的无名小卒。

1251年，忽必烈的长兄蒙哥在唆鲁禾帖尼的助力下登极为大汗，忽必

统一的前夜：忽必烈吸纳江南

烈身为自己同母弟，蒙哥自然不会亏待。再加上忽必烈在辅助蒙哥夺取汗位期间扮演了一个重要的角色——负责第二次忽里台会议秩序的宗王。所以忽必烈的地位在当时就十分显赫，于是蒙哥即位之后不久就降诏：

凡军民在赤老温山南者，听世祖总之。

——《元史·列传第四十五》

也就是说，凡在赤老温山南边的人，都要听从忽必烈的统辖领治。

赤老温山，实际上就是现在的中华人民共和国内蒙古自治区和蒙古国的界线，蒙古人的栖息地与游牧地向来是以一段沙漠戈壁为界限，中间基本上是无人区，两侧分成漠南和漠北。

漠北也就是现在的蒙古国，漠南大体上是我们现在内蒙古这一带地方。这个权力相当之大，从蒙古本土的南部一直往南，到淮河一线，包括河西走廊以东，都变成他的管辖地了。可见自己的兄长蒙哥待自己不薄。

而接到这个使命以后，忽必烈十分高兴，他大手一挥设宴庆贺。

就在觥筹交错、欢声笑语间，忽必烈王府中一个叫姚枢的文臣显得忧心忡忡。忽必烈注意到之后就问姚枢：

"别人都在兴高采烈地喝酒，庆贺我得到这个使命。明明这个权力很大，可你为什么反而显得有些不高兴的样子？"

姚枢回答道：

"大主，你若是把漠南地区的军事、民政权力全部抓到手里，那蒙哥汗在这块地区，还能有什么权力呢？"

姚枢又提醒他：

异时廷臣间之，必悔而见夺，不若惟持兵权，供亿之需，取之有司，则势顺理安。

——《元史·列传第四十五》

意思就是告诉忽必烈，我们不如只抓军事权，至于财政、民政就交给燕京行断事官，以及其他下面的那些路府州县会比较好。

这时忽必烈恍然大悟，于是立即找上蒙哥，自请唯掌军事。

蒙哥没想到弟弟会这么做，他眼中只以为是忽必烈没什么野心，毕竟这个弟弟素来低调，也就欣然批准。可他不知道，正是因为他对忽必烈失去了警惕，不久的将来，这个弟弟却做出了让他怎么也想不到的事。

而忽必烈心里清楚，他只负责漠南的军事，这招可谓神机妙算。

因为他了解自己的哥哥，蒙哥的性格的确缺少宽容，如果蒙哥将来后悔，忽必烈必将失去所有权力。

在掌管漠南军事之际，忽必烈身边还有一个重要人物，叫霸都鲁。

霸都鲁是木华黎国王的后人，他没有承袭国王之位，而是随从忽必烈南下，是忽必烈身边不可缺少的心腹功臣之一。

他帮助忽必烈确定了在漠南的据点问题。

起初忽必烈是想把他的据点设在甘肃、陕西一带，窝阔台的其中一个儿子阔端曾经是这个地方的军事总负责人，这里也是蒙古人用兵的重要的地带，而且不管是蒙古西征还是挨着漠北，不论是游牧还是通行都会比较便捷，习俗上来讲也更适合于蒙古人驻扎。所以忽必烈想在这个地方设立据点。

但是霸都鲁提出了反对意见。他说：

幽燕之地可控御天下，俯视中原。

统一的前夜： 忽必烈吸纳江南

忽必烈这才明白霸都鲁的用意。从祖父成吉思汗临死前向父辈传授了利用宋金世仇灭掉金朝起，他们始终没有忘记遥远的南方还有一个屹立不倒的南宋。

他需要牢记父辈的使命，以及这个黄金家族的野心！

忽必烈现在的主要使命是经略南宋，这样来看，选择的特点还是幽燕之地为好。这也与霸都鲁的祖父木华黎过去就是以幽燕为中心来经略中原的经验有关，霸都鲁知道这个地方对经略中原是非常有利的。这也是几百年来的经验，从辽金开始这个地方就是一个很好的跳板，不论是地形还是其他方面，都拥有得天独厚的优势。

忽必烈欣然采纳了霸都鲁的意见，命令刘秉忠在恒州东附近修筑了开平城，也是后来的元上都。这个地方现在位于内蒙古自治区的正蓝旗闪电河畔，与北京在同一经度上。同时，忽必烈到冬天的时候也会来燕京驻冬，因为燕京这边比上都要暖和得多，所以最终忽必烈决定把幽燕之地当作漠南经略的中心据点。

忽必烈身边似乎从不缺贵人，但这并非只是忽必烈运气好。

总领漠南军国重事前后，忽必烈从在漠北的时候就不断地延请中原的文学之士到漠北去给他讲一些统治汉地的问题，他这一点也是学习了唐太宗。唐太宗在当秦王还没夺到皇位的时候，也有一个秦王府的幕僚团。

善于学习的人从来不会落后，正是掌握了这一点，从在漠北的时期他就开始网罗汉地的一些精英之士。

这些精英里包括我们刚才提到的刘秉忠，也就是给忽必烈选择元上都开平城那个风水宝地的人。

刘秉忠曾经是个僧人，法号子聪。作为虚照禅师最得意的弟子，这个人不仅上知天文下晓地理，还精通占卜，对天下大事了如指掌。在蒙元政坛活跃30余载，甚至连后来的元朝国号"大元"，也是他取的。

1242 年，高僧海云禅师奉忽必烈之命前去讲述佛理，路过天宁寺时，在虚照禅师的引荐下，海云禅师带上了刘秉忠一同参见忽必烈。

刘秉忠在见到忽必烈后，凭借聪颖过人的才能得到了忽必烈的赏识，眼看归期已至，海云禅师启程返回，忽必烈却极力将刘秉忠留了下来，成为自己的幕僚，辅佐自己。而当时的刘秉忠不过 26 岁，忽必烈，也不过 27 岁！

也就是这么一个决定，不只影响了忽必烈的一生，也影响了今后一个蒙古族帝王在汉文化历史上的地位。

焚膏继晷，尽心事上，夙夜匪懈。

忽必烈招贤纳士的举动逐渐形成了侍从谋臣集团，后来人们称之为金莲川幕府（金莲川开府）。

金莲川这个名字的由来源自开平城外的一个叫作浔东川的地方，这个地方盛产金莲花，金莲花很漂亮，忽必烈很喜欢，为赏"金莲映日之胜"，所以就命名为金莲川。

这个幕府包括了上批金朝留下的儒士和其他精英，下面简单介绍一下忽必烈身边的这些文人英才。

刘秉忠对于《易经》的理解很是高明，所以忽必烈很听信他的一些建议。赵璧这个人则是蒙古语说得很好，可以给忽必烈做翻译，很多汉文典籍，例如孔子的一些著作，他为忽必烈翻译了很多。

王鹗是金朝末年的进士状元，忽必烈是个爱才之人，先是把他请到漠北，后来还让他做了翰林院承旨，给皇帝草拟制书造旨。用汉文去写任命状，任命状文辞优美，大部分都出自王鹗之手。忽必烈非常喜欢状元，包括后来的南宋状元文天祥。

像张德辉、张文谦这些人，也都各有技长，窦默、姚枢、郝经、许衡，是经学家，都是比较典型的儒士。许衡是北方的理学宗师，廉希宪是维吾尔族人,但汉文化学得很好,他熟读孟子经典,所以忽必烈称他为"廉孟子"。

王恂是个数学家,实际上和许衡、张文谦、刘秉忠三人关系很近,金元之时的邢州,地处京畿,忽必烈总制漠南汉地时,邢州是其重要属地,所以统称他们为邢州士人集团。

至于郭守敬,还有张易这些耆儒硕德的精英,都是中州人,虽然有地域种族的差异和文化学术上的差别,但大致上这批人士可以分几个类型。

邢州数术家群:数术家就是以刘秉忠为首的懂《易经》、会占卜的人士,以及像王恂、郭守敬那样数学好的大数学家,所以这是邢州数术家群。

理学家群:理学家群就是以许衡、窦默、姚枢为首的这些人,由于数术家在宋代来说,有一些理学家的数术,所以理学家和数术家有亲和关系。

金源文学群:以王鹗为首的擅长文学的人士。王鹗的文辞特别优美,因为金朝和唐朝一样是以辞赋取士的,所以中进士的人中,除了经义进士以外,大部分都是辞赋进士,有名的状元辞赋能力都非常强。

经邦理财群:例如郝经,虽然郝经的经学也不错,但是郝经是个政论家;此外还有善于理财的阿合马,只不过阿合马的地位比较低。

宗教僧侣群:比如僧师八思巴,也是后来的国师;海云禅师,也就是刘秉忠的师傅;萧公弼,太一教大师等。

宿卫士群:由忽必烈王府怯薛宿卫士组成。如廉希宪、董文用、董文忠、贺仁杰、阿里海牙、许国祯、谢仲温、姚天福、高天锡、谒只里、昔班、阔阔等。这些人来自蒙古、色目、汉等不同群体。除廉希宪以外,平时负责王府的生活服侍和护卫。王府宿卫士大多没有什么突出的政见主张,也不常参与藩邸的治道问答,但他们始终是忽必烈最信赖的藩邸人员。

这群金莲川幕府的谋臣群策群力,积极地讲述自己治理汉地的方法和策略，在他们你一言我一语的讲述中，忽必烈远大的政治理想也被一笔一画地勾勒出来了，一个将要诞生的伟大朝代跃然纸上，形成了一幅强国的蓝图。

这幅蓝图的内容有两方面，一是以汉法治汉地，二是对蒙古旧属进行适当的变通。可以说，金莲川幕府的形成对整个元朝的发展有着奠基意义。它实现了元朝最高统治者与汉族士大夫的直接沟通。它的出现是二者政治联合的开端。

元朝的政权，主要是蒙汉统治阶级联合政权，但蒙古是以游牧民族为主体，所以实际上它是蒙古贵族大汗和汉族士大夫的联合政权。从政治层面讲，这种联合方便了治理汉人，所以政治联合的开端意义重大，它给元王朝的建立提供了政策方略、社会支持以及官员储备，对元朝总领漠南汉地的统治影响深远。

这三个方面的准备都是非常重要的。

第一，政策方略。就是刚才提到的"以汉法治汉地，变通蒙古旧制"，这是它的政策方略。

第二，社会支持。这里的社会支持，是因为考虑到士大夫包括汉世侯这些人都喜欢这样的政治方略，而且适合于汉地秩序的正常恢复、民间社会生活以及百姓经济的恢复，可以带动安居乐业。

第三，官员储备。言简意赅，一目了然，这个幕府的组成人员就是忽必烈建元朝以后主要官员的班底，所以称之为官员储备。

看似是这些谋臣为忽必烈铺好了一条光明的坦途，而实际上不要忘了，是忽必烈一手建立起了金莲川幕府。

他任贤使能，其所作所为，都是在为自己以后的江山打下基础。

二、韬晦待时

1252年，蒙哥命令忽必烈远征大理。

虽然在漠南忽必烈混得如鱼得水，但仗还是要打的。

兄长一声令下，忽必烈就得出马。

大理就是当时的大理国，主体在现在的云南。我们都知道大理这个地方始终在我们中国现在的版图之内，在汉武帝时期，汉朝征服西南时已涉及一些靠近东部的地方，并在那里设立过几个郡。但是在唐宋时期，这个地方又成为与唐宋并立的一方政权，也就是南诏与大理国政权。

忽必烈这时候要南征的后大理国，即段氏大理国，已经走向了衰败。

蒙古铁骑曾经攻伐过一次大理，大理国王段祥兴派出大将高禾率兵出战，以抵挡蒙古大军，双方激战后，训练有素的铁骑大将更占上风，而大理则死伤无数。后来大理国还专门为战死的将士们建立了"九河塔"以超度亡灵。但万幸的是，蒙古大军在胜利后提前收兵了，大理没有马上亡国，就在他们庆幸时，才知道原来蒙古大军收兵是因为接到了窝阔台大汗病逝的消息。

但在这一次蒙古铁骑踏上大理国境之后，他们就没有之前那么幸运了。

忽必烈在接到蒙哥的命令后，临出发前，姚枢提出了一个领兵权的建议，他给忽必烈讲了一个故事。

讲的什么呢？是宋太祖赵匡胤派曹彬取南唐未尝杀一人的故事。

宋太祖赵匡胤派宋军以全盛之势入侵南唐，任凭李煜求好献媚一概不听。曹彬率领水军作为先头部队，他深知当年王全斌攻后蜀时放纵士兵在城内任意掠夺杀戮，结果后蜀被攻下后，却混乱了三年。那一次，曹彬也在军营中，他多次劝说王全斌撤军，王全斌一点儿没听进去。赵匡胤想要的不是一座空城，他想要的还有民心，所以这回赵匡胤派曹彬攻南唐，目的就是让曹彬帮他赢得民心，收复一个完整的南唐。

曹彬给李煜写了封信，说道："事势如此，所惜者一城生聚，若能归命，策之上也。"（《宋史·曹彬传》）

意思就是说，事已至此，可怜的是百姓，唯有归降才是上策。

大军临城，大有"黑云压城城欲摧"之势，可想而知金陵破城之日，必会生灵涂炭。曹彬很清楚，如果此时不加制止，赵匡胤交代他的命令就完不成了。

眼看着城内百姓命悬一线，曹彬对外宣称生病了，军务事自然暂缓。借着宋军其他将领前来探望的机会，曹彬神情凝重地说道："我得的病非药石可医，诸位只要在破城的时候，不妄杀一人，我的病自然就会好起来了。"

曹彬言外之意虽看起来像是以死相逼，但他的一番话和良苦用心惊醒了众宋军将士，这才避免了后蜀被攻破后的悲剧重演。

就因为曹彬这一举动，保全了南唐一方百姓的性命，也复了赵匡胤的命令。

起初姚枢讲的这个故事忽必烈没有完全听明白，破城便屠城是蒙古政权时期的习惯，莫非攻城却不杀人，是汉人的习惯？

可到第二天临清晨上路了，忽必烈在马背上突然兴奋地冲着姚枢喊道："汝昨夕言曹彬不杀者，吾能为之，吾能为之！"（《元史·姚枢传》）

很简单，忽必烈懂了，他平大理也不想乱杀人，他要学曹彬，他要完整的城，也要信赖他的民心。

当时对于一个眼里只有牛羊的游牧族人来说，这都是很大的改变，比他的伯父又前进了一步。

1253年，奉命出征大理的忽必烈率领的大军经过临洮，然后分兵三路，兀良合台率领西路军。

统一的前夜： 忽必烈吸纳江南

兀良合台是速不台的儿子，速不台是成吉思汗下面的"四狗"之一，也是仅次于"四杰"的一员勇将。速不台和他的儿子兀良合台，在长子西征的路上属于一支劲旅。西征也好，打金朝也好，速不台的旗帜一直是望风披靡所向无敌，所有人都清楚，这是非常勇猛的一支军队。

这一次蒙哥安排忽必烈和速不台的儿子兀良合台一起出征平大理，绝对是两个强者联合，后面的结果也就不言而喻了。

军事主要交给兀良合台负责，在这一点上，蒙古人是有一个传统的，即用人还得用在军事上有方略的人。兀良合台领西路军，诸王联合领东路军，忽必烈亲自率领中路军，取道吐蕃东部，艰难跋涉数千里，爬雪山过大渡河，乘革囊和木筏渡金沙江，沿途数千里，万分艰辛。

忽必烈一生骁勇善战，在尔虞我诈的政治中无人不臣服于他，唯独足疾是他难以摆脱的苦楚。

大口吃肉大口喝酒是蒙古人的习惯，也正是因为这个习惯，导致他得了这么一个顽症，放在今日叫作"痛风"。

在过大雪山的时候，山径盘曲，只得舍骑徒步，忽必烈因为足疾走起路来很不方便，实在没办法，这个时候，一个叫郑鼎的侍卫挺身而出，背着他走。

> 敌据扼险要，鼎奋身力战。
>
> ——《元史·郑鼎传》

郑鼎也是元朝开国猛将之一，身材魁梧，有谋有略，曾为忽必烈奔走无数沙场，生前备受朝野尊崇，这个背着皇帝行军的传奇人物，在死后被忽必烈特旨追封为"潞国公"。

路途遥远，气候复杂，去往大理的路途中间兵员也有很多损失，算是历尽千辛万苦忽必烈一行人才进入了大理。

同年十二月,忽必烈率军包围了大理城,他先派玉律术、王君候、王鉴三名使臣入城谕降。谕降是蒙古的惯例,打仗之前先劝对方投降。

但是没有想到,三个使者有去无还,就这样没了音讯。几番斟酌,忽必烈决定下令攻城。

为此他还亲自登上了大理城边上的点苍山,来看蒙古军攻城的情况。果不其然,当天夜晚,大理城守军就鱼溃鸟散,这是一场生死血战。

大理国国王段兴智落荒而逃,权臣高泰祥也被擒杀,一个拥有了长达300多年地方统治权的"南疆佛国"——大理国就此灭亡。

攻下大理城以后,忽必烈没有忘记对姚枢说过的话,攻城却不杀人。

可当蒙古军入城以后,发现了三具死者的尸体,也就是先前派出去的那三名使臣。"两军交战,不杀使臣"这是惯例,可自己手下的这三名使臣全被杀了!

忽必烈勃然大怒,几乎快坐不住了,这是挑衅,也是践踏,让他痛失三个使者。既然大理国人不尊重蒙古人的惯例,又为何要遵守他们的惯例?他想改变他的初心,想去屠城报复!

这时手下的几个谋臣急忙出来劝阻:"杀使拒命者,其国主耳,非民之罪。"

杀死三个使者是大理国国主下的命令,不是老百姓的命令。

忽必烈这才按捺住愤怒的情绪,从善如流特免杀掠。还让姚枢把军旗撕破,满城插满了写着止杀命令的小旗子,用来禁止蒙古军人进城滥杀抢劫。

大理城数万百姓的身家性命和财产,因为这一举动免遭屠掠。

在战败被俘之后,大理国权臣高泰祥宁死不降,最终被斩死在大理都城五华楼下。

而那天原本晴空万里的天却忽然乌云密布,气象诡谲,忽必烈心中有所撼动，认为这是上天都被高泰祥的忠诚所打动，于是他命人厚葬了高泰祥，并让高家人世代为官。

和拼死抵抗的高氏族人不同，国王段兴智则在面对忽必烈的时候显得沉默许多。本就出逃失败被抓回来，既然难逃一死，段兴智也就不做抵抗了。

但段兴智怎么也没想到，杀了忽必烈的三个使臣，本以为自己将被碎尸万段，可这个看似冷血无情的蒙古贵族却安抚了被掳的他。

忽必烈将他送到蒙古政权都城哈剌和林朝觐蒙哥，蒙哥见他乖乖投降，加上云南地形复杂，部族众多，把云南全境都平下来光靠军事力量，短时间内恐怕很难，于是蒙哥饶恕了段兴智，并委派他作为大理地区的管理者。段兴智对蒙哥表示感激，日后积极地为蒙古政权效力。而蒙哥也在段氏的帮助之下，很快地平定了云南的全境。

后来的段氏依然是大理的世代总管，首府也从大理迁到了现在的昆明，大理这个地区的官员由段兴智的后代世代担任。

平定大理这场战役在忽必烈和蒙古政权疆域的发展上是很有意义的。首先它使得蒙古政权的疆域向西南扩张了一大片，而且拿下大理将来对南宋的迂回包抄也很有利。

一方面，蒙古人有着一套特别受用的战术，从成吉思汗时期开始就频繁出现，就是打迂回包抄，与三峰山灭金战略大同小异。另一方面，平定大理也使得忽必烈成为征服东方的赢家，他向黄金家族和整个蒙古政权显示了他卓越的军事才能，这对忽必烈后来在汗位争夺中能够赢得相当多的蒙古诸王贵族的拥戴，也有着相当大的影响。

蒙古人的眼中，能打仗、打好仗才是真本事。忽必烈的祖父成吉思汗留给他的遗产和包袱十分沉重，他无法超越先祖，像先祖那样开创征服伟业，但他必须得是一个合格的继承者，否则他便愧对这个黄金家族的血脉。

所以打了漂亮的一仗，也是忽必烈韬晦待时期间的一步活棋。

除了打下大理，以汉法治邢州京兆的尝试，也是忽必烈的另一项功绩。

在总领漠南军国重事期间，忽必烈任用部分士大夫，以汉法成功地治理了邢州和京兆，这虽是他的一个试探，却非常成功。

在窝阔台施行五户丝食邑分封的时候，邢州当时是分给了两个答剌罕，他们掌管邢州一万五千户食邑。答剌罕在蒙古中比较特殊，是给一些地位原本比较低却又立有重要功劳的一些功臣封的爵位，虽然原先的地位低，但成为答剌罕之后，在贵族会议上，他们享有和诸王一起喝酒的特权。

被封为答剌罕之后，哪怕是犯了什么罪，也可以免受惩罚以及减免部分税收，偏权大得很。

那么，在如此重视内部等级的蒙古人中，像这些原来地位比较低下的人，他们是怎么能够做到跟诸王平起平坐的呢？

在成吉思汗统一蒙古诸部的时候，启昔礼和巴歹这两个人救过成吉思汗的命。在一次王罕的儿子桑昆想要突袭成吉思汗的时候，他们向成吉思汗报信，让成吉思汗躲过一劫。事后，成吉思汗出于感谢，将这两个人包括他们的子孙，世代封为答剌罕。

所以到了窝阔台掌权的时期，就把现在的邢台一万五千户作为他们的封户，赏赐给了他们。

但是毕竟是赏赐来的爵位，两个答剌罕派的达鲁花赤不习吏事，唯知索取，根本不知道"官"是什么意义。就连当地的地主，也是肆意搜刮民财，所以就在这个时候，封地的治理出现了问题。

百姓也不是傻子，被逼无奈之下只好四散逃亡，换个地方生活。

最后邢州剩下只有七八百户，官府也被称为昼伏夜出的"鬼衙"，白天无人，只因为民户太少。

统一的前夜： 忽必烈吸纳江南

邢州下面的沙河县，有个名叫吕诚的达鲁花赤，跑到漠北控诉这两个毫不作为的答剌罕。他告状道："我们这个封地出现大问题了，封户都逃光了，赋税根本就是无稽之谈，还能向谁征收？"

出了大事，这两个答剌罕不得不请求忽必烈选良吏治理邢州。忽必烈身为漠南军事的总领，一口答应了这个请求。于是忽必烈奏请蒙哥批准任命了他的几个近臣来到邢州进行治理，脱兀脱、张耕为安抚使，刘肃为商榷使。

治理邢州的几个重要措施有四项。

第一，兴办铁冶。邢州这个地方有许多铁矿资源，在这一基础上加以利用。

第二，印制纸钞。重建地域货币体系，促进商品流通。

第三，整顿驿站。邢州是交通要冲，流通便利之后，地方也会更加繁华。

第四，惩办不法官吏。百姓要的就是有人为自己出头，像北宋的提刑官，铁面无私，这股浩然之气便会深得民心。

在用汉法治理了一段时间以后，邢州流亡的民户纷纷归返，一月之内增户两万。

所以诸路考课下来以后，这个地方反而成为考课天下之最。显然，用汉法的治理效果显著，这也增强了忽必烈任用汉人的信心。

上面说的是邢州，接下来要说的就是京兆了。

京兆是蒙哥在1253年分给忽必烈的一块封地。蒙哥即位以后，进行过小规模的分封，主要是对他所在的父系的宗王和功臣的分封。忽必烈被分到了京兆，也就是现在西安这一带，关中西安这一带的8个州成为忽必烈的封地。

但是忽必烈的封地在关中，而他的前线是在川蜀，所以京兆这个区域属于后方，驻将在这里兴建府第，以奢侈相尚，会不利于他经营漠南，也不利于对南宋用兵，所以忽必烈立即派遣在京兆大建府第的大将到兴元等州驻守。

这个是一个明智的措施，忽必烈心里清楚，如果他的部属都在京兆驻扎下来，那就完成不了他经略南宋的这个使命了。

忽必烈在京兆相继设置了宣抚司、从宜所、行部这些机构，统辖管理陕西地区。

宣抚司是个地位较高的机构，总管整个关中陕西的民政事务；从宜所这个机构，是管军需转输的，因为忽必烈要把中原地带汴梁乃至燕京的军粮沿着黄河运到关中，然后再运到川蜀前线；行部主要是管财政。

在京兆这个地方，他的一些侍从相继出任宣抚司乃至榷税所的一些官职，比如杨惟中、孛兰，在他们担任了宣抚使以后，不断提拔贤良，除暴黜贪，制定规章，印制纸钞，颁发俸禄，薄税劝农，做了许多功绩，另一名宣抚使廉希宪，也是扶贫弱除奸强，去羊羔息与征收之弊，推行本息对偿。

"羊羔息"是斡脱商经营的业务之一，蒙古贵族都有自己的斡脱商，除了正常的买卖，羊羔息就是他们放高利贷的一种方式。

羊羔息用现在的通俗语言讲就是"驴打滚"，利滚利无休止地滚下去。一只母羊生四只小羊，四只小羊再生更多小羊，所以被形象地称为"羊羔息"。

这个说法蒙古人一听就懂，因为他们对于牛马羊的认知就像吃饭一样寻常，但是对于借贷的贫民来说，羊羔息就是一种圈套式的灾难。

所以廉希宪就实行有节制的限制利息率，实行利本相侔，当利息跟本钱相等的时候，就不再收利息了，这个政策对于老百姓来说是很有益的。

忽必烈还延访了一些宿儒，荐举许衡做京兆的提学，负责在京兆办学堂讲儒学；委任姚枢当劝农使，在关中劝课农桑。

综上所述，无论在邢州还是京兆，忽必烈都在应用汉法去治理当地，而且做得很成功，也在这几个地方受到了汉地士大夫和汉世侯的赞赏，汉地的士大夫和汉世侯都称他为贤王，能用士而能行中国之道，则可为中国之主。

笼络了民心，也得到了世侯的肯定，忽必烈明君的形象逐渐树立在当地人们的心中。

他就像一个异乎寻常的救世主，出现在动荡的中原，在所有人都畏惧来自草原上的这个战斗民族的时候，他变成了汉人唯一的希望。

三、兄弟之争（上）

当一个时代出现了救星，拥护他的人就会越来越多。

忽必烈在总领漠南军国重事之后受到了当地百姓的拥戴，他一改蒙古贵族在汉人心中的残暴形象，是个深明大义的贤王。

但远在北方的蒙古守旧贵主，逐渐对忽必烈的所作所为产生了意见。

亲自将忽必烈封为藩王的蒙哥也对这个弟弟的做法很不满意，他认为弟弟已经逾越了蒙古人的界限，在不断蹈袭他国之俗。

弟弟如此器重汉人、重用汉人，还以汉法治理漠南，就像一匹猛兽卸下了獠牙，享受与弱兽和谐共处的太平安稳，成为族人中的异类。

蒙哥素来固守蒙古旧俗札撒，而忽必烈在漠南已经出现了超越权力的问题，他专断擅决，不断凌驾于赋予他的权力之上。

这个弟弟未免太不可靠了！

蒙哥大怒，蒙古汗廷贵族也纷纷站出来谴责忽必烈，并且控诉他的两大罪状：

第一，中土诸侯民庶翕然归心。拥戴忽必烈的人多了起来，也就影响到了蒙哥的汗位，一家人中出了比自己更受推崇的大王，那自己的汗位还在哪里？

第二，王府诸臣多擅权为奸利事。忽必烈设立的几项官府，例如宣抚司、从宜府、榷税所，包括河南的经略司，属于他封地军事范围的只是一部分，但宣抚司既管他的封地，又整管到了川陕领域，属于地域越权。而忽必烈起初提出唯管军事，榷税司却除了转运军需，更是擅用了其他权力，这是征税越权。

1257年春天，一场重大的考验降临到忽必烈的头上。

这对忽必烈来说是一场噩梦般的灾难，折磨了他的心志，也让他失去了很多实权。曾经忧患的事情，即使想要提前避免，却也难逃一劫。

蒙哥派遣了两个亲信，阿兰答儿和刘太平赴京兆和河南对忽必烈进行钩考。

所谓"钩考"，就是审计。

从唐代起就有这么一个机构，由刑部下设比部专司其职。

《隋书·何稠传》作"勾覆"。

《旧五代史·唐书·郭崇韬传》："崇韬乃置内勾使，应三司财赋，皆令勾覆。"

正常来说，一个机构，多少都会有些漏账，机构规模越大，怕查的东西就越多。忽必烈在漠南设立的衙署如此之多，下属人数也不占少数，这一场审计下来，把忽必烈的账算得是清清楚楚。

阿兰答儿是和林副留守，地位很高，也是蒙哥的亲信，这个人是出了名的暴戾蛮横，对待忽必烈丝毫不会手软，这对蒙哥和整个蒙古贵族来说是件可以清肃的好事，但忽必烈在他的手下遭了殃。

整个审计非常严酷，虐焰熏天，这是一场对忽必烈总领漠南的大整肃，阿兰答儿在关中设立了专门的钩考机构——"钩考局"，安排了一些酷吏分担钩考之事。

"钩考局"把忽必烈原来设置的那些衙署人员全部审计了一遍，并且列了142条罪状，大开告讦。

整整142条过错，这已经不是简单的问责，而是想置人于沟壑之底，没有一丝可以翻身抵抗的余地！

整场钩考下来鼓励检举揭发，罗织罪名，无所不至，包括征商细务，拾掇无遗。大部分忽必烈手下的官员都难逃灾祸，廉希宪、商挺、赵良弼、李德辉等人纷纷受到了追查。

底下榷税所有个叫马亨的官员，也是忽必烈的股肱心腹，他押解了一批课银，没有上交汗廷，而是直接押去了忽必烈的王府，经过平阳的路上遇到了阿兰答儿。

马亨心想："见之则银必拘留，不见则必以罪加我，与其银弗达王府，宁获罪焉。"（《元史·马亨传》）

意思是让他们看见了，必然会把所征课银拿去；不让他们看见，就一定会把罪定在我的头上。与其把这些钱财运送到王府，还不如我自己一人获罪。

于是他回避了阿兰答儿。

阿兰答儿见状派人去王府逮捕马亨，忽必烈悲痛地为马亨送行，说："你去了，他们不就定了你的罪？"

马亨是个忠臣，他坚定地说："没关系，大王，我愿一人前去。"

救不下爱臣，忽必烈深感无能为力，但好在马亨是个铁骨铮铮的人，面对牢狱中常人难以忍受的摧残与逼迫，也坚决不肯透露半个字。

阿兰答儿一无所获，又知道此人对忽必烈来说十分重要，碍于忽必烈的面子，最终只好放了马亨。

虽然马亨从不向汗廷交课税这一点确实越轨,但他的确很效忠于忽必烈。

而另一个叫做赵璧的汉人也受到了严厉的拷讯,被罗织多种罪名,只是因为赵璧向来善待下属,堂堂正正,竟没有一人去告讦,于是阿兰答儿就此作罢,但赵璧仍要承担一定的罚款。可赵璧两袖清风,掏不出一分钱,还是忽必烈替他把这些罚款全部缴清,才得以脱罪。

当时,在钩考中被胁迫折磨致死的人数多达二十几人,每一个都是忽必烈的心头肉,受到赦免的只有两个人。

一个是经略使忙哥铁木儿,只因身份是蒙古人;还有一个是史天泽。史天泽是个汉世侯,身为汉人的史天泽又何德何能被网开一面呢?

这要说到史天泽和蒙哥的关系。史天泽是真定的万户,而真定又是拖雷与他妻子的食邑所在地,为自己的爹娘干过活,念在旧情,蒙哥就对史天泽放了一马。

而其他人就没有这么幸运了,饱受牢狱之灾与酷刑折磨,任凭铁打的身体也招架不住,何况都是一些普通人,面对有备而来的酷吏只有等死的份儿。

阿兰答儿钩考对忽必烈来说无疑是很大的打击,在京兆的一些官属受到了严酷的整肃与拘押审问,大多是被活活逼死。

忽必烈心中又是气愤又是委屈,但他无可奈何,因为当时他不在京兆,而在开平。

姚枢心中也满是悲痛,可他见忽必烈消极成这个样子,于是出来劝解:

帝,君也,兄也;吾,弟且臣,事难与较,远将受祸,未若尽是邸,妃主以行之,为久居谋,疑将自释。

——《元朝名臣事略》

姚枢是个明白人，血浓于水，唇齿相依，蒙哥再心狠，忽必烈也是他的亲弟弟。

这句话也是在点醒忽必烈，蒙哥在朝廷是大汗君主，在家族也是他的兄长，他是弟弟也是臣子，没办法去与大汗计较，如果两人隔着千山万水，见不着面，只怕这一惩罚不知轻重，如果他主动带着自己的家眷去见蒙哥，也许误会与冲突就会化解。

主动言和妥协，在亲人面前是十分受用的。

于是到了 1257 年的 12 月，忽必烈来到也可迭烈孙之地觐见了蒙哥。

这一场钩考酷刑长达近一年之久，蒙哥心中的怒火自然不是轻易就能平息的，当他听到忽必烈带着家属亲信随从来了，就命令他把所有的家眷留下，只身一人去见他。

人只要一见面，有些丑话也就不好再说下去了。忽必烈没有携带侍从，而是乖乖地自己去见他，蒙哥看到忽必烈的那一刻，瞬间心就软了下来。

他在举行了忽里台会议之后，主动给忽必烈斟酒，这么长时间没见到弟弟，再一见面，已经消瘦憔悴得不成人形，而这一切的罪魁祸首还是自己，蒙哥既是懊悔又是心疼。

忽必烈对哥哥也是十分恭敬，上来就对蒙哥行臣弟礼，他时刻想着姚枢对自己说过的话：我既是臣子又是弟弟。

而且自从窝阔台称汗之后，蒙哥族之间的礼仪制度也变了，哪怕是兄弟也不能像过去蒙古包里那样随便围成一圈坐，见到大汗就得向大汗行跪拜之礼。

这一点从成吉思汗即位开始也有所体现，从历史画像上也可以直观看到，在成吉思汗给忽必烈与旭烈兀行"拭指"初猎之礼时，大汗都是在位子上高高坐着，无不展示皇帝级别的威严。

如姚枢所说的那样，蒙哥和忽必烈在见面之后就和好了，气氛竟还有些悲伤，二人在经历了这一段之后怅然泪下。

蒙哥手一挥，立马下令停止钩考，但毕竟也要抵消汗廷贵族中的顾忌，忽必烈设置的经略司、宣抚司等机构也全部被一同撤销。

一场噩梦似的钩考就以忽必烈与汗兄之间的妥协而告终。

但是对忽必烈来说，他的损失是很惨重的，总领漠南军事的兵权被削夺，也失去了很多心腹忠臣，最主要的是，他藏在心底的那份野心才刚刚小试牛刀，就付出了如此惨烈的代价。

蒙哥以忽必烈患有脚疾为由，将忽必烈放回了漠北，这样一来，忽必烈也就真正被闲养了。

没有了权力，也谈不上什么理想了，好不容易取得了这些功绩，才刚崭露头角就被一刀砍断，忽必烈的远大抱负似乎也成为幻影。

说到忽必烈和蒙哥的那段可能还是暗斗，但忽必烈和幼弟阿里不哥之间就是摆上台面的明争了。

1258年，蒙哥计划分为三路大军攻打南宋。由蒙哥亲自带领大军过黄河南下，这是第一路；宗王塔察儿率领大军攻略荆襄，这是第二路；大将兀良合台从云南绕道北上，进军第三路。

路线已经计划好了，从漠南蒙古出发，最终进入南宋腹地。

黄金家族消灭南宋的野心绝不是一天两天，这一次蒙哥已经下定决心，要一举拿下南宋。

这次亲征，蒙哥可以说是做足了准备，除了提前制定好周密的安排，他还参与了亲征，可是漠北总得有人留守，临行前蒙哥命幼弟阿里不哥和自己的儿子玉龙答留守和林，从出行到留守，蒙哥全都考虑得清清楚楚，所以，这是一场谋划了许久的攻宋之战。

统一的前夜： 忽必烈吸纳江南

塔察儿是东道诸王的首领，他的祖父是成吉思汗的幼弟斡赤斤铁木哥，他们世代是东道诸王之长，所以塔察儿带领东路军的其他诸王向襄阳出发。襄阳也属于军事要塞，蒙哥认为东路交给塔察儿最合适不过。

蒙哥攻打的川蜀方向其实在窝阔台时期就已经被攻打过了，起初在灭金的时候窝阔台谨遵成吉思汗的遗训，与宋人联合灭金。这也就是为什么他能够借道三峰山迂回到这面，是因为中间有与宋人的合作。

这里我们讲一个事件——端平入洛。

南宋与蒙古联手灭掉金国之后，宋理宗赵昀也想收复被金国夺去百年之久的故地，殊不知蒙古军虽然已经撤兵，但仍对南宋留有一丝戒备，在争夺洛阳的战役中，宋军由于军队断粮溃败逃回光州境内，而南宋没有守约这一点，最终导致两方反目成仇。

从窝阔台汗后期开始，蒙古就开始了对南宋的用兵，不仅在淮河一线用兵，还在川蜀一带攻入了成都，川北一线基本被蒙军占了一半，以这种地形进行双方的攻守与防御。

此次攻宋，蒙哥率领的西路军主要地点是川蜀，依然是蒙古人喜欢用的那套迂回战术。沿江而下，包入南宋。

蒙哥率领的军队除了诸王的贵族军团以外，还有史天泽等汉军，之前钩考时期蒙哥对史天泽网开一面也是因为他们的关系要好，而且史天泽还是这次军队的首领。

除了自带军团之外，甘肃、陕西一带的汪氏军队也加入了这次的作战中，还有已经进入川蜀的刘黑马军队以及蒙古探马赤军纽璘。

兀良合台率领蒙古军和蛮僰军1.3万人，进攻路线是经过广西进入现在的潭州。

三路军的人数加起来有十几万，没有部分史书上说的有二十几万那么夸张。

蒙哥计划这三路军队在潭州交合，起兵直逼临安，想要通过这次战役，彻底灭亡南宋。虽然计划得很周密，可打起来没有那么容易。

甚至在这一次的战役中，蒙哥丢失了性命，彻底地退出了蒙古大汗的舞台。

四、兄弟之争（中）

起初蒙哥的军队顺嘉陵江而下，想要拿下重庆，当时的重庆还在宋军手里。在重庆北方约140里的钓鱼城，蒙军遭到了宋军的殊死抵抗。

钓鱼城位于嘉陵江、涪江、渠江三江汇合处，地势犬牙交错，充满艰难险阻。宋军粮草充足，武器也十分完善，甚至还有热兵器火炮。城的周围不是悬崖就是江面，众所周知重庆是个山城，若对方在山城上居高临下打来，蒙军自然是难以进攻了。

钓鱼城是重庆的一道重要屏障，要想拿下重庆，就得先把这个地方打下来。

1259年，蒙哥开始亲自督促蒙古军和汉军强攻钓鱼城，但由于蒙古军在江面上用炮和射箭的方法攻打高处十分吃亏，所以这场战役打了差不多有5个月之久。毕竟对方躲在修缮完整的宫室后面，宫室又是都由石头垒起来的城墙组成，就算是炮火也很难轰动。虽然蒙古人擅长的是射箭，但在这样的防御面前，箭也失去了效果。

在这艰难的情况下，蒙军损兵折将，就连蒙哥的御前先锋汪德臣也被飞石击中，负伤而亡。

到了七月夏季，受不了炎热的蒙古军已经逐渐溃散，军中也是瘟疫大起。

据史料记载，蒙哥在督军攻城期间中了宋军的炮弹，不久之后就死在了重庆郊外。

统一的前夜：忽必烈吸纳江南

蒙哥死后，在四川的群臣就扶柩北还，将他野葬于起辇谷，蒙哥可能怎么也没想到，自己此次亲征川蜀，会以他本人在钓鱼城的身亡而告终。

这个时候的忽必烈已经启程了，虽然前面他在钩考中被蒙哥没收了兵权，闲养了起来，但忽必烈毕竟不是一个喜爱悠闲的人。他一直在等一个机会，重新出征。

本来蒙哥亲征南宋的大将名单里是没有忽必烈的，但率领东路的塔察儿军队由于沿着汉水围攻了襄阳七日没有把襄阳打下来，很快就打了退堂鼓，撤兵而归，蒙哥听闻此讯，勃然大怒，不仅派使者教训了塔察儿，还剥夺了他的兵权。

这个时候蒙哥不得已又重新找上忽必烈。

忽必烈之所以能被蒙哥想起，也是因为他不断地主动派使者去和蒙哥示好，说自己的脚病已经养得差不多了，希望为蒙哥效力。

忽必烈是不可能在安稳中坐得住的一个人，他早就想出来了。

蒙哥见忽必烈这般主动，不由得感叹，还是自己的弟弟靠谱啊！

虽然这个弟弟曾经也没少让自己头疼，但俗话说得好，"人才有用不好用，奴才好用没有用"。毕竟忽必烈之前远征大理时还是累积了不少经验的，于是蒙哥重新启用忽必烈，改命他为东路军的统帅。

1259年秋天，忽必烈麾下的东路军突破宋军的淮西防线继续前进，但就在忽必烈准备渡江的时候，传来了蒙哥死在钓鱼城的消息，这让忽必烈悲恸不已。

蒙哥究竟是因伤而死还是病死，这始终是历史上的一个谜团。

南宋诗人刘克庄在《蜀捷》诗里说：

吠南初谓予堪侮，折北俄闻彼不支，挞览果歼强弩下。

所以宋人记载中蒙哥是中箭负伤而亡。

马可·波罗在《东方见闻录》中描述：

> 最后攻夺 Caaju（合州），膝盖骨中箭而死。

但在《元史》中的记载更多的是说他是病死的，波斯人拉施特的《史集》认为，蒙哥嗜酒，当时军中痢疫盛行，因此是染病而死。

不管哪种说法，都无不充满遗憾，这对蒙哥来说，三路攻宋战役本将会成为他在黄金家族中的骄傲，也可以更好地巩固自己的汗位，然而一切戛然而止。

忽必烈与全军的将士为蒙哥之死举哀，就在这个时候，有人建议忽必烈立即北归，毕竟蒙古的大汗没了。这一切似乎又重演了窝阔台与大理之征的悲剧，但忽必烈不愿意回头。

忽必烈说："吾奉命南来，岂可无功而遽还？"

在蒙古人的思想观念里，最崇尚的便是征伐，最崇敬的便是在疆场上的英雄，身为成吉思汗的继承人，军绩是不可或缺的。

正如蒙哥汗亲征川蜀，他也是怀着远大的抱负才计划了这么一场战役。蒙哥当初的汗位是在一片内斗与血雨腥风中夺取的，他在察合台家族也好、窝阔台家族也好，已经结下了许多对敌，他也想展现自己身为第四任大汗的权威，去进一步巩固自己的汗位。

忽必烈也是这么想的。

他好不容易才等到了一个复出的机会，绝不能犯下塔察儿那样的低级错误，因为那样只会让他变成被人唾弃的狗熊。

于是忽必烈很快稳住情绪，果断迅速地渡江攻向鄂州。

渡江之后，忽必烈驻扎在江北的许黄州，数日以后蒙古军开始大举进

统一的前夜： 忽必烈吸纳江南

攻鄂州。鄂州城的南宋守军死伤达1万多人，而且痛失守将张胜，但是鄂州之战始终僵持无果。

这时候有个人出现在了蒙古大营，他是南宋的丞相，也就是有名的奸臣贾似道，当时的京湖制置大使。贾似道是个机关算尽的人精，他故作谈判，对蒙古人说："我去进城谈判，你们先休战吧！"

再怎么样，这个人也是个敢来谈判的，于是蒙古军便轻易听信了他的话。可他们没想到的是，贾似道一进城就迅速加重了守城的兵力，说食言就食言。

尽管后来蒙古军突破东南城墙，但为时已晚。

他们都被一个南宋丞相给耍了！

那端，兀良合台率领的南路军已经辗转进入了潭州，忽必烈得知兀良合台到达潭州以后，他也决定议和北上。

于是就派手下一个名叫铁迈赤的将领率领三千铁骑赶往岳州接应，若此时不去援助兀良合台，南路军很可能会全军覆灭。那毕竟是孤军深入，忽必烈顾全大局，不可能让兵力的损失再继续扩大下去了。

在攻城东歪西倒的情况下，北归一定是上策。

蒙宋之间的议和是贾似道提出来的方案，他的这个抉择也是出于为鄂州考虑，毕竟他是鄂州的督师，宋理宗赵昀对他十分信任，派他前来救援，他总不能什么也不做。

眼下蒙军已经突破界限，开始了长久的拉锯战，如果说进城加大防守是他的小聪明，但在这种险恶的形势下，继续守城也未必能守得住，溃兵是迟早的事情。

眼看火已经烧到眉毛了，于是贾似道立马秘密派遣一个叫宋京的使者，向忽必烈提出议和，以缓解局势。

当年他们就是用议和这一招应对契丹与金朝的，现在故技重施，称臣议和，在忽必烈身上似乎也行得通。

蒙军折损不在少数，究竟撤不撤兵也是忽必烈一直在犹豫的问题，选择与南宋谈判也是决定他如何走下一步棋子的关键。

于是忽必烈派赵璧入城，贾似道见忽必烈也有意撤兵，于是退一步求以金钱换和平。

贾似道说："北朝不进，我朝岁贡银绢二十万两匹，割江为界，俾南北生灵息肩，何如？"

面对这样的条件，赵璧却拒绝了。

> 上驻濮州未拜旗时，汝国遣行人来议尚可。今已渡江，江南之地悉为我有，何为出此言？
>
> ——《宋史·贾似道传》

赵璧的言下之意很简单，他告诉南宋，他们已经渡江了，攻下江南指日可待。如果他们还没来，兴许这么说还有点作用，可他们已经走到这一步了，再退回去，岂不是前功尽弃？

因为蒙哥的死，三路军已经提前撤走了一路，尽管如此，忽必烈和兀良合台率领的两路军还在不断地作战，并且忽必烈的部分骑兵已经攻向东面，想要乘其不备，一鼓作气攻入临安。这一套战略，其实在当时是可以用的。

但为何第一次议和失败了，忽必烈却还是选择北归？眼看就要拿下南宋，在这个临门一脚的紧要关头，他不要他的功绩了？

蒙哥的死让蒙古汗位处于空缺状态，气焰正盛的忽必烈希望用击败宋朝的成就来提高自己在汗位争夺中的优势地位。但忽必烈在幕僚郝经的劝说下，开始担心，如果不先回国，将会遭到阿里不哥和南宋的前后夹击。

统一的前夜： 忽必烈吸纳江南

这里就要说到忽必烈与兄弟之间的阋墙问题了。

蒙哥一死，就意味着蒙古失去了他们的大汗。汗位一旦空缺，就有人想要急补上。一来，一个国不可缺少领袖；二来，那些对皇权觊觎已久的候补人，早在暗中蠢蠢欲动了。

汗位不会因为蒙哥的死而顺水推舟传到忽必烈的头上，因为他还有一个劲敌，也是自己的幼弟——阿里不哥。

蒙哥亲征之前将阿里不哥留在和林，这就说明阿里不哥一直都与蒙哥方的势力走得很近，拥护蒙哥的那些权臣也都顺其自然会拥护阿里不哥。而忽必烈因为漠南之事被闲养了很久，他们已经形成两个对立的关系了。

此时，忽必烈的妻子察必也派出使者告诉忽必烈，忽必烈的弟弟阿里不哥在蒙哥死后，马上和有影响的蒙古贵族结盟，试图抢先登上汗王之位，并调动军队，在燕京一带征兵。

角逐汗位的事态已经逐渐失控，所以忽必烈放弃了继续攻打南宋的方略，决定议和撤军。在汗位面前，打赢这场战役就显得无足轻重了。就算现在拿不下南宋，但南宋在面对蒙军的攻打时次次展露出了筋疲力尽，说明其内部已经出现了问题，忽必烈有着这样一个强烈的预感，总有一天，四海将会归一。

所以，忽必烈第二次派赵璧来谈判的时候，赵璧就这样应对了贾似道的请和："汝以生灵之故来请和好，其意甚善，然我奉命南征，岂能中止？果有事大之心当请于朝。"

这个回答代表蒙军并没有直接一口答应贾似道的求和，只是同意贾似道称臣，将南宋作为藩属，接受花钱议和，但最终的决定权还需要在请示蒙方汗廷之后才可以知晓。

在当时那个阶段，没有用书面条文去约定这一件事，只是简单在口头上与南宋达成了议和协议，忽必烈满心想着北撤争夺汗位，就将这件事情暂时搁置了下来。

对南宋来说，更大的好消息是，蒙哥并未立下遗嘱确定大汗之位由谁来继承。忽必烈与阿里不哥的汗位之争，让蒙古暂时没有精力去对付南宋，南宋得以苟延残喘了十多年。

1260年3月，忽必烈的军队已经撤到长江北岸，他带着自己几个亲信快马加鞭、日夜兼程地赶回开平，一路上刻不容缓。他心急如焚，因为他心里清楚，与阿里不哥争夺汗位，其实不是一件容易的事。

他从未想到有一天会与弟弟阿里不哥一同站到角斗场上，而这一切也都因为蒙哥突然的死，打乱了忽必烈的长远计划。

到了开平之后，忽必烈并没有继续北进，而是派遣使者和阿里不哥保持联系。他聪明地解散了阿里不哥新征集的部队，这样做不但削弱了阿里不哥的兵力，还得到了当地百姓的支持。

拥护阿里不哥的势力要比忽必烈大，阿里不哥是拖雷家族的灶主，一直以来他都依仗哥哥蒙哥，先前也从父亲拖雷那里得到了许多遗产，所以当前这个幼弟的分量很重。

留守和林的蒙哥幼子玉龙答失，以及从川蜀护送蒙哥遗体回漠北并安葬蒙哥的长子阿速台，以及许多蒙古诸王，都围绕在阿里不哥的身边。

蒙哥身边的众多旧臣，例如孛鲁欢、忙哥撒儿、阿兰答儿，一致想要拥戴阿里不哥上位成为第五任大汗。前面两位还好，但阿兰答儿是忽必烈的死对头，之前在漠南钩考他的时候，让他和他的幕僚权臣受尽了折磨，这个人在忽必烈心中可以说是有着深仇大恨的。

阿兰答儿这些人在同一战线上把忽必烈排在汗位争夺的角逐之外，忽必烈也清楚自己在漠北的势力很有限，他的势力主要在漠南。

从蒙哥安排他掌管漠南军权开始，委任给他的权力和职务都在漠南发挥更多，就连他的驻牧地都移到了开平和燕京。值得一提的是，原先忽必烈在漠北是有驻牧地的，只是因为他自己的中心活动据点需要，才转移到了别处。

总之，在军事政治力量上，忽必烈在漠北毫无优势可言。

忽必烈在迅速返回开平期间，妻子察必给他传信，察必说她从漠北听到了一些关于阿里不哥的消息。阿里不哥已经在漠北开始招兵买马，筹备忽里台贵族会议，积极开展集权活动，整合众多支持者拥戴自己登上大汗之位。

在听到这个消息之后，忽必烈的内心十分焦灼，这个弟弟居然比自己更想称汗！

但很快，他便平复了心情。

因为忽必烈心里清楚，自己的军功比阿里不哥要显赫得多，又在拖雷家族的嫡子年龄排行上是老二，再加上实力也相对更有优势，尤其是在漠南。

在返回燕京之后，三月初，忽必烈于开平举行了忽里台贵族会议。

出席这次贵族会议的诸王分为两道：西道诸王中，有窝阔台的儿子合丹、察合台的孙子阿只吉、阔端的儿子只必帖木儿；东道诸王中，有东路军统帅塔察儿、合撒儿的儿子也孙哥、哈赤温的孙子忽剌忽儿、别勒古台的孙子爪都、哈赤温的另一个孙子纳邻合丹。可以看出，东道诸王派都是忽必烈驻地人员的子孙。

此次忽里台贵族会议除了这些诸王以外，还有一些功臣贵族。有木华黎国王的曾孙子，也是继承国王爵位的忽林池国王，还有弘吉剌的纳陈驸马、帖里垓驸马、李里察、亦只里、启昔礼、巴歹答剌罕的后裔等人，这其中还包括一些汉军世侯。

但是从诸王贵族的数量和身份来看，尤其在拖雷家族中，留在漠北拥戴阿里不哥的人数更胜一筹，前来参加开平忽里台会议的人数则占少数。

忽必烈开始隐隐担心,如果阿里不哥抢先利用在漠北留守的优势,结合地利人和的绝佳位置,那么忽必烈就会显得受制于人了。

忽必烈身边的诸王兄贵看出了他的担忧,纷纷站出来劝慰他。在这种战线一致的时刻,人心显得更加聚合。

近臣廉希宪、商挺、孟速思等人积极地劝谏,说:"殿下,您是太祖嫡孙,大行皇帝蒙哥的同母弟,以贤以长,当有天下。"

话中明显是想一致拥戴他,这给了忽必烈许多信心,使他重新振作了起来。

当然忽必烈也不是傻子,与阿里不哥去争帝位,他一定要提前拉拢人心。这些人里除了自己选择站队的,还有被忽必烈事先拉拢来的。

忽必烈清楚得很,在父辈家族中,拥戴自己的人远远没有阿里不哥多,所以他提前注意到了东道诸王塔察儿这个角色。他曾派手下的近臣去私访塔察儿,许诺给塔察儿一些好处去拉拢他来到自己的阵营。塔察儿代表成吉思汗驻地的东道诸王的首领,拉拢塔察儿,一定是个明智的决定。

果不其然,塔察儿没有让忽必烈失望,在忽里台大会上,塔察儿率先以书信提议拥戴忽必烈为大汗,就是这么一个提议,形成这一次忽里台会议的关键。

这一段在《元史》中有记载,忽必烈在开平的时候,有许多宗王"请求"忽必烈继承汗位。按照惯例,在三次正式"拒绝"之后,忽必烈同意继承汗位。

1260年4月,忽必烈拘禁阿里不哥派往燕京的心腹脱里赤,公历5月5日,忽必烈在合丹、阿只吉等人的拥戴下,正式被推选为新的大汗,史称"开平称汗"。

当时忽必烈46岁。

五、兄弟之争（下）

南边的忽必烈被诸王贵族推举为汗，北边的阿里不哥也在自己支持者的拥护下，在漠北称汗。

两个人都说自己是大汗，究竟该听谁的呢？

很难决定。

《元史》中有记载："中统元年春三月戊辰朔，车驾至开平。亲王合丹、阿只吉率西道诸王，塔察儿、也先哥、忽剌忽儿、爪都率东道诸王，皆来会，与诸大臣劝进。"

但由于大部分蒙古贵族没有出席这次会议，这样的结果自然无法服众。

所以说，1260年4月，忽必烈在开平称汗之际再稍晚一点儿，阿里不哥在和林以西的按坦河，也被立为大汗。

忽必烈这个汗位不被认可，于是才出现了南北对峙的大汗。有争执，就有兄弟操戈。

两人为争汗位兵戎相见，总得选一个人来当第五任大汗。

参与阿里不哥的忽里台会议上的诸王代表性更为广泛，地位也更加显赫，尤其是在拖雷家族和西道诸王中，几个身份显贵的人物也都在里面。

有蒙哥的长子阿速台，蒙哥的幼子玉龙答失，察合台的孙子阿鲁忽，合丹的儿子忽鲁迷失、纳臣，还有塔察儿的儿子乃蛮台。

这个时候就可以看出一件很有意思的事情，反倒是更亲近的关系，倒戈得就更加明显。

塔察儿拥戴忽必烈，他留在漠北的儿子就去拥戴阿里不哥，只必帖木儿拥戴忽必烈，他的弟弟也速就拥戴阿里不哥。

在其他主要汗国中，阿里不哥得到斡罗斯的钦察汗国和中亚的察合台汗国以及窝阔台汗国的支持。

而忽必烈只有弟弟旭烈兀的伊尔汗国支持。旭烈兀向争位双方派出使者，表示拥护忽必烈为大汗，并且指责阿里不哥，但旭烈兀远在中东，他的汗国遭到当地人的反攻，旭烈兀分身乏术，在皇位继承的斗争中没能给忽必烈提供更多的帮助。

而在与南宋作战的将领中，密里火者、浑都海、汉人万户刘太平、霍鲁怀等人，都表示支持阿里不哥称汗。

但是忽必烈比阿里不哥又多了一些汉族人的势力支持，比如张柔、史天泽、董文用、刘黑马等人，他们全部拥立忽必烈。

前面说到忽必烈着急在开平举行忽里台会议，那阿里不哥在此之前，做了哪些事情才让忽必烈如此火急火燎，放弃攻南宋之战选择回去呢？

阿里不哥在得知蒙哥去世的消息之后，第一时间以留守和林监国的身份行使手中的权力，欲趁忽必烈和次兄旭烈兀不在之时夺取汗位。他早有谋划，积极拉拢蒙古贵族，并让左丞相阿兰答儿去漠北一带征兵用以扩充势力，让脱里赤在河朔一带征集兵力，为以后抢夺汗位做准备。

就在忽必烈与宋军作战的时候，阿里不哥就要求忽必烈回到蒙古来推选新的汗王。

尽管是亲兄弟，但忽必烈也清楚得很，阿里不哥这是在引诱他上钩。

只要他留守在自己掌控的地方，拥有自己的军队，隔着这么远，阿里不哥就拿他没办法，所以他才选择留在开平，没有继续北上。

出于自身安全考虑，忽必烈只派出使臣与阿里不哥交涉。但这样的态度无疑是在宣布，他不会服从阿里不哥。

这完全在阿里不哥的意料之中，但让他没有想到的是，忽必烈会抢先宣布继承汗位，忽必烈的这一步棋完全打乱了阿里不哥的预谋。

忽必烈称汗后也没有闲着，他立即派出一个百人使团，告诉阿里不哥

统一的前夜：忽必烈吸纳江南

自己已经称汗了。

像忽必烈扣押阿里不哥的使团一样，阿里不哥也生气地扣押了这个使团。

于是不久之后，在驻夏据地阿勒泰山中，阿里不哥召集留守漠北份地的诸王宗戚举行大会，也宣布自己继承汗位。

在蒙古政权中前所未有的事情出现了，两个并立的大汗，谁做大汗更合法一些？谁更优秀？

但在这场夺位之战中，不见得谁更合法谁就能胜利。

忽必烈和阿里不哥两个人都是拖雷正妻所生的儿子，都是四个嫡子之一，所以两个人都是一样的关系。

蒙古人非常讲究亲疏关系，这与我们的宗法制也很接近，嫡子地位最高，庶子是排在众嫡子之后，即使年长，如果是庶出的话，也得老老实实排在最后一位嫡子的后面。

更何况忽必烈和阿里不哥是同母所生，所以就谈不上嫡子和庶子的排序了。

忽必烈和阿里不哥同时争权，也都通过了忽里台贵族会议的推选。蒙古政权时期的汗位继承都需要通过举办忽里台会议的方式进行，这是必不可少的流程，也是部族联盟制度的残余。

所以同样都经过了忽里台会议的推选，只是相比之下阿里不哥在政治上继承汗位的优势要更多一些。第一，他留守和林，主持蒙哥去世以后的朝政。第二，蒙哥的诸皇子如玉龙答失等人也都支持他，在他举办的忽里台会议上拥戴他。

最主要的一点，阿里不哥举办忽里台会议的地理位置在漠北和林附近，这与忽必烈在开平那么远的地方举办忽里台会议是不能同日而语的。

要知道，漠北和林是忽必烈祖父的肇基之地，也是蒙古政权的兴建之地，成吉思汗称汗的地方，一直到贵由与蒙哥时期，都把这个地方作为国都。

参加拥戴阿里不哥举办的忽里台会议上的诸王数量和身份，远远超过了忽必烈在开平举办的忽里台会议，并且成吉思汗曾经留过这样的遗训："嗣承成吉思汗宝位，领有他在蒙古的世代继承下来的土地的那个人才有资格继承。"

如果要从这个方面去看，成吉思汗留下的这条宝训实际上对阿里不哥最有利。

因为蒙古的中心区也是成吉思汗时代的中心区，它就在和林按坦河附近，这里靠近三河源头，正是成吉思汗始创基业的地方所在。在这一点上，阿里不哥的地理位置完全符合成吉思汗的遗训。

所有的优势仿佛都集中在了阿里不哥的身上，忽必烈顶着四面八方而来的巨大压力，在一声声反驳中坚决不肯退让半步。

他认为自己也不是全无优势：第一，他年纪比阿里不哥大，身为兄长，继承权就在阿里不哥之上。第二，自己的军功比阿里不哥显赫，不论是征战大理也好，还是与蒙哥亲征南宋，虽然没有彻底拿下，但他已经攻到了鄂州城下，收复南宋的任务完成了一半，若不是蒙哥的突然去世，他还不会选择北归。这已经是一项了不起的功绩了。

他还有漠南的一种势力支持，在参与他开平忽里台会议上的那群宗王，乃至驸马和汉人士大夫也毫不逊色，他人虽然不在漠北，可是经济实力、政治经验，以及军事能力，是远远超越阿里不哥的。

先前因为决定汗位继承的事他与阿里不哥之间也彼此派使者进行过交涉，早在忽必烈攻打鄂州的时候，阿里不哥就派使者请他共商国是，商议家族继承之事。只是那时他就受制于人，所以他的拥戴者不多，反而蒙哥留下的那些人脉多多少少都和忽必烈有些渊源。因为阿兰答儿钩考的事情,两人积怨较深,所以忽必烈不可能回到漠北去跳入那个早已设置好的圈套。

但好在他在漠南的据点开平抢先几个月称了大汗。

为了得到更多支持,忽必烈聪明地利用了汉地的资源和汉人臣民。

忽必烈在自己的领地吸收汉文化,重用汉族中的儒士,拉拢汉族中的大地主,于"开平称汗"之后,发布了由儒士幕僚王鹗起草的诏书《皇帝登宝位诏》,在诏书中,自称为"朕":

"朕惟祖宗肇造区宇,奄有四方。"

称蒙哥为"先皇":

"先皇帝即位之初,风飞雷厉,将大有为。忧国爱民之心,虽切于己,尊贤使能之道,未得其人"。

《皇帝登宝位诏》改变了蒙古之前的制度,并建立了效仿汉人的中央集权制封建政权。

而且,在汉族文人的帮助下,忽必烈在五月十九日发布《中统建元诏》,正式建立蒙古政权的第一个年号"中统"。

总之,他的作风看上去,更像一个汉人统治者,而不是出生在草原马背上的执政者。

为了防备阿里不哥,忽必烈开始着手组建忠于他个人的精锐部队,用来保卫大汗,戍守北方各地,尤其是燕京、开平一线心腹地区。

双方摩拳擦掌,厉兵秣马,一场兄弟阋于墙的战争一触即发。

就在中统元年的秋冬之交,忽必烈率领大军亲自讨伐阿里不哥,拥戴他的蒙古诸王的军队,包括东部蒙古号称"五投下"的人员都动员了起来,他把汉世侯里七万户中的至少六个万户的军队大量抽调到燕京长城一线,有的北上到开平一线,随他与阿里不哥交战。

在这次的兄弟之战中,东道诸王的也相哥和纳邻合丹奉命担任忽必烈的前锋。

两方军队在巴昔乞地方直接交战，但由于阿里不哥的军队缺少作战经验，很快就被打得溃不成军。

忽必烈可不是一般人，从他亲征大理和自愿征伐南宋就可以看出，他对打仗有着过人的经验与策略。

阿里不哥战败之后，忽必烈把运粮的粮道直接封锁。和林一直以来都是国都，但国都里面有着大量的百姓和军队，有人就需要粮食，漠北的牧场养活不了这群城居的官僚军士与子民，所以忽必烈在与阿里不哥初次交锋取胜之后，立刻将汉地漠南通向和林的粮道封锁了起来。

这样一来，直接引起和林都城的粮荒骚动。

没了粮食，打仗也打不过，与哥哥忽必烈相比，在军事上还是个小牛犊的阿里不哥被逼入绝境。

说游牧族人没有守城的观念可能是个借口，但眼见情况不明的阿里不哥选择直接抛弃都城向西而逃。

之所以能让阿里不哥逃掉，也是因为东道诸王的也相哥上了阿里不哥的当。阿里不哥在第一次战败后派了一名使者前来捎信，佯装认错。

他在信中对忽必烈说："我这个做弟弟的，有错，我认错，咱们和好吧。"

毕竟是自己的亲弟弟，忽必烈起初将信将疑，但也相哥就此放松了警惕。

很快阿里不哥又重新卷土，再次占领了和林，而且这一次他是有备而来，率军直逼开平，气焰嚣张，给忽必烈造成了很大的打击。

这一次，忽必烈决定亲自上阵了，也不过多依赖也相哥做前锋了。

他率领了一大批军队北上与阿里不哥在和林以南的昔木土展开了激战。

毋庸置疑，这一次还是忽必烈取得了胜利。

统一的前夜： 忽必烈吸纳江南

在这次战败后，阿里不哥的部将阿脱选择投降，而阿里不哥则率领他的部众向西而逃。

上一次阿里不哥就逃向西方，这一次为什么还是西逃呢？

因为阿里不哥的老巢就在西边。当年成吉思汗封给拖雷的封地就在和林的西边——吉尔吉斯。阿里不哥以拖雷幼子的身份早早继承了这个地方，所以西边的吉尔吉斯是属于他的地盘。

所以只要一战败，阿里不哥就逃回吉尔吉斯。

昔木土大战是以漠北草原为中心的主战场，也是忽必烈与阿里不哥之间很重要的一场战役，因为忽必烈在这场战役中歼灭了阿里不哥的一大批精锐，进一步地挫败了阿里不哥的信心。

而另一边的秦陇战场，忽必烈也没有停止指挥。他派遣了两个藩邸中能力优秀的旧臣——廉希宪和商挺，奉命前往京兆，担任宣抚使。

宣抚司是忽必烈之前在总领漠南军国重事的时候于京兆设立的宣抚使的机构，只是钩考之后蒙哥又将这些衙署全部取消。这一次，忽必烈还任命他们为宣抚使，利用他们原先在京兆经营的人脉基础，很快就和川蜀前线的刘黑马等人取得了联系。

这些人在政治立场上纷纷站在忽必烈这边，忽必烈已经在开平率先称汗，按照蒙古的习惯来说，一旦新的大汗被拥立起来，大家都要效忠于他。像刘黑马这些人，原先与忽必烈就是在川蜀前线至京兆地区的统属和被统属的关系。

因为忽必烈曾经是"皇太弟"，所以他派出的廉希宪和商挺在这方面给他做了很好的人脉联络，但是在秦陇战场上来说，阿里不哥方面的军事同样也有着很大的优势。

在阿里不哥的势力中间，曾经有蒙哥征川蜀时留下来的蒙古大军，他们在六盘山地方驻扎了下来，当时率领这一部分军队的浑都海和阿里不哥，以及从漠北派遣下来的阿兰答儿想以这个地方为基点把秦陇占领下来。

但是他们不如忽必烈盘算周到，廉希宪和商挺这两个人也是才能出众，他们以很少的兵力，用了汪良臣的军队，先是把川蜀的几个蒙古将领杀掉，而后又主动出击，进攻六盘山的浑都海。

起初京兆无兵可用时，又没有圣旨，如何才能请得动汪良臣？

廉希宪想了个法子，他将自己所佩带的虎符、银印给了汪良臣，并谎称自己奉有密旨，升汪良臣为总帅。汪良臣信以为真，于是亲自率领陕西汉军出兵讨伐浑都海。

浑都海见陕西军力有所防备，于是率部西去，在甘州（今张掖）与阿兰答儿统率的军队会师，并试图策动陕西和四川的将领一同作战。

公历1260年9月，双方在耀碑谷的大战中，汪良臣击败敌军，生擒阿兰答儿和浑都海。很快，阿兰答儿和浑都海在京兆被处斩。

知道这件事后，忽必烈并没有责怪廉希宪假传圣旨，反下令嘉奖，赐廉希宪金虎符。且诏曰：

朕委卿以方面之权，事当从宜，毋拘常制，坐失事机。
——《元史·列传第十三》

浑都海的溃败也暴露阿里不哥极度匮乏军事才能，他没有什么军事经验，打不过就跑，于是他还想着撤回漠北。

被阿里不哥耍了好几次，这一次，忽必烈不会再给他任何还手的机会了。

尽管在秦陇战场上忽必烈直接掌权的军队数量相当少，但西部数万被蒙哥留在六盘山的军队，有一部分已经被忽必烈收编，忽必烈凭借漠南贵族诸王以及文人士大夫的拥戴，还有中原雄厚的财力（封锁和林粮食），

统一的前夜： 忽必烈吸纳江南

赢得了这次的战役。

在军事上，打仗除了有兵有钱，必须得先有粮食，在汉地漠南来说，忽必烈的这些军事后勤方面的支援是超过阿里不哥的，而阿里不哥在漠北的后勤方面则没有储存太多的粮食和装备资源，这一切也都归功于忽必烈的个人军事才能，包括他知人善任，活用一些优秀的军将与贤臣。

双方的交战临近尾声。

1264年7月，曾经继承过大汗之位，也风光过一时的阿里不哥此刻认清了现实。

他原先还想着在察合台乌鲁斯（现新疆维吾尔自治区北部）拉拢一些资源支持自己，起初察合台汗阿鲁忽是支持阿里不哥的，但是随着他们分配财产问题而产生的争执不断增多，最终二人关系恶化。

随着阿里不哥派出急使到察合台汗国，以掠夺的形式抢走了大批牲口及财物，阿鲁忽大怒之下杀掉了这个使者，转而就去投靠了忽必烈。

阿里不哥肆行烧杀抢掠，挥霍无度，残害百姓的恶劣行为让很多蒙古贵族感到不满，很多人借故离开了阿里不哥。旭烈兀之子、塔察儿之子、斡儿答之子等也都相继率部离去。

甚至连蒙哥的儿子玉龙答等人也一起率领自己的部众归降了忽必烈。

饥荒与反抗声不断，孤立与跌落高处的种种挫败感让阿里不哥势穷力竭于此，于是他启程前往上都开平向忽必烈投降。

这场残酷的兄弟之争，使得二人在再次相见时都忍不住流下了热泪。

最终忽必烈仅处死了秃满、不鲁花、忽察、阿里察、脱火思与孛鲁合等10余人，其余全部赦免。

阿里不哥作为战败者被忽必烈幽禁起来。

直到1266年，阿里不哥去世。

因为弟弟的投降，蒙古再次回归统一。而忽必烈也接受了一些汉族臣僚的建议，将开国年号从"中统"改为"至元"，以庆贺自己在汗位之争中战胜幼弟阿里不哥，重新将蒙古政权归入手中。

六、贤后察必

一个成功的帝王背后，一般都要有一个优秀而又伟大的女人。

而忽必烈的背后，有两个女人，都是影响他登上皇位的关键人物。一个是他的生母唆鲁禾帖尼，另一个则是他的皇后察必。

先来讲讲这个传奇的母亲。

克烈·唆鲁禾帖尼（1192—1252），拖雷之正妻，蒙古政权皇太后，克烈部族人，是蒙哥、忽必烈、旭烈兀和阿里不哥的生母。

本书的开头提到过成吉思汗对忽必烈出生后的黝黑肤色很不满意，正是因为忽必烈遗传了母亲唆鲁禾帖尼克烈族人的肤色基因。在金朝时候，克烈部王罕曾协助金国镇压叛乱，得到了金国的支持，克烈部曾成为蒙古最强盛的一方势力，而唆鲁禾帖尼就是克烈部王罕的弟弟札合敢不之女。

所以说这个女人并非庶出，她优秀的思想与强大的作为甚至让她在历史话题中被世人赞誉为"四帝之母"，也正如成吉思汗曾经没有想到的一样，族中竟然出了忽必烈这么一个被他轻视的后人。

为什么说唆鲁禾帖尼是"四帝之母"？首先，大儿子蒙哥是蒙古政权的大汗，二儿子忽必烈后来也建立了元朝，成为元朝的皇帝；幼子阿里不哥在与忽必烈的阋墙中于忽里台会议上曾被推举为大汗；而三儿子旭烈兀则在西亚开创了伊儿汗国，是伊儿汗国的国王。

她的每一个儿子都当过帝王，这的确归功于唆鲁禾帖尼的教子有方。

在蒙古政权内部法纪混乱的时候，她不像其他贵族宗王那般暴敛财物，而是带着儿子认真对待爱护百姓，所以她领地内的百姓十分拥戴她，这也让她赢得了极高的声誉，这对儿子们将来的影响是不可估量的。

唆鲁禾帖尼管教诸子遵守札撒，她信奉聂思脱里派，同时也对儒学和儒士非常尊敬。忽必烈正是受到了母亲的影响，与其他兄弟不同，对汉人和儒家有着极大的兴趣，以至于后来成为蒙古贵族中为数不多的推崇儒术的蒙古统治者之一。

除此之外，唆鲁禾帖尼做的最重要的一件事便是让汗位传到了拖雷系的下面。

成吉思汗死后，窝阔台成为第二位大汗，而继承第三任大汗的人则是窝阔台的长子贵由，名正言顺的子承父位。

唆鲁禾帖尼的丈夫，也就是忽必烈的父亲拖雷，是成吉思汗的第四个儿子。成吉思汗出征的时候，总是带上拖雷，在跟随父亲的种种征战中，拖雷表现出了卓越的军事才能，成吉思汗死后立下遗命，将蒙古12.9万人的军队中的10.1万精锐全部分给了拖雷，这让拖雷家族成为手握重兵、军权最强的一族。

1232年，拖雷在与窝阔台联合击溃了金国主力后，染上重病，不久后便病故。

有一种说法是说拖雷是被窝阔台害死的。在拖雷战败金国北还的途中，窝阔台称自己得了一种怪病，需有人替自己饮下去祛除病症的水，自己的病才能好。拖雷出于对兄长的爱戴，饮下了这杯水，果不其然，窝阔台的病痊愈了，但不久后拖雷便去世了。

南宋绍定五年（1232年）"五月，太宗不豫。六月，疾甚。拖雷祷于天地，请以身代之，又取巫觋被除涤疾之水饮焉。居数日，太宗疾愈，拖雷从之北还，至阿剌合的思之地，遇疾而薨，寿四十有（阙）"。（《元史·睿宗传》）

这或许只是一种传说，拖雷饮下的那杯水中很有可能被巫师甚至是窝阔台提前投放了毒药。

在拖雷去世后,掌管拖雷家族的重任就降到了唆鲁禾帖尼的头上,窝阔台想要吞并拖雷家族的军队,提出让她嫁给自己的长子贵由的建议。

这对唆鲁禾帖尼来说并不是什么不好的事情,因为按照历史上后来发展的形势来看,窝阔台死后汗位就会转移到贵由的头上,比起为死去的拖雷守寡,唆鲁禾帖尼可以做风风光光的蒙古政权皇后。

但唆鲁禾帖尼拒绝了。

她说:孩子们都还没有长大,我想先把这份精力放在抚养他们的身上。

她利用自己的聪明才智委婉回绝了窝阔台,在没有引起窝阔台疑心的基础上完美保持了和窝阔台之间的良好关系。

在窝阔台擅自决定把属于拖雷的3000户授予儿子阔端的时候,尽管拖雷属下很多大臣提出抗议,但唆鲁禾帖尼说服他们遵从窝阔台大汗的旨意。唆鲁禾帖尼心里清楚,若不这么做,将会对拖雷家族造成很大的影响,甚至面临血光之灾。

1241年12月11日,窝阔台因酗酒过度去世,窝阔台的妻子乃马真氏开始执掌政权。但乃马真后的称制法纪混乱,任由宗王贵族滥发牌符征敛财物,一度引起当地百姓的不满。

乃马真氏掌握了最高权力之后,废黜合法汗位继承人失烈门,她想要将自己的儿子贵由推上大汗位置。

在乃马真氏执政的5年间,为了成功让儿子登上汗位,她滥行赏赐宗室大臣,以钱权收买人心,她手下的政坛一度混乱不堪,身为掌权者,她却没有尽到顾全大局的义务。

而自始至终,唆鲁禾帖尼所代表的拖雷系都保持着中立。

在推选贵由的忽里台大会上,被废黜的失烈门和成吉思汗长孙拔都借故没有参加,这让贵由对他们怀恨在心。

于是贵由在当上大汗之后，假借西巡的名义试图偷袭拔都。

就在这个时候，提前得知消息的唆鲁禾帖尼悄悄派人提醒拔都，拔都在收到这个消息后，准备出兵讨伐贵由，与他进行生死一战。

但老天似乎也在帮他。

1248年，贵由在率军西征的途中，病死在横相乙儿，一场家族中的争位大战还未开始就烟消云散。

贵由死后，他的妻子海迷失后承制权位，海迷失后决定按照大汗遗嘱拥立失烈门上位。但由于窝阔台家族中的内部分裂而无法团结一致达成意见，海迷失后不得不将精力投到对付内部分裂上来，为此，海迷失后还大大提高了对牧民们的税收，这个糊涂的政策让她失去了窝阔台家族对她的支持。

然而经历了一切的唆鲁禾帖尼却清醒地意识到，这将是她为拖雷家族争取汗位的最佳机会。

这些年来她一直把自己和拖雷家族放在最低调且最忠心的位置上，默默支持着在位大汗的每一个决定。首先她的手里掌握着60多个千户，一直以来热爱子民的形象深入人心，而因为提前报信的这个举动也让她获得了拔都一方的信赖。

因为贵由在先欲对自己不义，拔都对窝阔台家族心怀恨意，他不愿意让窝阔台家族的任何人来继承汗位，于是拔都以自己是成吉思汗长孙的身份召集诸宗王到他的驻地召开忽里台会议，商议推举新的大汗。

窝阔台系和察合台系的宗王自然不肯前往这场会议，唆鲁禾帖尼则让自己的长子蒙哥带领他的诸弟及家臣应召参会。

在拔都欲要推选蒙哥上位之际，窝阔台系的一方使者提出了反对的意见，建议失烈门为窝阔台家族的候选人，因为窝阔台曾正式指定失烈门为他的继承人。

拖雷家族的人则回击说：既然当初失烈门是窝阔台汗选定的汗位继承

者，你们却推选了贵由上位，这已经违背了窝阔台当初的遗命，是你们打乱了这个规定，你们的后人没有继承汗位的资格！

面对窝阔台系针锋相对的质疑声，拔都充耳不闻，他认为蒙哥西征有功，极具领导才能，汗位传给蒙哥最合适不过。

最终忽里台大会通过了拔都的提议，一致决定推举蒙哥为大汗。

然而，窝阔台与察合台两家族还想垂死挣扎一番，他们纷纷抗议，拒不认可这样的结果。

于是唆鲁禾帖尼决定结集各支宗王到成吉思汗四大斡耳朵根本之地和林召开第二次忽里台会议，长孙拔都则派其弟别儿哥率大军护送蒙哥一同前往。

窝阔台与察合台两家在这次会议前后已经失去了大部分的拥戴者，几乎无人响应此次号召。

而唆鲁禾帖尼多年的辛苦经营，则在今天的蒙古贵族中展现了极高的声望，她成功拉拢了诸多宗王贵族，使他们发自内心臣服于她。

1251 年 7 月 1 日，蒙哥登极汗位。

而窝阔台与察合台的后王依然心有不甘，决定孤注一掷，假借参与庆祝蒙哥称汗的庆典，想要趁机谋袭于他，最终计划败落，人也被逮捕了起来。

蒙哥登极后，尊立唆鲁禾帖尼为"皇太后"。为了帮助儿子巩固汗位，唆鲁禾帖尼镇压反对者毫不留情，她亲自下令处死了贵由的皇后斡兀立海迷失。一并被处死的还有窝阔台之孙失烈门、察合台五子也速蒙哥，以及 70 多名谋叛臣僚。

1252 年农历正月，唆鲁禾帖尼因病去世。

这个伟大母亲的一生虽然结束，但她的儿子们依然在书写蒙古人的辉煌历程。

统一的前夜：忽必烈吸纳江南

忽必烈的妻子——察必，也是影响了他一生的女人。

这个来自草原上的秀美姑娘，生性仁明，心灵手巧，既是忽必烈的挚爱，也是受天下尊敬的国母。

察必出身于弘吉剌氏，父亲是随成吉思汗立下汗马功劳的首领按陈。按陈的妹妹孛儿帖又是个不一般的人物了，她是被尊为"光献翼圣皇后"的成吉思汗的妻子，也就是术赤、察合台、窝阔台、拖雷四人的母亲。

察必父亲按陈在一次与成吉思汗征伐有功之际，被赐为国舅，历史上记载了这么一段旨意：

生女为后，生男尚公主，世世不绝。

——《元史·后妃传》

意思就是说，弘吉剌部是蒙古诸部中与黄金家族世代联姻的主要部族，这是成吉思汗的亲训，可见他十分看好弘吉剌部，认为其子孙皆非凡人所及，与之联姻只会亲上加亲。

而察必身为弘吉剌部中的美人，嫁给忽必烈，除了娇美的容貌之外，她的聪明才智也给忽必烈的人生道路提供了许多帮助。

她随事讽谏，多裨时政，考虑事情面面俱到，在忽必烈还没有称汗之前就一直辅佐在他前后，对忽必烈所做不足之处及时予以指正。

1259年，三路攻宋之战，蒙哥死于钓鱼山，当时忽必烈还在渡江攻打鄂州的前线，阿里不哥就已经计划在漠北召开忽里台会议自立大汗，先下手夺取汗位。甚至阿里不哥还暗中派遣阿兰答儿乘驿传抽调兵力，在行至距离开平100里左右的草原地段时，被察必提前得知消息，毕竟这已经到了忽必烈的驻地。

于是察必派使者责问："发兵大事，太祖皇帝曾孙真金在此，何故不令知之？"

就是说，你想动用这里的兵力，却为何提前不通知一下？成吉思汗的曾孙真金还在这里呢！你们是真不知道，还是假不知道？

真金是察必与忽必烈二人所生的儿子，也是黄金家族中的曾孙，虽然他尚年幼，但毕竟身份显赫，察必正是利用他的地位，威慑住了阿兰答儿，使他不得不放弃这个举动。

随后，察必便派遣脱欢、爱莫干二人一路急驰赶到鄂州军中，将这个消息第一时间传递给了忽必烈。

那支军队显然不能交给阿里不哥。

察必十分机智地用隐喻提醒了忽必烈："大鱼已死，除了你和阿里不哥之外，还剩谁呢？不如回来吧。"

忽必烈听到这番话，幡然醒悟，原来他一直忽视了自己的弟弟阿里不哥，大哥已死，却还有个小弟想要与他争夺权位！

于是，忽必烈毫不犹豫地决定与宋军议和，提前北归，全身心投入到解决汗位归属的问题中去。

最先察觉到阿里不哥对忽必烈充满威胁的人，是察必。也正是她通过分析得知，阿里不哥已经展开秘密行动，准备趁忽必烈不在的时候坐上汗位。

俗话说，家贼难防，偷断屋梁。

正是因为察必心思缜密，观察细致，处处都为忽必烈着想，时时刻刻盯着家里的事，哪怕忽必烈人在千里之外，阿里不哥这个"家贼"最终也没能成功"偷家"。

在决定汗位归属权的这件事上，察必留守的辅佐工作做得十分到位。

史料成宗追谥册文中记载道："曩事潜龙之邸，及乘虎变之秋，鄂渚班师，洞识事机之会；上都践祚，居多辅佐之谋。"指的就是察必在这件

统一的前夜： 忽必烈吸纳江南

事上的作为。

《元史》也称赞她："性明敏，达于事机，国家初政，左右匡正，当时与有力焉。"

中统初年，察必被立为皇后，成为皇后之后，察必却没有因此仗势欺人、恃才傲物，反而更加活用自己的地位与身份竭尽全力辅弼忽必烈处理朝政琐事。作为妻子，她对丈夫尽心；作为皇后，她为政事尽责。

在这期间发生过这么一件事。

有一天，四怯薛官向忽必烈奏请割划大都近郊处的一片土地，用来给怯薛宿卫做牧马用的场地。当时的忽必烈已经决定批准这个请求，甚至还把分割好的土地制成了图形。

在蒙古人的眼中，牧场是不可缺少的东西，而牧马也是一个很寻常的需求，仔细一看，这个请求并没有什么不妥，但是察必觉得这件事情欠缺考虑。

她走到忽必烈面前，想要阻止这件事。她先是装作责备太保刘秉忠的样子，说：

> 汝汉人聪明者，言则帝听，汝何为不谏？向初到定都时，若以地牧马则可，今军站分业已定，夺之可乎？
>
> ——《元史·后妃传》

她对刘秉忠说："在汉人臣僚中，你是一个考虑问题面面俱到的人，你的建议皇帝都听，你为何不去劝阻？如果说我们刚来这里定都，要把农田改为牧场也还能理解，但是现在百姓都已经在这一片生活习惯了，却出来剥夺他们的农田，这不就是一种抢夺的行为吗？你觉得这么做对吗？"

毕竟是自己的妻子，忽必烈能不了解吗？他一下便知道察必这番话是在说给他听。

于是，忽必烈思忖了一番，下令驳回了这个奏请。

由此也可以看得出来，忽必烈很听这个妻子的话，不像有些帝王在朝政时禁止女人参与，忽必烈却做到了不光允许察必旁听，还十分尊敬她，耐心听取她的意见。

忽必烈先前组成的金莲川幕府，身边幕僚皆是人才，在忽必烈执政中起到了很大的作用，他们各自擅长的领域也都不同，但正是因为这样一个相辅相成的组成，可以说这帮权臣为在忽必烈出谋划策上考虑无不周到。

察必却是这样一个与众不同的贤内助，她甚至能指出这群精英幕僚的不足之处，善用这些人，为忽必烈铺好每一条路。

在忽必烈忙着北征与阿里不哥争夺汗位的时候，那些藩邸旧臣也多数在外担任十道宣抚使，而察必皇后则独自留守燕京。

在此期间，她特意派遣使者，把出任东平宣抚使的姚枢请回燕京。除了教育孩子，还请姚枢协助自己制定后宫政策，提供建议，帮她解决一些疑难问题。

1273年3月，察必皇后被授以册宝，上尊号"贞懿昭圣顺天睿文光应皇后"。

在忽必烈采用汉法治国的同时，察必皇后也受到了许多汉文化的熏陶。

有一天，忽必烈像往常一样听取汉文书学习，汉人文臣王思廉为他进读《资治通鉴》，在王思廉读到"唐太宗有杀魏徵语，及长孙皇后进谏"时，忽必烈突然有感而发，他特意安排内官把王思廉带到察必皇后的屋内，让王思廉为察必也讲述了这段故事。

这段故事我们在文言文故事书中也有学到过，大概就是讲李世民想要杀了出言不逊的魏徵，但长孙皇后为此换了一套朝服来到李世民面前祝贺他，说："今皇上圣明，才能有魏徵这样的直言敢谏之臣，真是件陛下的大喜事！"

察必皇后听了这个故事之后感触很深，她称赞道："是诚有益于宸衷。尔宜择善言进讲，慎勿以渎辞烦上听也。"（典故出自《元史·列传卷第四十七》）

除此之外，察必还有着勤俭节约的美德，虽贵为皇后却从不铺张浪费，甚至教育子女也是一贯如此。她始终保持蒙古草原女性的勤劳优点，自己动手缝制衣物。

有一次，察必从掌管朝廷缎匹出纳的太府监里支取了一点儿丝帛想要用作缝织，忽必烈在知道这件事后，故意开了个玩笑，对察必说：这里是军事所需的国库，不是私人库房，你怎么可以随意去支取呢？

但性格纯真朴实的察必皇后对此当了真。

她回到后宫，反省了一番，然后亲自带领宫女们开展了将废弃物品重新回收利用，节约非必要成本的行动，她的这一举措甚至改变了整个宫里一贯的风气，所有人都积极响应她的号召。

她先是让宫女把将士们用坏的旧弓箭收集起来，将弓弦拆下水煮，缉捻为线，然后织成绸帛，缝制成衣物，却没想到用这个法子做出来的材料质地竟然非常坚韧密实，既耐用又结实。

朝臣们连连称赞察必皇后亲自率领宫女动手纺织缝纫的这个行为，明明可以做个养尊处优的皇后，却秉持不浪费的思想，带动了后宫一起勤俭的风潮。人们纷纷认为她是当之无愧的国母，她的这一段美德佳话也被后来的史官认真地记录在《元史·后妃传》中。

除此之外，察必的节俭行为还有很多。

有一天，察必在专为皇宫造酒的宣徽院的库房中发现了许多搁置多年的旧羊皮，这些羊皮都是前肢皮，属于上乘质地，她觉得就这么放着不用实在可惜，于是命人将这些羊皮搬到后宫，与宫人们一同动手洗晒干净，然后精心剪裁缝合，制成地毯。

察必将后宫打理得井然有序，劝俭有节而无一弃物。

察必皇后率宫人亲执女工的俭朴美德影响颇深，延至后世，甚至还有诗人为她写了一首诗，赞扬了她的这种行为。

诗曰：

> 深宫篡组夜迟眠，贴地羊皮步欲穿。
> 漫道江南绫绮好，织紃方练旧弓弦。
>
> ——《辽金元宫词》

除了利用旧物变废为宝，察必还是个心灵手巧的制衣人。在元朝，当时人们戴的帽子是没有帽檐的，有一次忽必烈打猎归来，抱怨狩猎时眼睛总是因为日光刺眼而睁不开。于是心思细腻的察必皇后想办法动手在忽必烈的帽子上缝了一个前檐。忽必烈发现这个法子果然解决了目眩的问题，为此非常高兴，下令以后的帽子都照这个样子制作。

察必平常很关心忽必烈，知道忽必烈经常骑马，但他的衣服通常都是宽袍大袖，碍手碍脚，不方便提弓射箭，于是她尝试着改良了一下衣服的样式。她先是拿来一些旧衣，然后改制了一番，做了一件前有裳而无衽，后面衣服比前面长，也没有领子和袖子的衣服。这件衣服两边各缀一排襻扣，穿起来舒适又方便，察必还特意给这种衣裳起了个好记的名字——比甲。

穿上这件衣服骑马射箭就方便了许多，而且它的板型很特别，看起来倜傥不羁，于是当时人们争相仿效，纷纷改穿这种样式的衣服。或许现在我们穿的马甲也是由比甲演变来的。

察必对忽必烈的爱既忠诚又体贴，她无微不至地关心，不求回报地付出，能成为忽必烈的一生挚爱也是有原因的。

统一的前夜： 忽必烈吸纳江南

众人皆知，忽必烈对汉学儒术一直非常感兴趣，在成为皇帝以前，他闻听儒士赵璧学识渊博，大名远在，于是便把赵璧引召至自己身边加以重用。出于对赵璧的尊重，平常他只叫赵璧"秀才"，而不直接喊他的名字，除此之外，忽必烈还让察必亲自为赵璧缝制蒙古衣袍，做好后，忽必烈还叮嘱察必随时为赵璧调整，以试穿到合身为止。

大汗让妻子亲自为自己缝制衣服的举动让赵璧十分感动，为此也一直为忽必烈忠心出谋献策，辅佐他左右。

也可以说，察必不但是为丈夫缝补衣物，也是在为元朝缝补天下。

后人称察必达于事机，国家初政，左右匡正，后有力焉。

除了辅佐忽必烈执政，将后宫打理得无微不至，察必也是一个极具同情心的人。

在面对南宋亡国之君赵㬎及皇太后的这件事上，察必也表达了对他们深切的怜悯之情。

1276年，南宋灭亡，幼主赵㬎来到上都开平朝见忽必烈。忽必烈为了庆功，与群臣设宴作乐，可唯独察必显得不是那么高兴。

忽必烈不解，于是问她："我好不容易征服了江南，从今以后都不用再打仗了，大家都为此感到高兴，而你在担心什么呢？"

察必皇后跪在忽必烈的身前，说道："从古至今，臣妾还从来没有听说过有什么千年之国，希望将来臣妾和圣上的子孙不要走到南宋这般境遇就算是万幸了。"

这与西晋末年时期匈奴对西晋怀、愍二帝两人的"青衣侑酒""洗爵张盖"的侮辱形成了极大的反差。

忽必烈为了讨她欢心，将从临安缴获来的南宋府库珍宝堆放在殿前，任由察必挑选，可察必只是匆匆看了一遍，就离开了。

忽必烈不解，问察必为何不拿走一点儿，察必却说："宋朝皇帝辛辛苦苦积攒了这么多财宝留给子孙，可疏于子孙没有守住，最后归了我们，我怎么忍心拿呢？"

察必皇后的这番话不仅流露出对亡宋君臣的同情，也是在提醒忽必烈不要在南宋的遭遇上重蹈覆辙，吸取宋几百年国业毁于一旦的教训，她的远见思想是难能可贵的。

此外，察必皇后还对南宋皇室后宫投降人员表示关心。当时南宋的全太后因为不习惯北方风土，身体多次出现不适，察必见状不忍，奏请忽必烈将放她回江南，忽必烈出于担心不肯答应，直到察必求到第三次，忽必烈才说："你要多考虑一下，这个时候南方还有许多反对我们的势力，如果现在放他们回去，很可能那些势力就会造反，不能以妇人之仁，使我们功亏一篑啊。"

然而忽必烈将察必的话听了进去，他让察必多加体恤安抚他们。察必皇后何等聪颖，按照当时形势来看，全皇后等人返回临安只会被反元廷的力量所利用，徒招祸害。既然忽必烈出此言，她便不再提放归之事，而是配合忽必烈的指示，善待这些亡宋君臣。

汪元量在《湖州歌》中写道：

三殿加餐强自宽，内家日日问平安。
大元皇后来相探，特赐丝绸二百单。

这正是对察必皇后善待全太后等人的写实。

最终，亡宋母子二人觉得南归无望，就出了家，因为有察必在，免遭了折磨与苦难，这也是她们最好的结局。

察必怜悯这些弱者的仁慈之心或许和她皈依藏传佛教有关。藏文史料中有记载，察必皇后曾请帝师八思巴为她举行了灌顶的宗教仪式，位于大

统一的前夜： 忽必烈吸纳江南

都城西平侧门外 3 里处的西镇国寺，就是察必皇后施舍功德的寺庙。

1281 年 2 月，察必皇后在大都逝世，成宗朝追谥为"昭睿顺圣皇后"。

1283 年，察必的侄女南必被正式纳为皇后，继守察必原先的斡耳朵。

拉施特的《史集》提到，察必去世后，忽必烈把南必引进察必的禹儿惕和帐殿。

在《元史》卷一百零六《后妃表》中可以看到，南必列在世祖第二斡耳朵察必皇后之后。南必生有一子，名为铁蔑赤。

《元史·后妃传一》中说：南必"继守正宫"。"正宫"在汉语中是皇后之宫的意思，元史撰者用"正宫"一词来描述南必的情况，并不是十分准确。因为按照蒙古风俗，大汗的后妃只依所居斡耳朵排列，并无"正宫"的概念。再有一点，元朝皇后名号的使用范围也比较广泛，凡四大斡耳朵者都被称为"皇后"。

察必皇后的去世让忽必烈悲恸不已，他感叹到，从今以后没有人再像察必皇后那样关心自己了。

察必一生勤俭自律，朴实心善，既是忽必烈的得力助手，也是元朝百姓心中的一代贤德国母。

当初在与阿里不哥的汗位争夺战中，她是第一个将忽必烈从鄂州劝回的人，也正是因为有她在，忽必烈才能抓住机遇继承汗位。

忽必烈称帝后，察必身为皇后直言进谏，时刻辅佐忽必烈成为一代明君。在忽必烈得意忘形时刻，也不停地提醒他戒骄戒躁，励精图治。

贤后察必可谓影响了忽必烈的一生，也影响了整个元朝，甚至是整个历史。

对忽必烈而言，得有此妻，此乃一生所幸！

第二章

败事则有余,成事则为王

统一的前夜： 忽必烈吸纳江南

一、大哉乾元

"年号"是历史上忽必烈采用汉法的一个重要考据。

早在蒙古的四大汗时期，从成吉思汗、窝阔台、贵由、蒙哥四人称汗的年代来看，都从未使用过年号。

当时蒙古政权盛行使用东亚地区通用的十二生肖纪年，例如"子丑寅卯、鼠牛虎兔"等，这些在元朝秘史上都有真实记载，甚至藏区的农耕及游牧民族至今还在使用传统的十二生肖纪年。

忽必烈时期，他开始学习汉人的年号制度，给自己的王朝设立了年号。

1260年的五月十九日，也是忽必烈称汗的一个月之后，他在汉人谋臣刘秉忠的协助下，建"中统"年号。

中统，是"以实现寰宇一统、天下一家"之意，正是取自儒学经典《春秋》和《易经》，也代表了"中华开统"。

成吉思汗建立的国号为"大蒙古国"，音译过来叫"也客蒙古兀鲁斯"，"兀鲁斯"在汉语中是"人众"的意思，当时的汉人把大蒙古国称为"大朝"，而不是蒙古国。

在忽必烈使用"中统"这个年号的11年之后他又重建国号，这一次从《易经》"大哉乾元"中取义命名。

"大哉乾元"四个字里的"元"是《易经》中的"元亨利贞"，这个字十分吉祥，也是我们在传统文化中很崇尚的一个字。

他以"元"作自己的国号，建立了大元大朝。

在建年号这个事情上，忽必烈明显地采用了我们汉族的传统文化，从他的年号和国号就可以看出来，不论是"中统"还是"大元"皆是出自儒家的经典。

他的这一行为实际上比汉人的传统王朝更讲究儒学文化。

我们讲"隋朝""唐朝"两个朝代的国号，都是以它们的建国者原来的官衔去命名的。杨坚原先是随（隋）国公，李渊是唐国公，所以等他们建立隋唐王朝的时候，就取了"隋""唐"二字为自己的国号。

宋朝赵匡胤在建立宋朝的时候，以他自己过去的宋州节度使的爵位去取国号"宋"。金朝是取发源地"金水"为名。

除了这几个王朝之外，再向前看，刘邦建立汉朝也是取自己灭秦以后项羽给他的汉王封地为名。

综上来看，这些朝代都没有和儒家经典结合起来。

反倒是元朝更尊崇儒学，虽说是蒙古政权，但忽必烈积极采用汉法，十分信任汉臣刘秉忠等人的建议。

除了国号，都邑的建立也是元朝融入中原文化的重要表现。

起初窝阔台在和林建都，比成吉思汗更进一步地将原来的帐殿变成都城，在建和林都城中间也吸收了许多汉地和西域文化，例如改造宫殿城池、居舍官府等。

这对蒙古政权来说是一种进步，但是忽必烈比他的伯父在建立都邑上又有更进一步的变化。

1263年5月，忽必烈将他原本的中心据点开平，定为上都。

1264年8月，忽必烈又把燕京定为中都，后来又改称大都。

所谓的"中都"是沿袭金朝，金朝的燕京叫作中都，之所以改为大都，是因为他的国号叫大元，忽必烈认为大都要比中都好听。在建立了上都和大都之后，原来蒙古政权的和林都城就被搁置，改为宣慰司来治理。

建上都和大都的这个行为在政治方面的意义远远超过了定都和林。他把政治中心随着都城从漠北迁移到了漠南，上都还算漠南草原，但大都就是漠南的汉地了。

从忽必烈定国号和建都邑的行为上来看，他的目标很远大，他想要建立一个与蒙古政权和汉地王朝都有关联的新王朝。

以汉法治地的行为除了这两件事之外，他还效仿了汉廷的很多方案，例如立朝仪。

朝仪，顾名思义，就是大臣官员朝见皇帝时的一种仪式。不论是正月节日还是皇帝诞辰，抑或是朝会，都要举办这种仪式。

1269年，忽必烈让刘秉忠和许衡等人主持订立朝仪，在沿用唐朝、金朝的基础上建立了一套新的朝仪。

为此，忽必烈还把东平一带奏鼓乐的乐公招到燕京，为朝仪奏乐。这些原先在蒙古人当中是完全不曾有过的，而立朝仪这一点可以增加忽必烈在汉地皇帝中的独尊权威。

在立朝仪这一点上，刘秉忠曾给忽必烈讲过一个故事。

是汉高祖用叔孙通立朝仪的这个故事。

汉高祖曾经只是一个地位低下的亭长，身边也不过都是些布衣将相，没有一个出身贵族的人，所以在他有了汉家天下以后，建立了朝仪，在威风凛凛中汉高祖感到喜出望外，他今天才知道皇帝是如此尊贵，于是他说了一句：

吾乃今知为皇帝之贵也。

——《史记》

忽必烈在听了这个故事以后，反倒说了一句：

汉高眼孔小，朕岂若是。

——《元朝名臣事略》

忽必烈在这件事上似乎有点瞧不起汉高祖，就仅仅因为一个朝仪高兴成这个样子，觉得汉高祖也太小家子气了。

因为在忽必烈的幼年时代，成吉思汗曾为他的初猎拭指，当时他们所在的帐殿内朝拜时的仪式也是非常雄伟壮观，所以忽必烈根本就已经司空见惯了。

其他无论是忽必烈还是蒙哥，他们在汉文化面前都表现出矜持傲慢的态度，这种心理也与他们黄金家族征服的疆域和功业息息相关，当时的蒙古人的心中始终抱有那么一份骄傲。

而在附会汉法上忽必烈还是做了一些贡献。

就是关于恢复农业方面的生产工作。他大搞十路征税所，听取了此前耶律楚材的建议，保护农耕文明的措施，兴办农桑水利。

这一点明显是在采用汉法，前面提到的国号和朝仪仅仅是忽必烈学习汉人的一种建国方式，但恢复农耕这一点则是在以汉法制汉地，是具体而又实在的措施。

1261年，忽必烈设立了劝农司，虽然仅仅是一个劝农机构的雏形，但他在这一方面不断地扩充。首先，他命令陈遂、崔斌、成仲宽、粘合人中，还有李士勉、陈天锡、陈膺武、忙古带这些人，为滨棣、平阳、河间、邢洛、东平、涿州等地劝农司，检查各地农业生产工作。

直到1270年，正式设立了大司农司。

统一的前夜：忽必烈吸纳江南

大司农司是过去传统王朝的设置，实际上在汉代时期就有这样的设置。忽必烈任命张文谦为司农卿，张文谦是中书省的左丞，也是他藩邸里备受宠幸的一位汉族官员。

司农司专掌天下农桑水利事务，下面还分设四道劝农官及水利官，巡行劝课，亲行田里，教以树艺。因为北方经过这么多年的战乱，农业生产方面已经遭到了严重的破坏。蒙古从1211年开始就南下攻金了，到1267年，50多年过去，战乱的破坏对农业生产影响极大。

所以忽必烈掌权之后开始以汉法劝农，想要恢复农业生产。他还派人亲自教一些迁徙到中原不会农耕的蒙古人和色目人种植农桑。并且下令让路府州县的官员监督劝农，让这些地方官也负责监管这些事。因为只靠中央司、农司和四道劝农司，从基层上解决不了问题，还是得从地方官做起。

路府州县官在元朝称为"管民官"，是负责专管民政的官职。这些官吏都要兼做各自辖区的劝农桑事，并把他们劝农的政绩向司农司和户部申报，接受朝廷的考察。任满时，还得在解由内注明劝农桑的成果。

"解由"实际上就是任满以后，上交吏部再做升官业绩的一类官用文书。

标注这些管民官在任期间劝农桑的成果优劣情况，成果优的称为"最"，也就是"最好"的意思，成果最差的称为"殿"，也是"殿后"的意思。

同时，还设立监察机构，负责监督这些人员。

我们可以在关汉卿写的《窦娥冤》里面看到，窦娥的亲生父亲做的就是提刑按察司，这类官职在元朝权力也是相当大的，但忽必烈让这种监察官也兼做监督劝农桑事。

如果地方官劝农桑工作做得好，则升官受奖，反之则会受罚。这些奖罚在史书上记载得很清楚，曾经陕县有一个叫王仔的县尹，就因为在劝农事上松散懈怠，不勤劝课，而遭到了降职。

除此之外，在劝农桑过程中，司农司还根据各地的"相风土之宜，讲究可否"颁布了《农桑十四条》。为了将劝农工作做到位，忽必烈还命人遍求古今农书，批阅无数参考资料，删掉烦琐重复部分，精心汇编成一部《农桑辑要》，再由上面下发到各地方官，直到县部以下的乡村地区，无一不学习知晓。

实际上《农桑辑要》就是把我们北魏时期的《齐民要术》中间记载的部分重新翻排编制，因为这时候的中原和过去的中原大不相同了。除了汉人之外，契丹人、女真人，乃至少量的蒙古人和色目人、高丽人、西夏人等，都需要参照《农桑辑要》这些农书来恢复发展当地的农桑事业。

这本书相当于现代的农业技术手册，我们现在想要科技兴农，乡村会设立农业技术推广站，推广学习手段对于农业的发展功不可没，在当时的条件下，《农桑辑要》对当地的兴农推广起到很大的作用，尤其是对中原。

而江南地区因为很少经历战争，所以农地也没有遭到过多破坏，加上人多地少的情势，江南地区几乎不劝农桑。而在东南一带的农业生产水平已经相当完整，所以也就没有广泛大力地推广实施。

忽必烈政权还在劝农桑方面建立了一套新的独特措施，设置了"社"。五十家立一个社，专劝农桑。选择年长且知晓农事的人员担任社长，职责则是"敦本业、抑游末、设庠序、崇孝弟"，"本业"是"农"，"游末"为"商"。依然遵循过去的传统汉法、治理汉地的模式。对中原来说，农业确实是人们生存的本业，直到如今，世界范围内农业依然是本业，也是人们生存的最基本的生产行业。而"设庠序"则是建立学校，"崇孝弟"则是学习儒家孝道。

北方这个成为"社"的劝农机构，大致建于至元七年（1270）。忽必

统一的前夜：忽必烈吸纳江南

烈平定南宋之后，也在江南地区陆续推广"社"的劝农组织。

忽必烈曾经下过这样的诏令：

> 立社是好公事也。

他亲自推动立社和劝农桑，立社不仅在汉族民众中间推行，也在蒙古军和探马赤军中推行。

窝阔台在位时，曾把成吉思汗创建的探马赤军分别固定镇守在被征服的区域内，而这些探马赤军为什么要立社呢？

因为国家财政如果全部投入在这些游军身上，显然压力很大，所以他们也得学会屯田自养。一旦有了荒地，忽必烈就鼓励他们屯田自给。

既然自给也是办农桑事，探马赤军和他们的家属也要立社，当然这种立社和汉民户的立社不太一样，因为他们属于军户，与民户、站户是独立的户籍，所以这部分探马赤军的立户不归路府州县管，而要结合他的屯田另行立社，这也是因事制宜的一种手段。

为了配合农耕工作，忽必烈曾多次下令限制蒙古诸王权贵和蒙古军队的牧地范围。

因为自从蒙古军队进入中原以后，战乱四起，当地老百姓多数纷纷逃亡，甚至有的死于战乱，于是留下了很多荒地。

这些蒙古诸王权贵在占领了这片土地之后，因为不习惯农耕，再加上来自草原的本性与旧习难改，大多人都将这些荒地作为牧场去开辟。

忽必烈对这些占农田为牧场的人进行严格管束，牧场规定好范围之后禁止再去扩张。牧场之内允许牧牛羊马，牧场之外的地方就得交给百姓，限制强占践踏毁害农田。

这个限令非常重要，因为当地生产能力本身就很弱，百姓食不果腹，唯独手上这点庄稼，若要践踏损害，就没有收成了。

所以，这个措施对于处理游牧民，尤其是南下居住的游牧民与游牧军队，在农业生产的侵害方面十分合理有效。

为助农桑，水利事业必不可少。

元朝初年，忽必烈下命提举王允中、杨端仁开凿怀孟路的广济渠，引沁水经过济源、河内 5 个县到黄河，全长 677 里，灌溉民田 3000 多顷。水利方面也有着惊人的成就。

因为怀孟地曾是他的奉地，所以忽必烈亲自指挥修建这条广济渠。

同时，他还任命了"习知水利，巧思绝人"的郭守敬，负责管配诸路河渠修筑等事。

郭守敬在被任命后跟随张文谦到西夏中兴，修复疏浚唐来渠、汉延渠，这两条渠本是河套地带的旧渠，由于蒙古攻灭西夏的战乱遭到了严重的破坏，所以郭守敬就跟着张文谦主持修复这个地方的河渠，使之河道灌溉田地近万顷，可谓"黄河百害，唯富一套"。

郭守敬在治水利上有许多巧妙的思路，包括我们现在北京的通惠河，都是他主持修的。如果流下来的水位很低，他还会想法子将水位提高，便于漕运，从他的种种功绩上可以看出，郭守敬是个十分出色的治水利的官员。

明朝人中有这样的说法：

"元人最善治水。"

元人在治水方面确实是很了不起，历史上有一个典故叫作"贾鲁治河"，虽然它发生在元朝末期，但也属于元人治水的一道功绩。

虽然为修建贾鲁河动摇了很多人心，搞得民不聊生，最终导致农民起义推翻了这个朝代，但言归正传，贾鲁治河的理念远比我们现在修大坝的手段要高明得多，他采取疏塞并举，以疏导为主，都江堰的治理思想与之

统一的前夜：忽必烈吸纳江南

有着相近之处，但他在很短的一段时间内就将黄河治理得很好，就救河本身来说，从北宋灭亡以后，从来没有人好好修黄河，正应了那句"黄河无事无人去修，黄河有事无力去修"，勒回故道不容易，贾鲁却第一次把黄河治理了。

元人在治水利上的思想观念是忽必烈时期就留下的传统。从郭守敬就开始大规模地修建黄河水利工程，经过了这么一番努力以后，接下来的十几年，劝农桑的政策可以说是功效显著，民间垦辟种艺之业增至数倍。

所以到了元代中期，各地普遍收到了良好的农桑成效，尤其是齐鲁之地最为繁盛。

忽必烈以汉法治国，将这片土地治理得空前绝后，也给我们留下了许多宝贵的经验与思想。

除了助农桑、治水利这些解决老百姓温饱问题的政策外，思想教育这一块的推行也是必不可少的。

兴办儒学及书院是汉地王朝在文化教育上的一个传统政策，尤其到唐朝以后，路州县学已经相当完善，到宋朝以后，又兴起了书院。

元朝入主中原以后，忽必烈在任期间起初始终不开科举，有很多儒臣极力劝谏他开科举，但忽必烈都拒绝了。

不过儒臣提出恢复地方儒学建设这个建议却被忽必烈欣然接受了。

至元六年（1269）七月，忽必烈应张文谦、窦默的奏请，先在中央设置了国子学，后任命北方的儒学宗师许衡担任第一任国子祭酒。

国子祭酒主要负责掌管国家最高级的儒学校，选取一些贵族子弟前来入学，当然其中也不乏一些平民与陪读生。

但是它的等级制度分明，贵族与当官的子弟才是正式生源。

后又增设国子监来管理教育方面的问题，属于国子学府以上的一个行政部门。

元朝的国子监就设立在现在北京的雍和宫的对面，如今属于非常珍贵的文物，也是忽必烈兴儒学的见证遗迹。

除了中央方面的国学教育，地方上的官办儒学校也必不可少。

1261年，忽必烈特诏各路设立提举学校官，在行省之下路设提举，选博学老儒王万庆等人充任，教诲书生，作成人才。

这是在北方中原地区官办儒学的一个重要措施，在一定程度上改变了蒙古统治者不重视儒学的偏向，直至灭了南宋以后，忽必烈又在江南地方设置了十一道儒学提举司，专掌儒学教育。

每个省担任儒学提举司的人，都是非常有名的汉族儒士，其中有些还是南人儒士，比如江西抚州的吴澄。吴澄是江南的理学宗师，他曾当过国子监的第二号长官，较早一点儿的职务是江西行省的儒学副提举，是个极具才能的大师。

在办学校方面，忽必烈还有一个重要的举动，就是儒学教官的制度化。

儒学教官两宋为盛，也就是说这个东西在宋代就已经基本发展完全了。由于宋代取进士人数太多，除了他的养官政策，还另外对一些下第没有正式考中进士的人众进行规划，分配到州县路当教官。

到忽必烈执政之后，除了国子监、各道各行省的儒学提举以外，他又在路府州县设立各级的教官，路设教授、学正、学录，散府以及上、中州设教授，下州设学正，县学设教谕，一套下来比宋代还规范化。

教官也是一个比较复杂化的政策。

首先，教官在元朝的官员中待遇偏低，有些甚至连九品都达不到。

冷官要耐五更寒。

——宋·王义山《送余仲谦赴江州教》

这句诗里提到的"五更寒"就是形容教官的地位与待遇,就像五更时的冷寒。

但它毕竟给未开科举下的儒士们提供了一个职业,不说仕途,最起码有了职业就可以生存。所以教官在元朝来说,很有特色。

元朝的户籍制度五花八门,除了上面提到的民户、军户、站户,儒户也是诸社户籍中的一种。

那么,什么样的人能当儒户呢?

如果你的祖先中有一个是比较有名的儒士,那你的这户就可以被定成儒户,而且世袭充任儒户,享受免役待遇,只不过还要正常纳税。

所以在元朝,把儒士以儒户的形式固定化,总体上来说是对儒士的一种优待。当然也不可避免地有弊端,一旦世袭化便被固定住。

元朝的政策就是这样,户籍不能随意变动。

民间想要学儒的,依然也鼓励学儒,儒学好了可以当教官,可以参加后期的科举,可以进学校,但是不能享受儒户的免役特权,所以说,元朝的儒户也是一个很有意思的政策。

再者就是书院,包括金朝的一些书院,在忽必烈时期,也逐渐地被纳入地方儒学教育里,而且发生了半官方化。

我们都知道书院是中国理学和教育方面的一个非常重要的发展成果,这也归功于两宋的大理学家周敦颐、朱熹等人,在中国的四大书院,例如白鹿洞书院、岳麓书院等地方传播讲授他们的理学著作思想。

但在两宋时期,这些书院是独立于国家官方儒学之外的体系,属于一种民办书院。书院是理学发展的摇篮和根据地,促进了中国思想教育的发展。

元朝的政策对书院也有所保护,他们把书院的总负责人统称为"山长",把书院的山长也纳入到了教官体系里面,像一些低级的教官就可以迁转做某个书院的山长，然后山长又可以升迁为大一点儿的州或者路的教授。

虽然不利于民办书院的发展，但进行统一制度的管理对于理学在元朝的传播上来说是有好处的。

忽必烈的"大哉乾元"时代，很多地方的确是在遵循汉法，也正因如此，元朝时期许多儒学文化被保护得很好，甚至发展出了自己的元曲文化，正因为遇到了忽必烈这样的"以汉法治汉地"的领导者，这些瑰宝才得以延续至今。

二、李璮之变

为了巩固自己在汉地皇帝的地位，忽必烈重用汉人臣僚为自己出谋划策，对身边的这些忠臣，忽必烈也是竭尽所能善待他们。

但就在这些人中，出了一个养不熟的白眼狼，还试图起兵谋反元廷的叛徒——李璮。

李璮，潍州人，字松寿，养父李全是金元之际赫赫有名的大军阀，母亲是农民起义军"红袄军"首领杨安儿的妹妹杨妙真，号称"四娘子"。杨安儿死后，诸军部皆归杨妙真率领，杨妙真投靠李全，二人结为夫妻投顺南宋。

无论父亲还是母亲，皆善骑射会使枪，武力不凡，在这样的家庭教育背景下，造就李璮成为一个充满了野心的人物。

在蒙古铁骑攻打金朝时期，李璮的父亲李全趁势在山东起兵，反金自雄，不久之后蒙古大军压入宋境，李全转变心意降于蒙古，受封淮南楚州行省，以益都为李军据点，在蒙古和南宋政权之间游刃有余，隔岸旁观。

直到李全与南宋反目成仇，死于攻宋之战，李璮得以承袭父亲的职

统一的前夜：忽必烈吸纳江南

位，担任益都行省。

得权之后，他将手下控制的地盘逐步扩增，把山东数十城乃至淮河以北牢牢掌握在自己手中。

金末时期，蒙古为了尽早击败金国，曾任命当地势力强大的武装首领为万户侯，李全一家便是当时蒙古扶植的世侯之一，他们的权力大到独以自理辖境，统领兵权民众。

李璮正是利用了这一点，擅用权力为自己建造宫殿府邸，打造全套兵力设备，逐步扩充手中资源，颇有地方一霸的架势。

除此之外，他还借着自己与成吉思汗幼弟铁木哥斡赤斤的关系，将斡赤斤后王塔察儿的妹妹娶为妻子，这样一来，既有实权，又得到了与东道诸侯之长的密切关系。

尽管他与蒙古政权走得如此之近，但在协助元廷这一方面，李璮可谓是处处留心。

蒙军想从他那里发兵借力，他总有理由拒绝。

早在蒙哥南征时期就曾令调其兵一同从征，李璮却以"益都是南宋航海要线，需要防守不便分兵"为由诡辞不至。

他经常利用益都地处为借口，屡次挟敌国以要朝廷，从而暗中为自己完善兵力，修建城墙储备军粮，名义上要讨伐南宋，实际上连益都的大门都不肯迈出一步。士兵就知道听他的命令，不知道要尊重朝廷。

直到蒙哥去世，忽必烈为夺汗位北上亲征阿里不哥，当时汉地的万户世侯们纷纷奉命率兵一同出征，唯独李璮却迟迟不动，连一卒一兵都不肯发出。

甚至在忽必烈打算暂时与南宋议和北归之际，李璮还想要故意干扰，他在暗中偷偷入侵南宋，一面要攻打进去，一面向宋廷挑衅，并以此为借口向忽必烈索取来十万箭矢，以及无数官银，并用这些财力想方设法扩充手下的兵众和军储，为自己内心想要的天下江山做足准备。

汉世侯李璮领着手下数以万计的佣兵悄悄蛰伏在暗处，等待忽必烈与阿里不哥争权的良好时机，举兵反叛。

李璮此人桀骜不驯，身怀远志，虽然自以为聪明，但骁勇善战的忽必烈又岂是一般人？他早就察觉出李璮的叛乱之心，并且早有防备。

在忽必烈南攻鄂州之际，大臣粘合南合曾对忽必烈进行一番提醒：李璮借着朝廷对他的厚待，掌管一方权势，但他伎俩实在是太多了，恐怕迟早要背叛朝廷！

中统二年（1261）元旦，宫中举办宴会，忽必烈听闻新任总管张宏有密事要奏请，于是特意派人对他叮嘱道："等你回来的时候来见我，我有话对你说。"

正月十六日，忽必烈挑了个夜晚的时间，在燕京近郊行猎营地边上叫来张宏，从张宏那里听说了种种有关李璮意图不轨的事情。例如他修建城墙，挖了一道深渠，蓄兵储粮，与朝廷争购军马，和王文统有私下勾结，拒不使用中统货币，依旧使用南宋的货币等。

虽早知李璮这人对元廷有二心，却没想到事情已经变得这么严重了，忽必烈叹了一口气，叮嘱身边近侍不要将军国密计泄露出去，以此先稳住内部，再规划长久之计。

毕竟他为了与阿里不哥争权，已经在战争中投入了许多财力和大量精锐，眼下还看不出个胜负，内地又需要守备。他无力顾及所有，迫不得已之下，只能先用加封官职的方法暂时稳住李璮，赐他金银符，又拨付给他一批盐课官银。

李璮见自己一次又一次试探忽必烈的底线，忽必烈还对他如此器重，便以为忽必烈与宋理宗那班人一样只懂享乐，不知从政，打心底就没把这个来自草原的君主当回事。

统一的前夜： 忽必烈吸纳江南

果不其然，不久之后的李璮就秘密安排人手将留质于燕京的儿子李彦简带回益都，后又派人联络山东、河北地区的汉族世侯，企图策动这些人与他一同反叛，种种行为皆可看出他谋反之心马脚毕露，甚至已经开始打明牌了。

而那边已经南归的忽必烈得知此事之后，顿觉不安，于是立即召见刚从山东回来的益都宣抚副使王磐，向他反复盘问情况，同时还让幕僚姚枢为他分析李璮此人接下来要做什么事情。

姚枢思索一番，说道："李璮若是直接进打燕京，扼守要塞，那是上策；与宋军联合，困守城池，骚扰边关，即是中策；出兵济南，等待诸世侯的反叛响应，则为下策。"

忽必烈听罢，问道："那如今这个叛贼会采取哪条策略？"

姚枢胸有成竹地说："李璮必出下策。"

一旁的王磐也是这么说道："竖子狂妄，即成擒耳。"

后来，事情的发展果然就在姚枢的预料之中。

李璮在起兵反叛后，将涟水、海州等城池献给南宋，并向南宋纳款，起初南宋对李璮的态度抱有怀疑，毕竟李璮明面上还是元廷的人。

但为了表明态度，李璮亲自派人将这几座献出去的城里驻守的蒙古军全部杀光，以此换取了南宋的信任。

南宋将李璮封为保信宁武军节度使，督视京东河北军马，又加以齐郡王的官爵。

天上掉了块大馅饼，宋理宗赵昀闻讯，还曾赋诗赐贾似道，以此庆贺：

  力扶汉鼎赖元勋，泰道弘开万物新。声暨南郊方慕义，恩渐东海悉来臣。

——《李璮归国》

在试图与南宋结盟后，李璮得到了想要的支持，于是大肆尽杀境内蒙古兵，甚至攻进自己驻守的益都，将府库里的宝物统统拿出来犒赏麾下将士。

为了进一步扩张自己的领域，他将兵攻向济南，而济南路总管张宏手下部兵只有千人，根本不足以抵挡李璮的攻势，于是张宏带上祖父张荣弃城北上，向忽必烈告发李璮叛变的事情。

虽然眼下益都和济南都在手里，但是李璮心里清楚，他所掌管的军队仅有五六万人，根本不足以与忽必烈手中庞大的力量相对抗。

想要贸然用这支军队徒涉远路攻打燕京，显然存在很大的风险。就算打出了阵势，在搅乱人心上做出一番作为，也很难撼动忽必烈政权在汉地的统治位置，最终的局面很有可能会是两败俱伤，甚至自己损失更多。

所以说，李璮根本没有胆量去直接带兵闯进忽必烈的驻地燕京，更何况他清楚自己的实力，凭借目前笼络的队伍，人数还没有大到能够揭竿而起。

俗话说"祖上荫德我今受"，但李璮败就败在这里。

他的父辈由于长期游走在金、蒙古、宋三者间，投机取巧，依违两端，既不表明自己的立场，也不忠诚于任何一方，所以这一家子的政治信誉很差。

由于常年欺凌自己驻地上的百姓，山东一带的人听到李璮这个名字便十分厌弃，甚至在听到他反叛的消息后，纷纷弃家流窜逃亡。

就连南宋政权对待李璮的态度也是摇摆不定，由于李璮这个人性情喜怒无常，捉摸不定，于是都对他心怀戒备，尽管态度上表示是站在他这边的，行为上却从来没有主动给过他任何军事上的支持。

既然南宋会这么想李璮，自然也是因为李璮这个人确实不是什么值得长久依靠的人。他压根不会把所有精力与忠心都放在南宋身上，毕竟自己的爹也对南宋做过背信弃义的事情，最终死于南宋军的手下。

所以在这种进退两难的情况下，留给李璮的只有姚枢所说的那条下策：出兵固守济南，等待其他汉世侯的反叛响应。

然而，李璮打着"反蒙复宋"的旗帜却没能得到他想要的反应，能够响应他的只有那一小部分人，例如太原总管李毅奴哥和达鲁花赤戴曲薛。

李毅奴哥和戴曲薛还曾将为李璮四处奔走拉拢人心，但很快就被人告发，他们面临的则是一条死路，二人还没来得及在山西采取什么军事行动，就被压了下去。

再比如说济南世侯张荣的儿子张帮直，他本身就对忽必烈怀有旧怨，当初忽必烈拒绝让他承袭父职，而是命令他的侄子张宏继承张荣济南总管的位置，从这一点上就可以看出他为何会成为李璮的少数响应者之一。

但他铤而走险的做法很快就被压了下来。

首先，张宏早在一年前向忽必烈告发李璮欲要谋反的事情，加上李璮攻打济南时他又带上祖父张荣北上告变，可以看出张宏和他的祖父张荣完全站在忽必烈一边。张宏和张荣的态度直接磨灭了张帮直等人想要参与反叛的心思。

为了竭力扩充自己的反叛大军，李璮又派遣使者去联络德州军民总管刘复亨，试图拉拢刘复亨一起，然而刘复亨的答复也很简单粗暴，就是直接把这个使者杀了。

从李璮积极招兵买马却没有得到想要的回应中就可以看出来，这些诸多汉世侯虽然也存在着或多或少的对忽必烈政权的不满，但他们依然认为蒙古人统治中原是无法抵抗的事情，而岌岌可危的南宋也无法再回到正统，对恢复那个吊着一口气的宋室之事也毫无兴趣。

他们毕竟不像李全和李璮那样，与宋朝之间有着过多的经历，对南宋的政治情感也没有蒙古这么亲近，如今忽必烈政权中，大部分都是汉人官僚掌握实权，更何况忽必烈对他们也不差，作为蒙古统治者，忽必烈是适合推行汉法的君主。

都已经这样了，他们还有什么不满意的？

与其想着推翻忽必烈的政权，更多汉世侯关心的还是巩固自己割据一方的地位，加大自身的势力，不可能断然追随毫无政治信誉可言的李璮去举兵与元廷作对。

所以，大部分人都还是选择留在忽必烈的身边，积极地响应对李璮的军事围剿行动。

由此可以看出来一件事，李璮把希望寄托在恢复宋室的旗号和其他汉世侯的应援上，根本就是一条行不通的下策，迎接他的注定是一场大火烧身。

对于李璮的叛变，忽必烈曾命令姚枢起草一份诏书，向天下人揭露李璮弃信违义、反叛朝廷的罪恶行为，动员众人积极出动平复战争。

忽必烈这么做也有他的道理，自他即位以来，对李璮是褒赏甚厚，信任有加，李璮却趁忽必烈争权之际倒打一耙，叛蒙归宋，屡屡背刺他，根本不忠信仁义道德。

为了惩办这个叛徒，忽必烈降诏调集各路蒙古军与汉军，开始出兵征讨李璮。

忽必烈每次打仗都会提前制定好计划，这次也不例外，他事先将各路大军分别规划成几路。

派水军万户解诚、张荣实，大名万户王文干及东平万户严忠济等人，在东平一带集合。

济南万户张宏、归德万户邸浃、武卫军炮手元帅薛军胜等人，则在滨

统一的前夜： 忽必烈吸纳江南

棣一带集合。

这样一来，既可以围堵李璮叛军，防止其沿海北上，又能将在平滦担任总管的李璮之子李南山与李璮的联络切断。

同时，忽必烈还下令修缮大名、洺磁、彰德、滨棣、卫辉、怀孟、河南、真定、邢州、顺天、河间、平滦等路的护城河，所有在城里的民吏与百姓充兵守城，防止李璮的进攻。

任命宗王合必赤为此次讨伐的诸军统帅，不只爱不干和赵璧二人出领山东的中书省事，派宋子贞当参议，董源、高逸民二人充当左右司郎中。

等到真定、顺天、河间、平滦、大名、邢州、河南各路兵马抵达山东之后，将李璮叛军包围其中。

这次元廷派出参加围攻李璮的军队多至十七路，其中也包括诸王拜出、帖哥和高丽军队，声势之浩大，足以看出忽必烈这次使出全力铁了心要拿下李璮这个叛将。

这次大规模征讨行动，忽必烈一共任命了三位统帅。除了宗王合必赤之外，另外两人一个是中书省右丞相史天泽，另一个则是平章政事赵璧。

虽说这两人都得到了统军大权，但在得到这条诏令之后，却没有将这个事情公布出去。

此次征讨规模盛大，十七路征讨大军恰好可以分为宗王军团、朝廷侍卫亲军、汉世侯军团三组，合必赤、史天泽和赵璧三人分别可以带领一队，确保组织完整。但忽必烈嘱咐史天泽和赵璧二人不要将统帅的诏书告知他人，这其中也有忽必烈自己的目的。

首先，李璮身为汉人幕僚，他却起了反叛之心，这让忽必烈不得不对身边的汉人有所防备。其次，三个元帅就相当于没有元帅，他之所以让史天泽、赵璧二人将自己身为元帅的事情保密，也是为了维护蒙古宗王合必赤最高统帅的地位，而授予史天泽和赵璧的元帅名义则恰好可以让这三名统帅互相牵制，彼此之间进行督促。

史天泽和赵璧被忽必烈提为元帅，受此重任，必然会对忽必烈心怀感激，从而对他死心塌地，临危效命。

这也是忽必烈布下的一局棋，一旦这几人中有人对朝廷不利，其他两人就可以公开诏令，用统帅的名义将其控制。

从这一番安排中可以看出忽必烈足智多谋，胸怀远略。

能在一片腥风血雨中打败自己的弟弟，成为大汗，又能在李璮之变中屡遭威胁还临危不乱的人，怎么会是一般人呢？

同年三月，元朝调集的军队与李璮叛军开始正式交战。

在距离济南还有五十里的老僧口，李璮的军队敌不过侍卫亲军李伯佑、蒙古诸翼军都元帅阿剌罕等部率的攻势，很快败下阵来。

随后，史枢、阿术所率的军队又在清河斩首了4000名李璮手下的叛军。

而在高苑一带蹲守的万户韩世安等人则在击败李璮叛军的同时，还擒获了李璮的权府傅珪。

四面传来噩耗，李璮在这场战役中溃败，不得已之下只能躲回济南，从主动进攻转为坐以防守。

而忽必烈则趁此机会下诏，直接将李璮被打败的消息传了出去，博兴、高苑等处李璮的胁从者无一赦免。

参议宋子贞等人来到济南城外，通过观察敌情和探察地形，提出了一条专门针对李璮败将的计策：

璮拥众东来，坐守孤城。宜增筑外城，防其奔突，彼粮尽援绝，不攻自破矣。

——《元史·宋子贞传》

统一的前夜：忽必烈吸纳江南

宋子贞所言也有一定的道理，没了粮食李璮自然会坐不住，于是统帅史天泽与合必赤采纳了这条建议。

四月，各路大军开始在济南城外建树栅，挖沟渠，把龟缩在孤城中的李璮军马团团围困其中。

六月，南宋军队乘船而上，进攻沧州与滨州，试图从侧方接应李璮军队，但被滨棣安抚使韩世安部直接打了回去。

守在城里的李璮心想这样下去也不是办法，于是试图突破城栏冲出围剿，但所有计划一一失败。

有一次，李璮试着向城西突围，但行军总管张弘范提前连夜加深加宽城壕，还埋伏了众多伏兵在底下进行防备，突围而来的叛军由于毫无戒备，要么掉落深壕，要么被伏兵击杀，总之李璮根本出不了城。

李璮没了办法，只能让部下日夜坚守，但长久下来部下也疲惫不堪，于是李璮只好将城里姿色过人的女子赏给将士，讨将士们欢心。

而城外的蒙古军已经布局完善，整座济南城，连只鸟都很难飞出来。而城内又匮乏粮食，无奈之下，李璮只能让军士去挖掘百姓的粮食续命。自己弄到了一口吃的，身为武器之一的活马却没有饲料，走投无路的叛军只好将草房拆卸下来喂马。到最后，闹了饥荒，甚至出现以人为食的例子。

李璮叛军的意志逐渐崩溃，实在扛不下去，只好成群结队地向蒙古军投降。

侍卫亲军都指挥使董文炳曾在城下说过这样一番话：

> 反者璮耳，余来即吾人，毋昧取诛死也。
>
> ——《元朝名臣事略》

第二章 败事则有余，成事则为王

言外之意，凡是追随李璮的人，若主动投降，从此以后与我们就是一家人，若不投降，则格杀勿论。

这番话一说出来，实在熬不住饥荒的李璮爱将田都帅缒城出降，不愿再为李璮白白卖命，而田都帅的投降，也是瓦解李璮军心的最后一步。

李璮被困于济南城之际，曾写下一首抒发内心情感的《水龙吟》：

腰刀帕首从军，戍楼独倚阑凝眺，中原气象。狐居兔穴，暮烟残照。投笔书怀，枕戈待旦，陇西年少，叹光阴掣电，易生髀肉。不如易腔改调。

此变沧海成田，奈群生几番惊扰。干戈烂漫，无时休息。凭谁驱扫，眼底山河，胸中事业。一声长啸，太平时将近也，稳稳百年燕赵。

李璮的家境造就了他英勇的性子，其远大志向与理想抱负都在这首词中展现得淋漓尽致，作为一个将士，他有着常人不及的野心，或许他真的能够得到他所谓的燕赵山河，但他作为将士，也缺少了一点儿仁义。

在元廷，忽必烈对待李璮恩宠有加，但他始终不肯真正效忠于蒙古政权，他把自己视作"狐居兔穴"，将自己比作一个异类。他对忽必烈不够忠诚，对宋理宗更是加以利用，不论是元廷还是宋室，自始至终他都没有放在眼里，他只渴望心中的那一片属于他的江山。

也正是因为他过于自负，所有的狂妄与目中无人都化为大业上的火苗，一切的一切都在他缺失的道义中焚烧殆尽。

七月十三日，李璮整合军队做最后一次突围，但因为实在缺乏粮食，军力不足，败在城中。

统一的前夜： 忽必烈吸纳江南

七月二十日，李璮已经见不到任何希望，于是放手让部众离开自寻出路，其麾下将士近 6000 人相继从济南城的各个门内解甲投戈而降。

李璮忍痛亲手杀死爱妾，乘舟而上大明湖，想要投水自杀，却未溺死，后被蒙军捕获。

审问李璮的是宗王合必赤。

当然，王爷矜贵，不会轻易开口。替他说话的，是东平万户严忠范。

"李璮，你我同僚一场，怎么就到了如此地步？"

李璮心里冷笑道："咱们当然是同僚了！"

心里都想：好兄弟，给我做个垫背吧。

他反咬道："你常与我相约做事，却总是不来。"

史天泽感觉不对劲，李璮可不是好相与的主儿，一张嘴什么都敢说，不能再让他乱说话了。

"君主待你不薄，哪里亏欠过你？"

李璮面不改色，道："史兄文书约我创业，却又背盟。这是为什么？"

"文书？"

宗王合必赤脸上终于起了波澜。

合必赤有些动摇，按照惯例，李璮被俘以后，是要献俘朝廷的。

可今日他一番攀咬，不管是真是假，一旦传扬出去，都会动摇汉族降臣的心志。

合必赤忽然就羡慕起秦始皇了，他可是有个主动去杀韩非的李斯。

在合必赤的不过问下，李璮终于被杀了。

李璮的叛乱给忽必烈造成了不小的损失，但它就像一场浩大的烟花，动静虽大，消失得也快。

不过，宗王合必赤对李璮可以放下，但不代表他对别的事情可以放过。

蒙军进入济南以后，面临的最大问题就是：如何处置城中的军民？

若按合必赤的意思，自然是按蒙古旧法：屠城。

在他看来，我蒙古政权的兵锋无往不利，纵然抵抗，也不过是螳臂当车，不自量力。

正好，还能借由屠城，让胆敢抵抗的人看看，这就是与蒙古政权作对的下场。

杀鸡儆猴。

合必赤难得在他鄙夷的弱宋那里，找到了一点儿微妙的欣赏。

但撒吉思、姜彧等蒙臣或者汉臣，却持有截然相反的主张。

尤其是对汉臣来说，数千年历史里，不是没有屠城的，但屠城的军队，却多失败。

君不见汉高祖当年也想屠城，但为了自己的宏图霸业，最终也放弃了屠城行为。甚至在进入咸阳以后，与老秦人约法三章。

最终，汉高祖与霸王项羽的行为形成鲜明对比。

一个缔造了大汉王朝，另一个只能饮恨乌江。

然而宗王合必赤并不是个听劝的人。他对撒吉思、姜彧等人的"王者之师，诛止元恶，罔治胁从"的言论并不感冒。

谁让宋朝败了呢？

再多的圣贤书，没有军力作为支撑，谁爱听你讲道理？

合必赤不听，但忽必烈听。

撒吉思、姜彧援引了忽必烈的诏旨："发兵诛璮耳，毋及无辜。"

仰慕强权的合必赤，只能屈服于另一个强权。

他下令三军：敢入城者，论以军法。

在混混沌沌中不知煎熬了多久的济南城，终于慢慢恢复了战前的秩序。

然而阎王好过，小鬼难缠。

在李璮叛乱时，他麾下的涟、海两军，有2万余人。

这些人的战斗力，不是积贫积弱的宋朝军队能比的。

他们骁勇善战，对蒙古军造成了非常严重的损失。在两军之间，早就积累了血海深仇。

李璮死后，这两军群龙无首。蒙古军以为有了机会，于是在内部将这批军队分配给各军，要秘密将其葬送，以报自家草原儿郎的仇。

然而，纸终究包不住火。蒙古军的谋划被侍卫亲军都指挥使董文炳得知。他再次抬出忽必烈，说忽必烈亲征大理时，尚且不妄杀。我等是大汗的兵马，怎能与大汗所为相悖？

最终，在董文炳的竭力劝阻下，才保住了一部分李璮旧部。

处理了济南的事务，史天泽又率军东行，收复益都。

在这里，他没有遇到什么抵抗。

城里的人听说李璮死了，便也开城门投降。

接连的胜利抚平了忽必烈因为李璮叛乱而深受影响的内心。他立即安排对益都属民的治理，还有对李璮旧部的改编。

在这两件事上，忽必烈没有再用合必赤，他选择了一向表现良好的撒吉思。

当年十月，忽必烈首先颁布诏书，赦免了胁从李璮叛乱的益都府路官吏及军民。

李璮已死，没有了带头人的军民，不过是一群乌合之众。

既然如此，何必再横生枝节呢？

但，暂时放过不等于置之不理。

忽必烈命令诸侯王唐古率蒙古军士万人镇益都，震慑乡里。又委任侍卫亲军都指挥使董文炳兼山东路经略使，撒吉思为益都行省大都督。

第二章·败事则有余，成事则为王

董文炳和撒吉思都是让忽必烈放心的人选，他们一个领军，一个治民。

忽必烈相信，这二人必然能给自己一个满意的结果。

身为大汗，千征百战之后，忽必烈也意识到了怀柔政策的必要性。

更不用说，董文炳这种本身就饱读圣贤书的汉臣。

董文炳打散了李璮的益都旧军，将他们改编成武卫军，戍守南部边境。

军民一体，董文炳奉命与撒吉思商议兵民籍。

他们商定：在益都民户中，每十户取其二，隶属于武卫军。

这样一来，也保证了武卫军的兵源。

确定了方案以后，董文炳就率部前往益都。

他把亲军安置在城外，只带了几名骑兵入城，以示元朝的善意和自己的秋毫无犯。

进入府邸以后，董文炳不设置警卫，反而召来李璮的旧部，在府邸中好言相劝。

"诸君，昔日李璮狂妄，不自量力，妄图以卵击石，反而耽误了诸位的前途。

"如今贼首李璮伏诛，你们依旧是大蒙古国治下的百姓。

"陛下至仁至善，知道诸位是被李璮裹挟，并非有意与朝廷作对。故而不再计较从前的事，命我前来安抚你们。

"如今陛下命我兼山东路经略使，便宜行事。诸君应当勉励，多取金、银牌。否则，我也是不敢为你们请功的。"

董文炳的一番话，终于打消了李璮旧部的疑虑。没有了他们的阻碍，他很快就完成了对益都旧军的改编和武卫军的组建。

撒吉思负责约束蒙古军将。

原本这些蒙古军将习惯了草原上游牧的日子。入主中原以后,他们也想耀武扬威一番。

然而,撒吉思不仅不允许他们游猎扰民,也不许他们将田地占用,变成牧地。以免这些没有轻重的蒙古军队,再次引发与南宋降民的冲突。

除此以外,对于叛帅故卒,撒吉思也没有歧视,依旧大胆任用他们。

在忽必烈怀柔手段背后,撒吉思也行为果断。他捕杀了重新叛变归宋的李璮故将毛璋,又在故宋之地赈灾,抚恤百姓。

在他的治理下,昔日的宋地百姓日渐归心。

三、诸王叛乱

忽必烈与诸王之战是中国元朝前期忽必烈讨伐北方诸王、巩固政权、维护国家统一的战争毋庸置疑,历史上最终是忽必烈成为蒙古大汗,也是忽必烈当上了元朝的皇帝。

但,毕竟忽必烈是一位来自草原的游牧族人,他身体中流淌着的不是汉人的血液。

忽必烈是一位附会汉法的君主,所以,他的黄金家族中,出现了许多反对他的声音。

"与汉人走得过于亲近……"

"居然入他乡随他俗。"

"变得已经不像我们的族人了。"

"忽必烈这个叛徒,异类!"

……

种种声讨他的蒙古语,从北方传来,忽必烈在意的却不是这些族人将他说得多么不堪,而是担心这些同族诸王将会影响他的国家与政权的统一。

其中最为强势的叫嚣者则是窝阔台嫡孙——海都。

他站在道义的角度上，说服了一众又一众的蒙古诸王，形成一条质疑忽必烈的统一战线。

早在唆鲁禾帖尼为蒙哥争取到大汗位时，海都虽然没有和失烈门等人一同参与反对蒙哥的谋叛活动，但身为窝阔台家族的一员，在忽里台会议中窝阔台系失去汗位的这件事让他始终难以释怀，从他长期拘留蒙哥派遣的使者石天麟这一点可以看出，海都对拖雷家族的仇恨已经在暗中慢慢积累。

蒙哥战死钓鱼台这件事一经传出，海都重整旗鼓，趁着忽必烈与阿里不哥兄弟同室操戈期间，迅速站到阿里不哥阵营，表示自己支持阿里不哥继承汗位，同时与忽必烈做出对抗。

家族若不团结，就会出现溃乱，忽必烈和阿里不哥的交战让海都看到了希望，他还有机会重新崛起。

虽然海都自身势力并不强大，底下部众仅两三千人，但他借阿里不哥率兵击败察合台汗国君主阿鲁忽和窝阔台汗国君主禾忽的时机，趁机取代禾忽坐上了窝阔台领地的君主之位，迈出想要重建窝阔台汗国的第一步。

在与忽必烈夺位之战中，阿里不哥方虽然失败，但海都仍然不肯臣服忽必烈，忽必烈对他没有谴责，甚至一度赏赐金银财宝，分五户丝食邑给他，他在心中却对此嗤之以鼻。

海都所谓的"道义"之所以能说服一部分蒙古诸王，其中也有他的道理。

首先，他是站在阿里不哥的角度，谴责忽必烈不守蒙古"幼子守灶"的规矩，明明阿里不哥才有权继承汗位，甚至蒙哥让阿里不哥留守和林，也是有意要传位给他，但忽必烈这时候要站出来与之夺权。

其次，他认为忽必烈被汉族文化影响得过于严重，反而失去了蒙古人该有的精神，这样下来，蒙古人的文化迟早要毁在忽必烈的手里。

统一的前夜：忽必烈吸纳江南

就连忽里台贵族会议他都不肯出席。

忽必烈问他："其他宗王都来了，你为何不来？我很希望我们能够见面，将一切事情商议好之后，我会赏赐很多东西给你带回去的。"

海都却说："最近马匹都瘦了，等养肥了我再奉命前来。"

他以这个借口拒绝了三年，却在忽必烈征伐南宋期间，暗地扩充自己的军备与领土，从始至终都将忽必烈视为敌方。

忽必烈即位后，将阿姆河领域分配给了察合台汗国的君主阿鲁忽，阿鲁忽得到了可以在阿姆河领域进行自由扩张与掌控的权力。

而钦察汗国和察合台汗国两方又因为争夺讹答剌等地而发生了交战，海都便趁机与钦察汗国结盟，两方合起来攻打察合台汗国。

海都之所以和钦察汗国联起手来，目的很简单，就是针对察合台汗国背后的大汗——忽必烈。

海都心里的算盘早已打得噼啪作响，他很清楚，远在中原当皇帝的忽必烈根本无心管辖西域的诸多汗国，他可以借着这个机会重新武装自己，无兵无地是不能与忽必烈抗衡的，只有壮大自己，将来他才有统一蒙古诸部的可能。

1264年，察合台汗国君主阿鲁忽病故，君主之位传回了木八剌沙的头上。

为了能让权势稳固，忽必烈派遣察合台系的另一位宗王八剌负责协助木八剌沙，二人一同掌管领地，而八剌则野心勃勃，凭借忽必烈赋予他的权力，用计推翻了木八剌沙，一人独占王座。

当上察合台汗国的大汗后，八剌奉忽必烈之意，率兵征伐海都。

忽必烈心中也早已对这个处处与自己针锋相对的海都感到不满，想着迟早要治一治这个人。

在与八剌的交战中，由于兵力不够，海都逐渐败下阵来。

然而，局势一度反转，钦察汗国的新君主蒙哥帖木儿向海都发来了5万援军，海都反败为胜，将八剌打了回去。

让忽必烈意想不到的是，他本想借着八剌拉拢察合台汗国，却没想到八剌在得到察合台汗国之后，与海都站到了同一战线上。

海都凭借他谴责忽必烈的那一套"道义"说辞，说动了八剌，从而让八剌将忽必烈命自己攻打海都的旨意抛诸脑后，完全倒戈。

1269年，海都联手八剌，与钦察汗国三方在塔剌思草原上举办了有名的塔剌思会议。

这场会议开了整整八天。

三方在大会上立下盟誓，约定彼此之间互不交战。

在没有忽必烈参与的情况下，三方私下重新制定彼此在中亚的势力范围，这一点很显然是在挑战忽必烈大汗的权威。

他们试图将蒙古分裂为各自独立的小国，忽必烈不过也就是其中的一个共主。

这场会议里最大的赢家就是海都，他不仅将钦察汗国和察合台汗国笼络到自己的势力中去，还将忽必烈树立成三方诸王一致的敌人。

海都成了西北诸王中的领袖与霸主，一步步吞并更多的势力，积小成大，从遥远的北方窥视着忽必烈的一举一动。

而远在中原的忽必烈得知这件事之后，拒绝了蒙古汗廷传来的攻打海都的建议，他说："念在我们都是同一宗室的情分上，就应当用仁德的策略去安抚他们。"

思前想后，最终忽必烈决定派出术赤位下王府宿卫铁连前去会见钦察汗国的君主蒙哥帖木儿，本想着都是术赤系的一家人，好生商量会得到一个好的结果，但让忽必烈没想到的是，蒙哥帖木儿压根儿不想归顺他。

这就显得当年蒙哥帖木儿说过的那番"祖宗有讯，叛者人得诛之，如通好不从，举师以行天罚"之类的话格外虚伪。

兴许是塔剌思会议上的盟誓，让他忠心耿耿地站在海都的身边。

而阿姆河一带的局势，也在逐渐失控。

海都与西北诸王曾一并声讨过忽必烈，他们质问忽必烈："我们蒙古的习俗与汉法完全不同，你现在留在汉地，又建都又扩城，还以汉法制地，你究竟为什么要这样做？"

很显然，忽必烈变成了黄金家族中一个显眼的另类，他的政治立场与以海都为代表的西北诸王完全不同。

也许这些诸王是从心里谴责忽必烈的做法，也许，也是在眼红忽必烈杰出的帝王才能，将庞大的中原汉地管理得井然有序。

1269年，蛰伏许久的海都正式与元廷爆发军事冲突。

海都率兵向和林进攻，首先击败纳邻部，忽必烈听闻消息，迅速派人前往征讨，海都溃不能战，带着军队逃到了2000多里之外的地方。

1271年，北平王那木罕率军驻守阿力麻里，随时应对海都接下来的攻势。

为了加强元军兵力，忽必烈给予那木罕马匹支持。

1275年，忽必烈命中书省右丞相安童前往阿力麻里辅佐那木罕总兵。

值得一提的是，那木罕是忽必烈和察必皇后两人所生的儿子，也是最小的儿子，由于他的能力十分突出，所以忽必烈很重视他，一度想将他立为皇位继承人，可见其地位显著。

那木罕所率领的军队阵容强大，蒙哥汗之子昔里吉、蒙哥汗之孙撒里蛮、阿里不哥之子玉木忽儿和明里帖木儿、岁哥都之子脱黑帖木儿、拨绰之孙牙忽都、斡赤斤之孙察剌忽、阔列坚之孙兀鲁台等诸王都在其中。

无论是人手还是战略才能方面，都要比海都更有优势。

西征之前，忽必烈曾派人向海都传达旨意，劝海都罢兵，而面临元军的千军万马，海都自知硬刚不过，只好退军暂缓。

而那边安童所带领的军队却违约主动突袭窝阔台后裔禾忽的部军，并缴获其全部军用物资。

海都见状准备西逃，临行前，他对昔班说："我要杀你轻而易举，但念在你与我父亲过去的交情，今日我放你回去。但你回去之后，告诉忽必烈，是安童先动的手，这不是我的错。"

昔班回到京师后将这件事如实禀报给忽必烈，忽必烈称赞昔班所言属实，没有谎报消息。

次年，昔班奉命劝海都回头，并说道："你就算是不服从，你也打不过诸王蕃卫的众多大军啊！"

尽管此时的海都已经手掌西北诸王众方权势，势力盖过之前，但还是敌不过元廷大兵的压力，只好回一句："确实不敢，我还怕死。"

然后暂时不再出兵。

然而，让海都和忽必烈两个人都意想不到的是，由于兵力众多，内部分配不均，拖雷系宗王内部竟出现了问题。

阿力麻里前线发生了内讧事件。

1275年，岁哥都之子脱黑帖木儿和蒙哥之子昔里吉两人在狩猎时偶然相遇，俗话说有人在身边，胆子大过天，这两人竟然秘密商议："我们的父亲在忽必烈那里受了多少屈辱，不如我俩干一票大的，直接把那木罕和安童抓起来，交给海都！"

这两人还想派人威胁拨绰之孙牙忽都与他们一起，但未能得逞。

不久之后，军将八鲁浑等人带兵叛逃，牙忽都则奉那木罕之命赶去拦住这些叛军，见这一招调虎离山计用得很成功，昔里吉和脱黑帖木儿趁着月黑风高夜突发兵变，先是绑着那木罕送到钦察汗国君主蒙哥帖木儿面前，后又抓了安童，送到海都那里。

统一的前夜： 忽必烈吸纳江南

他们派使者向蒙哥帖木儿和海都传话：

"之前你们对我们有恩，我们也从未忘记，现在将忽必烈手下这两人交给你，我们之间就不要再算计了，不如联手起来，一起反打元廷！"

白白送来两个忽必烈手下的重将，海都虽然高兴，但他对昔里吉和脱黑帖木儿的复杂情况抱有戒心，于是回道："这确实合我心意，也对此感到感激，但还是先请你们留驻于原地，因为那里水草很好。"

很显然，"水草很好"只是个借口，海都没有直接把昔里吉等人收并到身边，只是与他们建立了一致针对忽必烈的立场。

这次叛乱使忽必烈在阿力麻里的前线大军分崩离析，许多蒙古诸王和军兵在昔里吉和脱黑帖木儿的带领下一同倒向海都的阵营，这一点忽必烈也始料未及。

而海都让昔里吉等人留在原地，也有他自己的道理。

这就相当于直接将昔里吉推上反对忽必烈政权的前阵，海都本人则可以稳稳躲在后面，不但可以趁机扩充自己的势力，还可以坐着观看拖雷家族内部相斗的精彩好戏。

1277年，昔里吉和脱黑帖木儿率兵袭击乞儿吉思领地，杀死元军万户伯八，其气焰冲天，甚至直接掠取了祖宗在和林的帐殿，气焰嚣张，搅得漠北一片慌乱。

弘吉剌部只儿瓦台举兵响应昔里吉等人的叛变，性质十分恶劣，不仅残忍杀害自己的兄长斡罗陈，还将忽必烈的女儿囊加真公主作为人质困于夏营地应昌府。

应昌位于上都与漠北之间的帖里干驿道上，是上都和漠南、漠北之间的军需转运要地，只儿瓦台在应昌响应叛乱，无疑对元廷造成了严重的军事威胁。

二月，忽必烈命人北上援救，全力打击这支来自自己手下的蒙古军团内部的叛变。此次发兵人数众多，可以看出忽必烈对这件事深恶痛绝，他几乎倾尽全力，迅速平定只儿瓦台叛军。

解决了应昌事变，忽必烈还曾下诏："所有这次参战军将，一人赏五十两，战死者赏百两，给其家属。"

对于效忠元廷的部众，忽必烈毫不吝啬，不仅加以眷顾，还慰藉其心。

同时，为了保护女儿囊加真公主，忽必烈特意命移剌元臣率人长期镇守应昌城，防止再有威胁。

解决了只儿瓦台，忽必烈也没能闲着，他将平宋主帅伯颜紧急调往漠北，率军征讨脱黑帖木儿、玉木忽儿的军队。

昔里吉溃败西逃，在元军追击下，归还了祖宗帐殿和那木罕的所部属民。

敌不住元军的强大势力，昔里吉和脱黑帖木儿率军逃往也儿的失河并将八邻部属地占为己有。

这次诸王叛乱让忽必烈心力交瘁，一来因为这些叛徒都是他的蒙古亲族，二来他又投入了大量的兵力财力。

忽必烈后又派汉军都元帅刘国杰领数万精兵戍守漠北，在刘国杰出发前，忽必烈还特意叮嘱他："若让他人前去，恐怕难以安心。你是个优秀的将领，朕把你看作儿子，你代朕去，朕能放心！"

刘国杰骁勇善战，凭借杰出的战功赢得了忽必烈的信赖，从忽必烈对他说的这番话就足以看出，此人出行，必能平复一方。

果不其然，刘国杰率领的军队在抵达和林亦都山后，建了一座名为"宣威军"的城堡作为戍守要塞，很快就为元廷重新稳定了漠北动荡不安的局势。

1279 年和 1280 年这两年时间，脱黑帖木儿、昔里吉等人曾连续两次

统一的前夜： 忽必烈吸纳江南

率兵侵扰和林一带，但很快被刘国杰击退，随后刘国杰率军逼近昔里吉的叛军营地，直接捣毁叛军的据地，大挫昔里吉的气焰。

而昔里吉和脱黑帖木儿两个人，本就是半路上临时决定共事的，各自心怀鬼胎，终归会走上分道扬镳的道路。

在不久之后，昔里吉和脱黑帖木儿两人因为一件事情发生内讧。

脱黑帖木儿在谦州附近战败，所有军资都被元军缴去，脱黑帖木儿请求昔里吉增援，却遭到昔里吉的拒绝。

为此，脱黑帖木儿对昔里吉逐渐产生不满，决定与昔里吉决裂。不久之后，就死于昔里吉的手下。

同时，昔里吉将与自己一同叛变忽必烈的撒里蛮的军队占为己有，所幸部众将撒里蛮从昔里吉的手中解救下来，撒里蛮为出恶气，反手击败昔里吉。

长期以来内讧不断，昔里吉和撒里蛮两人最终穷得西北风都喝不上了，无奈之下只好南下归附忽必烈。

撒里蛮相对幸运一点儿，忽必烈赐予他军队和牧地，让他活得还算滋润。

昔里吉却没有那么幸运了，他被忽必烈流放到了一座南方的小岛上，忽必烈也拒绝与他见面，最终他死于孤岛，也算是他恶有恶报的结局。

昔里吉叛乱与阿里不哥之乱一样，都是属于反忽必烈政权的叛乱。

但与阿里不哥不同之处在于，阿里不哥之战属于蒙哥死后的正常汗位角逐，昔里吉叛乱却发生在忽必烈称汗后的第十六年，在那个时候还要试图挑战忽必烈的汗位权威，在整个蒙古黄金家族中，也是属于极其难看的行为了。

然而，这次内乱的最大赢家却是海都。

昔里吉消耗了许多忽必烈手下的军资力量，即使这场叛乱已经平定，但仍然使忽必烈元气大伤。

尽管昔里吉和撒里蛮已经归降，但阿里不哥的幼子明里帖木儿却带着大量蒙古军队投靠海都，海都等西北叛王的势力得到了进一步的扩张。

虽然北平王那木罕、阔阔出及安童等人后来陆续被海都遣送回元廷，但忽必烈仍然要时刻提防海都；虽然昔里吉叛乱告一段落，更强大的敌人海都仍然是这场诸王叛乱中最大的主角。

1287年，海都的侵扰还在北方形成一道隐形的威胁，那边又爆发了以东道诸王乃颜为首的大规模叛乱。

乃颜是成吉思汗幼弟铁木哥斡赤斤的后代，是支持忽必烈政权的东道诸王之长塔察儿的孙子，虽然忽必烈上位之后一直善待他们，但随着忽必烈汉法制度的加强，两方之间也产生了巨大的分歧。

1283年，元廷为与东道诸王争夺辽东地区的控制权而爆发了巨大的冲突。

忽必烈也曾在乃颜叛变之前提前收到密报，并且事先做好准备，随时迎接这波叛军的到来。

忽必烈先是不予拨付乃颜的调兵，严格控制乃颜的军马，还派出伯颜到乃颜那里打探情况。

伯颜来到乃颜的地盘，一路打点驿站的官员，并在抵达后宴请乃颜，然而乃颜笑里藏刀，想要暗中拘捕伯颜。伯颜有所察觉，趁醉而逃，由于驿站的官员事先得到了伯颜给的好处，以健壮的骏马接应伯颜，这才使得伯颜顺利逃脱险境。

回到京师后，忽必烈从伯颜所言中得知乃颜的叛乱这次是动真格的了。

果不其然，不久之后乃颜直接变脸，称自己不再做大汗的臣属了，并与西北叛王海都结成一致，试图一同攻打忽必烈。

统一的前夜： 忽必烈吸纳江南

忽必烈先是抚慰人心，大大施赠，以防部下再有人投靠乃颜，一同背叛自己。又遣使者告知诸王，禁止与乃颜等人往来。同时在辽东地带出兵1万，随时御敌。

由于当时忽必烈已经年迈，关节有疾，但他依然决定亲征乃颜，临行前他曾发誓一番豪言壮语："若朕不能亲自处死这些叛徒，朕也不要当这片疆域的王了！"

由于身疾缘故不便骑马，忽必烈乘象出征。

而有关忽必烈乘象舆亲征的内容，在史料《岳铉第二行状》中也有着记载：

> 亲御象舆以督战，意其望见车驾必就降。

犹太人学者拉施特所撰的《史集》也说道：

> 他尽管关节酸痛，年老力衰，仍然坐在象背的轿子里出发了。

忽必烈用二十二天的时间迅速调集了大批军队秘密随同亲征，其阵容庞大，数量多达四十六万。

在出发之前，由于迷信占星术，忽必烈还曾让靳德进、岳铉等人替他"揆度日时，占候风云"，得到此战吉利的预言后，这才出发。

金莲川幕府中的幕僚刘秉忠，知《易经》擅占卜，从而得到忽必烈极大的信任，而岳铉就是在刘秉忠的举荐下被介绍给忽必烈的。

临行前，忽必烈还将军粮运输问题悉数安排妥当，命运粮万户罗璧从海道向辽阳供应军队粮食，确保军不断粮。

五月十二日，忽必烈从上都出发，途经应昌。

六月三日至撒儿都鲁，叛军爆发激战。

后又进军哈剌河方向，于六月十三日攻占乃颜腹地。

关于战况描述，《岳铉第二行状》中记载：

锋既交，两阵矢急射，几蔽天。

战争场面十分激烈，伤亡无数，有诗云：

僵尸四十里，流血原野腥。

此次亲征，忽必烈也几遭风险。

忽必烈乘象舆督战时，曾遭到叛军将领塔不台六万军士的猛烈攻击，而对方人数超过元军。叛军重点攻击忽必烈的象舆，甚至箭雨直抵忽必烈的象舆前。

蒙古军难敌攻势，几近溃败，危机之下，忽必烈不得已将象舆赶到一坐小山丘上，然后改乘马匹应战。

拉施特在所撰《史集》中写道：

当接近了合罕军队溃逃的地方以后，载着轿子的象被赶到一个山丘顶上。

汉军将士负隅顽抗，在腥风血雨中厮杀，抗衡敌军的攻势。

夜幕降临后，元军则以兵车环绕为营卫，全力防守。

夜深人静之际，李庭率10余人持火炮突袭敌阵，叛军陷入惊恐，于混乱中自相残杀。

洪茶丘则借此时机，率三千大军撕裳帛竖旗帜，割断马尾作旄饰，借着夜色与草木遮掩，造成一片虚晃之象。

叛军被吓得溃败而逃。

乃颜东逃至伯塔哈山附近，被玉昔帖木儿和李庭二人率领的大军合兵追击，激战之后，乃颜自知敌不过，于是再度落荒逃跑。

最终，于失列门林处被余军擒获。

好不容易擒拿下乃颜，忽必烈当机立断将其处死。

而这一次的处死方式，忽必烈没有选择汉法，而是遵循蒙古处死贵族的传统"不允许皇帝宗系的血洒在地上，或让太阳与空气看见"，将其牢牢捆扎在地毯里，狠狠击打，直到他咽下最后一口气。

忽必烈获胜后率军回到上都。

又将大兴安岭处的余下叛军悉数击败，消灭这场叛乱的最后一丝余烬。

剩下乃颜的部众也被进行了严肃的处理，大多人被没入国家版籍，有些则被强行迁至江南地区充军。

昔日赫赫有名的东道诸王部族，也就此不复存在。

而远在北方的海都仍然是忽必烈的强大劲敌，在忽必烈死后，海都仍然与他的后代对抗，直到海都也去世，他残留的后续军团也对忽必烈后来的元政权造成了强烈的打击。

毕竟这是一个来自草原的民族，比起汉将背叛忽必烈，同宗的背叛却是更为致命的。

四、汉将交权

"大一统"是儒家热门的传统话题，它关乎很多民族的强盛发展与文化的兴起。

忽必烈时期的元朝真正意义上做到了"四海混一"，将塞外大漠与农耕中原织成一片和谐的画卷，蒙汉杂糅治理南北，在多样化的交汇之下，四海大地演绎出了新的篇章。

忽必烈上台之后，首先做了一个措施：罢黜汉世侯。

汉世侯是窝阔台汗时期遗留下来的一种间接统治汉地的制度，任命一些投降归附蒙古政权的地主武装头目，由他们世袭担任自己地盘里的军阀官员，再从蒙古人中派出一个达鲁花赤负责监督他们，让他们给蒙古人当守土臣。

像忽必烈身边的官僚史天泽、李璮，还有其他几个万户，例如保定的张柔，东平的严实、刘黑马等人，这些人都属于汉世侯。

汉世侯对于蒙古政权统治汉地也是有功劳的，如果直接让不懂汉人习俗的蒙古贵族来统治汉地可能会造成许多恶果，例如邢州变鬼衙，民区变盗区，后果不堪设想。

汉世侯毕竟是汉人，对于汉地的传统更为了解。劝农桑，搞吏治，办学校，养儒士，都能在地方上延续下去。

所以，汉世侯在蒙古政权时期，对间接治理汉地、保护汉地的农耕文明和儒士文化方面起到了一定的作用。

比如说，金末有一个很重要的文学家——元好问。

他当时到处游说奔走于我们刚才提到的那几个汉世侯门下，像严实、张柔、史天泽等，元好问受他们的恩赐，能够传承自己的学术，进行文学方面的创作，在这些方面，汉世侯是有贡献的。

汉世侯间接统治汉地，允许世袭、军民兼管，既管民政又管军事，既是各路的总管又是万户，所以，有人就把这类汉世侯，比之于唐五代军政合一的地方长官——藩镇。

统一的前夜： 忽必烈吸纳江南

而忽必烈就把这种负面的弊病给想方设法去除了。

其主原因还是李璮的反叛，在此之前忽必烈并没有想到这些汉世侯会利用更多的权力做忤逆他的事情。

李璮之所以反叛也是因为他对蒙（元）政权存有二心，但他竟然能反叛成功，攻下济南占领长达半年之久，这一切都是因为他掌握第一世袭大权。兵民之权皆被他牢牢抓在手里，这也是藩镇的通病。

这种体制实际上在忽必烈建元朝以后，既不符合他行汉法治汉地的官僚制的模式，也构成了忽必烈直接治理汉地的障碍，所以忽必烈就选中了平定李璮之乱的时机，迅速地罢黜汉世侯，收揽权纲。

罢黜汉世侯的措施一：军民分职，也就是军民二柄不能并居一门。

这是废黜汉世侯的一个重要的举措，而这个事情起始于史天泽。

史天泽是真定万户，阿兰答儿在漠南钩考忽必烈的时候，跟拖雷家族关系很亲密。他在李璮之乱中间，跟李璮这个人有过一点儿小小的勾结。

李璮曾经给他写过一封书信，想让他与自己联手反叛忽必烈。

但史天泽当时没有把这封书信举报给元廷，而是藏匿起来了。

忽必烈实际上对李璮和史天泽的暗中勾结，乃至于和张柔等其他的汉世侯之间全部的勾结都有所觉察。

但忽必烈心里很清楚，他还需要用这些人，他也知道像史天泽、严实这些人不会贸然走和李璮联手反叛的路子，他们只是处于观望状态。

而当时的忽必烈正忙于与幼弟阿里不哥在漠北打仗争权的事情，对他而言，汗位才是最主要的。如果拿下汗位，想要惩办远在漠南的李璮根本不在话下。

但忽必烈对史天泽这些与李璮暗中勾结匿而不报的人采取了既使用又防备的策略。也就是既用你，又得防着点儿你。

在围攻李璮的时候，忽必烈诏调这些汉臣的军队，并且任命了三个统帅，宗王合必赤、史天泽，还有赵璧。

这三个统帅当然为首的是合必赤，合必赤是最让忽必烈信任的人，与其他汉臣幕僚相比，他属于蒙古政权。

至于史天泽和赵璧两个人，忽必烈也给了他们诏书，让他们当统帅。

虽然被任命当了统帅，但史天泽没有将任命状的事拿出来四处说，实际上从史天泽的反应可以看出，他也在观望。

如果忽必烈在与阿里不哥的战役中失败了，史天泽很可能就会和李璮联手，再利用他统帅的任命，于汉军中间兴风作浪。

但是最终的结果是忽必烈当上了大汗。

按照忽必烈的策略，李璮反叛没能成功，他欲跳大明湖却没淹死，被俘虏之后由史天泽首先审问，这时候史天泽才亮出他统帅的任命。

李璮气不过，想自己曾经也是给他写过信的，如今他却倒打一耙。

当然史天泽也是个聪明人，他不会承认这个事情，而是利用他统帅的任命，马上将李璮杀掉，也有灭口之嫌。

后来等忽必烈回到大都以后，史天泽为了表示自己忠于元廷的政治态度，自劾擅杀李璮的罪过，于是主动向忽必烈提出：

兵民之权，不可并居一门，行之请自臣家始。

——《元朝名臣事略》

史天泽的言外之意就是说：从我们史家开始兵民分权。

当然不难看出这也是他为了给自己开脱的措施，以消除跟李璮勾结所引起的忽必烈的疑心，也好为自己洗清罪责。

当然这样一来，史天泽家子弟17人就在那天他提出的这个建议下，获得忽必烈的批准被解除军职，撤掉全部金虎符、银虎符。且一门只能留

统一的前夜：忽必烈吸纳江南

一个人担任军职或者民职。

也就是史天泽带了这个头，罢黜汉世侯的措施就这么推广开来了。

措施二：中统三年（1262）十二月，忽必烈还以诏令定下制度，诸路管民官理民事，管军官掌兵戎。

这当然也是配合上面的那条措施，第一条是解除私家掌兵的问题，一个家族不允许出现多人当军官的情况，第二条则是进一步在军职和民职上，从职务制度中将之分开，路府州县的路总管不再兼所辖区的万户。

当总管就是管民官，就管行政财政司法，不能过问军事。当万户、当千户，就得自己辞退路或者州的官，只担任军职，各有所司，不相统摄。

这一做法尤为重要，将这两个职务分开，对于恢复传统的官僚秩序来说是一个积极的举措，所以一到这个制度，像张柔的儿子张弘略、张弘范，严实的儿子严忠嗣等人，都罢去了万户，只当管民官总管。

每个世侯之家，或当军官，或当民官，或当将，或当相，但只能保留一个人的任官，其余人解职，这是忽必烈做的第二项措施。

措施三：罢诸侯世守，立迁转法。

汉世侯间接统治有一个弊病，那就是世袭。

不论是世袭还是军民兼统，都是照搬草原的制度，草原千户制就是军民合一，草原千户长就是世袭传承，与汉地的传统制度不太一样。当然，汉地藩镇割据那段的确有过世袭，不过也是底下的衙兵独自拥立，不能全算作世袭。

所以说，世袭制还是属于蒙古传来的一个传统制度，但从忽必烈平定李璮之乱之后，就开始罢黜汉地世侯的世袭旧制，同时又在北方地区立下官员的迁转法，定三年一迁转，也就相当于三年就要换一个地方做官。

这种迁转法在战国时期都已经有过雏形，后来到秦汉、唐朝时期，该制度逐渐成熟起来。所谓的"迁转官"就是"流官"。

"流"就是流通之意,官始终转来转去,不能在一个地方久驻。如果久驻就会有尾大不掉之嫌,对于蒙古政权的上层管理者来说,的确是种隐患。

为了实行这个措施,忽必烈从至元元年(1264)十二月开始,派了四名中书省的宰执,如张文谦、耶律铸这些人,到山东、山西、河南专门负责罢世侯、置牧守。

"牧守"就是传统中流官意义上的州县官,"置牧守"也就是安置被迁调的这几个地区的官吏,按三年一次,流动迁调。

在《元典章》里边,就留下了这样的国家条令:

管民官三年一遍,别个城子里换者。

——《事林广记别集·职官新制》

这条律令看起来像是宋元的大白话,意思却讲得很明白:路府州县管民官三年一迁掉,废除过去世袭罔替的旧制。

忽必烈迁转法的实行,对于罢黜世侯这件事来说有着根本意义,过去的世侯是世袭,但世袭制终归是与官僚制格格不入的管治的方式。

措施四:易兵而将,切断军官和旧部的隶属联系。

这一条措施就显得偏重于军队,汉世侯称雄的资本就是私家军队,这个和唐朝时期的藩镇很相像,所以忽必烈在罢黜世侯过程中所做的第四个措施,就是实行让汉世侯交出原来统率的军队,改由其他将领来节制。

比如,史天泽的儿子史格就奉命代张柔的儿子张弘范掌握亳州万户。亳州万户本是张柔的世袭管理军队,因为张柔是从保定起家,之后驻扎在亳州,所以就以亳州命名,称张柔的万户为亳州万户。

同时,忽必烈又把史天泽旧属的邓州二万户移交董文炳节制,史天泽

统一的前夜： 忽必烈吸纳江南

起家是在真定，也驻扎在邓州。所以邓州二万户这时候就交给了董文炳。

董文炳原先是个千户，他们这个家族长期负责给忽必烈当宿卫，虽说地位较低，但与忽必烈的关系非常近密，家族中好几人都是忽必烈身边的近侍，所以忽必烈提出让董文炳来接管邓州二万户。

除此之外，还设立了监战万户。

监战就是相当于管民官系统的达鲁花赤。一般来说监战都让蒙古人或者色目人的宿卫士担任，在各个万户府设立监战，由忽必烈的亲信来监视这些万户级的汉军将领。

所以说，设立监战万户这一条，属于易兵而将的一个重要措施。

这些治理手段将汉军的老营从万户府中分离出来，交给管民官路府州县监管。就好比史天泽是真定万户，他的行政驻扎地方在邓州，他的老营还是在真定。现在将这二者切断，邓州万户和真定万户对调，此后真定就不一定由史天泽掌管，而是由别的职业官来管。

在这四项措施实施之后，汉世侯专制一方的旧制时代结束了。

底下的路府州县也不再是以前蒙古千户制的那种路府州县，而是变成过去唐宋时期式的传统路府州县，汉世侯本人，包括他们的子弟，都被一并改造成普通的文武官员。

这就是著名的"忽必烈罢黜汉世侯"。

再来讲讲忽必烈四海混一时期还做了哪些事。

重建省院台官僚机构。

"省"是中书省，"院"是枢密院，"台"是御史台。

在元朝来说，这些官僚机构实际上是继承了前朝宋代。宋代就是东、西二府，中书、门下和御史台。

三大官府都是唐宋时期的制度。

首先是设中书省总政务。

在蒙古政权时期，政务的朝廷总管最高官员是札鲁忽赤断事官，他管行政和司法税收。同时还有一些辅佐他的怯薛中管文书的必阇赤长。

这些人在前四个大汗的时期功绩也很突出。

耶律楚材就是担任这个职务的人。耶律楚材能够得到窝阔台的信用，能够与窝阔台直接交流，向他提出建议，甚至其中不乏被他采纳推行到汉地的建议，可见这个职务级别非常高。

汉人把耶律楚材称为中书令，实际上在蒙古政权中没有中书令这个说法，所谓的中书令就是必阇赤长，负责管文书与印章的长官。

但是无论是必阇赤长还是札鲁忽赤都是蒙古游牧族人中的产物，所以，在忽必烈即位以后，他就开始模仿汉制，设置中书省宰执宰相，取代以札鲁忽赤和必阇赤长为首的枢要机构。

接下来是枢密院，枢密院掌兵戎。

元朝建立以前，在蒙古政权时期成吉思汗建立的千户制之上，设了两个大中军，惟以万户治军旅，这是成吉思汗的制度。属于军制中最高级别的官，统帅管理机关是万户。

但是到忽必烈时期，万户的统军机构就出现了很严重的问题。

随着军事征伐的扩张，光汉世侯就有 7 个万户，蒙古军万户、探马赤军万户又有十几个，再加上其他万户，由原来的两三个万户扩充成了几十个，这样一来数量一多，万户就被普及化和低层化，权威也在逐渐变小，不再拥有成吉思汗时期的以 2 个万户来分治下面的数 10 个千户那么崇高的地位了。

所以到中统四年（1263）五月的时候，忽必烈就模仿唐宋金设立南北密院，建枢密院总兵戎。

这项措施既是采用宋金的汉法旧制，也有弥补元廷军事统帅管理机关阙如的意思。

统一的前夜： 忽必烈吸纳江南

元朝统一的土地疆域很大，如果管理方面某个地方出现了一个缺口，就得及时补上，如果不去弥补，军队的名目又特别多，缺乏管理则会导致内部混乱。

所以建立枢密院也是很重要的一个措施。

第三个中央重要的机构，就是御史台司黜陟。

前面虽然完善了中书省和枢密院的建立，但吏治和效率又是一个让忽必烈头疼不已的问题。

因为蒙古人没有贪污的观念，可以说蒙古官员并不认为他们所做的事情可以被称为贪污。在他们自己主导下的官场吏治毫无规矩可言，他们认为他们的部属应该向他们行贿贡献。

因为他们没有俸禄，只靠底下部属向他们提供物品。在草原就提供牛羊，到汉地就提供粮食财物。

没有俸禄就得依赖下面的部属提供，他们在一个地方占一块儿，占一批部民，他们就认为底下理所应当要给他们贡献。

但这一点与汉地的吏治规则大相径庭了。

在汉地是不允许官员受贿的。也就是说，官员不能向部下、部民勒索财物，但官员应有自己的俸禄。

至元五年（1268）七月，在吏治效率出现问题之后，忽必烈采纳张雄飞和廉希宪的建议，设立了御史台。

当然，这也是汉唐以来的专管监察的传统制度。

任命一个与宗王同名叫塔察儿的人担任右丞相。塔察儿作为首任的御史大夫，职司主要是纠察百官的贪赃不法和谏言政治得失。

唐宋时期就是检查和进谏合二为一，元朝仍然继承了这条宋朝的制度。

但在唐朝前期这一块儿还是属于分立的两面，进谏是进谏的机构，监察是监察的机构，从宋朝时期开始才将之合并，而元朝则继续继承宋朝的制度。

这三个机构建立以后，忽必烈发出了一声感慨，他说：

中书朕左手，枢密朕右手，御史台朕医两手。

——《草木子·杂制篇》

言外之意，左右手中书省与枢密院，一个管民，一个管军，御史台又是管制中书省和枢密院，负责监督中书省、枢密院和文武百官的。

不难看出忽必烈对监察机关的领悟相当透彻，这也是他在汉儒士的影响之下得出来的感悟。

当然，我们要是仔细去分析他的这句话，他这个"右手"其实更具深意。蒙古人尚右，右为上，既然枢密院为右手，则军权很重要。

不难看出，在忽必烈的心中，很多事情他已经定夺得清清楚楚。

第三章

国孝之事尽，谁家无忠臣

统一的前夜：忽必烈吸纳江南

一、百雁来过

据说，南宋政权还未被蒙古大军粉碎之前，江南曾盛传一段民谣：

江南若破，百雁来过。

这个民谣在一时间内，竟让南宋的君臣与百姓纷纷陷入恐慌之中。

与此同时，民间还流传着一种说法，说忽必烈身边拥有一个"长着一百只眼"的妖人将领。

而这个"长着一百只眼"的妖人，虽并非真的长着一百只眼，但确实起兵荡平了南宋。

他就是伯颜。

伯颜深略善断，将二十万众伐宋，若将一人，诸帅仰之若神明。

——《元史》

伯颜军事才能出众，率20万大军如统一人，被众人视若战神下凡，领导能力极其出色，权压四方，军中兵将皆仰慕他。

在战场上，他能担当统帅；在朝政上，他能胜任宰辅。集大将之才与宰辅之贤为一身，深受忽必烈的喜爱。

伯颜，百眼，百雁。不论从谐音上来看，还是天命的安排，伯颜大将军的确为忽必烈收复南宋立下了汗马功劳。

平宋之战期间，元军在攻下襄阳后曾对南宋展开过进一步的进攻计划。

而忽必烈麾兵渡江攻至鄂州城下，也已是10多年前的事了。

若不是当年蒙哥突然战死钓鱼台，忽必烈转头北上与阿里不哥争位去了，兴许当年蒙（元）军就能在那一次战役中一举拿下南宋。

抱着这样想法的忽必烈，对当下解决南宋问题胸有成竹，颇有横扫天地四方、掌控八方荒远的气势。

但毕竟南宋仍然留有许多难以铲除的深根，鉴于金朝海陵王完颜亮攻宋失败的教训，忽必烈即使再有信心，也清楚南宋曾是中原遗下的主力王朝，在定制攻宋战役策略时仍需谨慎行事。

为了尽早实现大一统，忽必烈也曾想过无数法子讨伐南宋，但仅以南宋拘留使者的罪名贸然出征，显然徒有隐患。

于是忽必烈将幕僚儒臣叫至身边，徒单公履认为这个时候正是攻打南宋最好的时机。

他道："乘破竹之势，席卷三吴，此其时矣。"

1274年正月，阿术和阿里海牙在朝觐中为忽必烈规划征伐南宋的计划。

阿里海牙素有直言不讳之称，他在忽必烈面前从来都是扼要简明，他说："南宋发兵主地是襄阳，如果直接攻打襄阳，就可以拿下南宋！"

时刻在前线监守南宋动态的阿术也附议道："据臣观察，现在南宋的兵力十分乏弱，恰是时机。"

见忽必烈犹豫不决，阿术劝道："若圣上现在放着南宋不管，臣恐怕以后拿下南宋，会比今日更难。"

统一的前夜： 忽必烈吸纳江南

忽必烈认为这些幕僚说得很有道理，于是打定了主意，说："爱卿说得正合朕的心意。"

出兵前，忽必烈仍然信着他的那套占卜学，他让阴阳术士田忠良卜了一卦，得到"渡江能成"这个结果，忽必烈安心发兵。

然而统筹军队需要选择一个合适的将领。

所有人都在左右为难，征宋乃国家大事，派谁去好呢？

这时候文臣姚枢站了出来，他指名道："臣认为这个事情非伯颜不能胜任。"

骁勇善战的史天泽将帅也认为伯颜可以担任这个重任，而自谦已上了年纪，当个副将就可以了。

就连帝师八思巴也曾竭力举荐伯颜，认为此人才能出众，想要选他来做平宋统帅。

于是忽必烈又借助田忠良的占卜术，让他算了一卦，他问田忠良："如今朕心里已经有一位取江南的平宋大将，你认为会是谁？"

田忠良回答："是伯颜伟丈夫，可属大事。"

这算得可真准！

忽必烈大喜，重赏田忠良。

伯颜是蒙古人，也是八邻左手千户长。至元初年，奉伊儿汗旭烈兀之命入朝。

其才华受到忽必烈的赏识，后被忽必烈提拔为元廷的中书省左丞相，也担任掌管枢密院的重事。

后来，忽必烈还将右丞相安童的妹妹许配给了伯颜当妻子，还对安童的妹妹说："嫁给伯颜，不会令你的姓氏失色。"

而实际上是在为伯颜铺一条路，攀上安童的关系，伯颜接下来的路会好走许多。

伯颜经常参与朝政事，处理大事谋略深远，性情机智果断，比常人优异。

臣僚纷纷认为伯颜能承此大事，加上忽必烈也格外看好他，于是最终决定选他做平定南宋的统帅。

除伯颜之外，史天泽也被一并提为统帅，只不过排在伯颜之后。

忽必烈这么做有两点原因：

第一，此次攻宋的军兵中大部分人是中原汉军，需要一位身经百战的汉人将领统治队伍。

第二，蒙哥当年亲征川蜀时，曾带着史天泽一并出征，史天泽熟悉军事策略，经验老练。

虽然史天泽已到残年余力的年纪，但忽必烈又不得不用他。

元军自襄阳发兵南下的时期，史天泽曾因身体不适向忽必烈主动请求辞去统帅一职，撤回本营。

忽必烈听闻此事，立刻派人送去葡萄美酒，慰问史天泽，并说道：

"爱卿，你自朕父辈以来，躬环甲胄，跋履山川，宣勤能劳。勿以小疾暂阻行意，便为忧扰，可且北归，善自调养。"

他为史天泽效力于元廷的忠心充满感激，拿下南宋虽是燃眉急事，但也更加关心他的身体。

随后忽必烈下令让伯颜负责统领全军，命阿术为副统领，在用人上忽必烈尽责所能，也算是给汉军一个交代了。

伯颜离开京师之前，忽必烈像当年平大理之前姚枢叮嘱自己的那样，嘱咐他道：

朕闻曹彬不嗜杀人，一举而定江南，汝其体朕心，法彬事，毋使吾赤子横罹锋刃。

——陶宗仪《南村辍耕录》

统一的前夜： 忽必烈吸纳江南

忽必烈的宽仁大义使这次平宋战争的破坏程度减小到最低，在百姓身上几乎没有出现过杀戮的情况。

南宋皇室内部在当时虽然已经腐朽不堪，其爆发力量却不容低估，如果元朝军队不足，很难攻下。于是忽必烈又调动10万精兵，以配合前锋军兵分三路，由伯颜亲统中路大军负责突破重点。

历史上有关伯颜所统灭宋军队的数量记载各有不同。

《元朝名臣事略》中写道："方将百万之众南伐。"

《史集》中称忽必烈准备了30万蒙古军和8000万汉军。

但除了伯颜自己带领的中路大军之外，东路由唆都带领，西路还有翟文彬阜及渡江以后又分到四万兵力的阿里海牙，伯颜率领的军队人数不会达到百万。

《丞相河南武定王》中记载道："其平宋也，将二十万，犹将一人。"

由此可以推算，伯颜亲率军队人数大概在20万人，如果把后面汇集的元军也计算进去，总数会在30万以上。但不至于到有"百万之众"这么夸张。

1274年六月，为了征伐南宋，忽必烈向下面军队颁布了向南宋问罪的诏谕：

> 爰自太祖皇帝以来，与宋使介交通。宪宗之世，朕以藩职奉命南伐，彼贾似道复遣宋京诣我，请罢兵息民。朕即位之后，追忆是言，命郝经等奉使往聘，盖为生灵计也。而乃执之，以致师出连年，死伤相藉，系累相属，皆彼宋自祸其民也。襄阳既降之后，冀宋悔祸，或起令图，而乃执迷，罔有悛心，所以问罪之师，有不能已者。今遣汝等，水陆并进，布告遐迩，使咸知之。无辜

之民，初无预焉，将士毋得妄加杀掠。有去逆效顺，别立奇功者，验等第迁赏。其或固拒不从及逆敌者，俘戮何疑。

——《元史》

发动号令，动员元廷大军向南宋展开全面进攻。

为了征讨能够顺利，从对军队的指挥机构设立，到任务的分配，忽必烈安排得十分妥善，也可谓面面俱到。

在攻入襄阳的两个月后，忽必烈曾命史天泽、阿术、阿里海牙三人负责总领荆湖的枢密院事务，合丹、刘整、塔出、董文炳等人在正阳负责淮西枢密院行事。

1274年三月，忽必烈将这两处枢密院改为二行省，任命伯颜与史天泽同担左丞相，阿术充当平章政事，阿里海牙为右丞相，吕文焕行参知政事，于荆湖行中书省事。而淮西的中书省事则安排给合丹等人。合丹充任左丞相，刘整为左丞，塔出、董文炳二人为参知政事。

但在这个时候，史天泽因为顾及势位问题，提出了一个异议："这些地方都安置了行省，权力不相上下，如果发出号令则不知道该听谁的，只怕以后会坏了大事。"

忽必烈听罢觉得史天泽考虑得很有道理，于是又将淮西行省改为行枢密院。

虽然这个举措仅仅是在名称上做了变动，但实际上有着非常重要的意义。

这样一来，既协调了川蜀、荆湖、淮西三个战区之间的关系，又进一步明确了平宋大军的主攻方向，以及荆湖的主要地位。

三路元军在不分散的情况下，还可从两翼牵制住前来救援的宋军。

驻守四川的汪惟正曾向忽必烈请求带兵下夔峡接应伯颜，被忽必烈婉言驳回，他让川蜀军将留在原地牵制宋军，从而配合伯颜率领的中路军作主要进攻。

然而，在襄樊一战中，因为刘整和阿里海牙两人曾发生了不能相容的矛盾，忽必烈只好将他二人总领的汉军一分为二，各统领一半。

刘整这个人性子比较高傲，所以忽必烈决定将他和阿里海牙分开，将刘整调到了淮西行省，避免祸端。同时，刘整又与同在荆湖的吕文焕之间有过摩擦，不及时调开，也会后患无穷。

刘整被调到淮西行省之后，还曾一度想要率兵渡江，与中路伯颜主力争功。

直到伯颜渡江攻入鄂州这个消息传到刘整的耳朵里，他不禁心痛地说道："首帅这是故意阻止我，不让我等再立功绩。我这么出力的人，却落得人后的下场，真是悲哀啊！"

由于郁结于心，当晚刘整就死在了无为城下。

刘整效力于元廷，虽说性子孤傲，求于功绩，但也确实想为忽必烈立点儿功劳，虽说在襄樊战役中忽必烈倾向于吕文焕多一点儿，将刘整调走，把吕文焕留在荆湖，但也是大局所需，迫不得已。

可叹刘整败在自己的心性上，无奈落得这样一个凄惨的结局。

1274年九月十三日，伯颜亲率大军兵分三路，从襄阳南下，直抵鄂州。

鄂州地势依山傍水，又借汉江筑石围墙，南宋将领张世杰率领精锐驻聚此地，数千船舰游守江中，尽管元军数次试探想要进攻此地，却因其防备森严，只能被迫徘徊在外。

元军认为鄂州是南下的喉襟之地，应当先将此处攻打下来。

伯颜却看出了其中端倪，他认为贸然攻打鄂州并不合理。

他说："身为将领，我自然清楚用兵之事，攻城是迫不得已时才采取的下策，如今我们率领千军万马，怎能全都投到这里？如果执意先打这里，恐怕要损失很多兵力，得不偿失！"

撂下这段话之后，伯颜果断决定先放弃郢州，继而南下。

而后续在伯颜的指挥下，元军先是夺下汉江下游的黄家湾堡，然后绕过郢州，攻下沙洋堡，仅仅一个月，就将兵阵遍布长江北岸。

宋军一见元军成功渡江，瞬间慌了阵脚，急忙乘船顺江东逃。在这一场乱战中，南宋损失数十万军，可见浮尸遍江，满目疮痍。

元军渡江战役，大获全胜。

然而，伯颜虽能文善武，在攻宋之战中立下赫赫战功，可正因为他极其出色的才能，惹得许多人暗中眼红，对伯颜百般刁难，又在忽必烈耳边吹鼓吹其心易叛，让忽必烈不得不对他多了几分怀疑与戒备。

平南宋少不了伯颜的功绩，伯颜却对此不是那么在意，他只想完成忽必烈下达给他的使命。

按照临行前忽必烈对他的叮嘱，他未曾乱杀城中一个无辜百姓，将繁华的南宋都城完整地交到忽必烈的手里，把所有从南宋手中获取的战利品全部清点上交元廷，不留分文在身。

然而，伯颜这种不贪财物、两袖清风的作风，却遭到了忽必烈百官中的阿合马的为难。

阿合马为了迎接伯颜的归来，特意多迎了十里路，他之所以这么着急想要见到伯颜，也是想着能从伯颜手里捞点儿好处。

阿合马心想，伯颜这次从南宋手里肯定拿了很多宝物，怎么也得向自己这个忽必烈身边的新宠供奉点儿礼物。

可惜，伯颜没有贪图一分钱财，除了身上的衣物，根本拿不出什么像样的东西。

为了不让阿合马感到尴尬，伯颜将当年旭烈兀送给自己的玉钩绦解

统一的前夜： 忽必烈吸纳江南

下,送给了阿合马,还特意解释道:"南宋宝物虽然很多,但我确实没拿一样东西,你别嫌弃这个不值钱的东西。"

这么做却让阿合马恼羞成怒,阿合马认为伯颜故意嘲讽自己贪图钱财,于是对这件事记恨在心。

为了迎接这位平宋功臣,忽必烈将伯颜召到身边慰问,褒奖有加,伯颜却谦虚道:"我只是奉陛下之命,实则是阿术前后操劳,我谈不上有什么功绩。"

忽必烈对伯颜低调的态度感到满意,大殿内一片其乐融融,然而,百官之中却有一人死死盯着伯颜,威胁悄悄降临到了伯颜的头上。

不久之后,元廷有人向忽必烈控诉伯颜的罪状。

此人正是先前索要宝物不得的阿合马。

阿合马说,伯颜私自偷藏南宋国宝,不交元廷。

与此同时,曾在江淮指挥作战的别里吉迷失也趁机对伯颜倒打一耙,说他身为臣子却不听圣旨,私自将职位派给自己的亲信。

忽必烈勃然大怒,一声令下,将伯颜关进牢狱。

平宋功绩在手里还没焐热,未能享受片刻安宁,伯颜就遭受灭顶之灾。

幸亏有玉昔帖木儿极力为伯颜洗脱罪名,认为这些都是诬告,加上确实也没从伯颜身上搜出赃物,伯颜得以被释放。

但他的职务被罢免,只能留守家中。

虽是功臣,却平白无故遭受罪罚,换作韩信恐怕早就坐不住了,但伯颜是个淡泊一切的人。

他既不抱怨也不委屈,也不私下与人会面,只是老老实实守在家里。

为此,忽必烈又对他逐渐放下心来,想着自己是否真的冤枉了他。

就在不久之后,爆发了诸王叛乱,海都与昔里吉等人联手突破西北,诸王藩卫之兵大阵全乱。

那木罕和安童被双双劫持，忽必烈的女儿囊加真公主也被困在城中留作人质。

就在这个时候，忽必烈终于想到了伯颜。

伯颜又得到了一个复出的机会，忽必烈命他率军前往漠北平定叛乱。

然而，莫名其妙被关在家里的伯颜却纳闷地对大臣说道："还有这样叫人出征的吗？"

忽必烈不明所以，于是派人追问伯颜此言何意。

伯颜却说："我虽是攻宋主将，却又获罪名，此次北伐面对的都是些蒙古诸王贵族，陛下派我这样的罪臣出征，那些兵将他们能听我的吗？所以我才说了那样的话。"

忽必烈一点即通，认为伯颜不是故意计较，而确实是在顾全大局，于是下诏为伯颜公开洗脱罪名，命漠北诸军必须听命于伯颜。

伯颜这才坦坦荡荡地踏上征途。

然而，为了在这场极其被动的局势中竭力平定叛乱，伯颜苦苦寻找对方破绽，想要一招制敌。

经过一番分析，伯颜发现有一招可以用在西北叛王们的身上，那就是掐断他们的粮草军需运输线。

只要没了粮食，一切就都好说。

于是伯颜没有先急着开战，而是想方设法切掉对方的军粮供应。

而那端海都已经牵领数十万大军压进漠北，直逼和林。

忽必烈虽年事已高，但不得不参与亲征，也是之前"诸王叛乱"中描述的那样，这次战役十分惨烈，双方打得不分上下。

1292年，在与明里帖木儿的对战中，对面声势浩大，压来千军万马，一副视死如归的样子。

统一的前夜： 忽必烈吸纳江南

见此仗势，众军心生怯意，伯颜为了鼓舞军心，举旗大呼："汝寒君衣之，汝饥君食之，政欲效力于此时尔。于此不勉，将何以报！"（《元史·伯颜传》）

伯颜直接率先冲进弓矢雨林。

众军被伯颜的英勇胆魄折服，迎着数十万箭雨就扎了进去。

在那场战役中，元军大胜，明里帖木儿乖乖告降。

然而，打不死的海都依然时不时地进犯，为此伯颜却总是防守居多。

元廷有人趁机向忽必烈告状，说"伯颜与海都私下勾结"，再一次引起了忽必烈对伯颜的疑心。

忽必烈将伯颜召回京师，派玉昔帖木儿出来顶替伯颜的位置。

而恰好此时海都再次进犯，伯颜劝赶在半路的玉昔帖木儿先别过来，等自己先去迎战再说。

然而，在与海都交战的七天内，伯颜时而进攻时而防守，军中将士见状都认为伯颜是惧怕海都，于是指着伯颜说道："你既然这么害怕，为何不把兵权交给玉昔帖木儿？"

伯颜回答："海都已经带人踏上了我们的地盘，这时候主动攻击，他肯定会选择后退，不如以防守引诱，再一举擒获！你们必须趁这个机会拿下他，若是让他跑了，这责任要谁来背？"

本想等着海都逐步深入再杀他一个回马枪，奈何舆声不断，不等包围圈设好，伯颜就无奈提前反攻。

海都虽败，却也因此逃之夭夭。

忽必烈和伯颜之间充满了种种误会，虽器重他，却又抱有疑心。

忽必烈素来用人不疑，身边不乏权重幕僚，他屡屡听谏，也次次褒赏，却唯独与伯颜之间存在一丝无法跨越的顾虑。

或许真的是因为伯颜太过出色，就连忽必烈都自认为驾驭不住这个才将，才会让他二人的关系走到这般田地。

伯颜的最后一战本能替忽必烈铲除海都这个最大祸患，却因为这一丝疑虑让海都逃出生天。

直到忽必烈离世，他的后代仍然在处理海都这支难缠的势力。

伯颜与海都一战打得充满遗憾，但还是在海都逃跑之后将印信交付给了玉昔帖木儿，自己独自黯然归去。

在他临行前，皇孙铁穆耳举酒为伯颜饯行，伯颜举着手中的酒杯，对皇孙铁穆耳说道：

"人需要警惕两样东西。一样，是酒，一样，是女人。人在军队要严于律己，出行在外不得忘恩负义，不论什么时候，都要遵循谨记。"

一番话也影响了皇孙铁穆耳，正如伯颜自己，一生也是如话里所说那般。

1293年，忽必烈病情逐渐加重，遂将伯颜召回京师。

1294年，大元皇帝忽必烈驾崩，享年七十九岁，皇孙铁穆耳继位为帝。

伯颜在忽必烈的病榻前毕恭毕敬，听受遗诏，其心可鉴。

临终前，忽必烈也终于看清伯颜，自始至终，伯颜都是一个值得信任的忠臣。

二、忠奸贾相

在元廷与南宋对峙的许多战役中，贾似道这个名字经常出现。

后人对他多以贬义去议，然而在那个时代，贾似道能当上宰相，或许真有一番自己的能耐。

他姓贾，名似道，字师宪，台州人。

统一的前夜： 忽必烈吸纳江南

贾似道的父亲贾涉生性狡猾，贪图富贵，作风腐败，而贾似道也遗传了一些他爹的歪门邪道，擅用伎俩诈人。

年轻时，贾似道就嗜酒好赌，不学无术，浪荡四方。先是借着父亲的关系当上一名管仓库的小官爷，然后又沾了宋理宗宠爱的贵妃姐姐的光，摇身一变，成了南宋的皇亲国戚。

要说此人游手好闲，混到道上也是纯凭运气，但贾似道在临安殿试时一举中进，这又叫人不得不承认他确实是个聪明人，只可惜私德不好。

但相比那些只会用道德去骈复文章的腐儒们，贾似道的资质是要比那些人强一些，姐姐去世后，当上南宋宰相全靠他自己的本事，奈何贾似道偏偏没能当好这个宰相。

当时的南宋皇帝不会理政，身边的权臣也都个个不务正业，贾似道有个尽人皆知的爱好，就是斗蟋蟀，甚至每天都要观看，人称"蟋蟀宰相"，又称"贾虫"。

在没当上宰相前，贾似道通过中举被提拔为太常丞，自那开始，他就天天仗着身份大肆享乐，也不注意自己的行为举止，与市井无赖颇无两样，整日纵情作乐，成了青楼里的常客，还经常与莺莺燕燕泛舟西湖，一玩儿就是一个晚上。

据说，有一次夜里宋理宗登高远眺时，瞥见西湖中一片灯火通明，他对身边侍从说道："想必这一定是贾似道在寻欢作乐吧。"

果不其然，派人一打听就道出了贾似道的名字。

虽说宋理宗完全可以无视贾似道的私人行为，但终究怕传出去名声不好，于是他派京兆尹史岩去劝诫贾似道。

这让史岩犯了难，贾似道那人是出了名的心眼小，他岂敢得罪？万一以后影响了自己的仕途，这一劝可会坏了大事。

于是史岩替贾似道说了一番昧良心的好话："似道虽有少年气习，然其材可大用也。"

虽说贾似道财迷心窍，沉于吃喝玩乐，但他的官运则是平步青云，一路稳升。

据《宋史·贾似道传》记载，贾似道先是在澧州担任了一段时间的知州，又被提拔为湖广总领和户部侍郎，以宝章阁学士的身份担任沿江制置副使、知江州兼江西安抚使。又没过多久，迁任京湖制置使兼知江陵府，后来以端明殿学士身份调任到两淮掌事，直到那时，贾似道也不过才三十几岁。

1254年，贾似道被召回朝廷，加权处理枢密院事务，临海郡开国公，此时的贾似道已经可以在宋廷横着走了，就连当朝宰相董槐都对他畏惧三分。

起初有个叫孙子秀的人刚被宋廷提拔为淮东总领，然而外面却有传闻说贾似道私底下劝宋理宗不要任用孙子秀，说他担不了这个重任。董槐得知此事，赶紧向宋理宗核实，却得到没有这回事的回答，董槐心中的石头虽然落下，却也害怕用了孙子秀会惹来祸根，于是最后任用了陆壑。

陆壑与贾似道关系走得很近，用他也是为了不让贾似道从中记恨自己。

可见贾似道当时的势力，已经大到可以压制自己上头的丞相了。

接下来的几年，贾似道的官运依然是扶摇直上，短短几年，就摇身一变为显赫大人物。

1235年，北方传来金朝灭亡的消息，然而更令人闻风丧胆的是，蒙古铁骑紧接着就将矛头指向了南宋。

1258年春天，蒙哥亲征南宋战役打响。

其弟弟忽必烈率领大军进攻鄂州，兵临城下，南宋地位岌岌可危。

而那端已经突破湖南的蒙军元帅兀良合台也已经直奔杭州，准备与忽

统一的前夜： 忽必烈吸纳江南

必烈会师，听闻此讯，宋理宗陷入恐慌之中。

鄂州是南宋朝廷立国的江南屏障，"西可以援蜀，东可以援淮，北可以镇荆湖"，占据十分重要的战略地位。如今若是被破，南宋必会走金朝的老路子。

就在这时，宋理宗想到了贾似道，他对贾似道十分信任，派他出来救场也成了宋理宗唯一的救命稻草。

那边赵葵负责与杀破重围的蒙军对峙，而这边贾似道则负责第一时间前往鄂州进行支援行动。

宋理宗加封贾似道为右丞相，想着让贾似道以丞相之尊前往战线可以鼓舞士气，另一方面也说明了当时的南宋小朝廷在面对这种紧急的大事时，确实派不出什么有用的人了。

那边忽必烈攻城心切，屡次率军想要挖地洞入城，奈何宋军也是殊死顽抗，这边刚破，那边又修补了起来，然而缝缝补补终究只是拖延时间，蒙军的优势很明显，破城只是迟早的事情。

当贾似道赶到鄂州时，发现整个城外都已被蒙古铁骑团团包围，一片狼烟四起，所到之处皆插满了蒙军军旗。

这种形势之下，别说支援，就连进城都成了问题。

也可谓狗急跳墙，贾似道竟想出一招"进城议和"的谎言骗蒙军放他进去。

可就在蒙军轻信贾似道的话放他进城之后，局势又一次转变。

贾似道溜进城内第一时间安排守军沿着城墙内壁，建造一圈木栅，形成"夹城"，并在一夜之间竣工。

第二天，当蒙军从地道中冲上来的时候，愕然发现自己已经被困在了外城与夹城之间，中了对方的圈套，成为瓮中之鳖。进退两难之际，头顶忽然传来贾似道的一声令下，早已埋伏好的宋军弓箭手齐齐举弓，瞬间万箭齐发。

忽必烈手下的这支地道小队全被攻灭。

当忽必烈登高眺望到这个情景时，心中大惊，攻城之事更加棘手。然而当他听说这栅城是贾似道命人修的，不禁哑然，他从未想到这么一个狡猾的人，竟然还能有这种军事能力。

于是忽必烈感叹道："我身边怎么没有贾似道这样的奇人？"

被贾似道暗算了一步的蒙军锐气大减，尽管后面拼死强攻，却都始终没能踏进鄂州城内半步。

久而久之，蒙军中纷纷出现了一些牢骚声，他们认为宋军之所以敢这么对抗，都是因为忽必烈听信了身边那些汉人幕僚的话，不让他们屠城示威。

这就好像让一只威风凛凛的老虎学猫低吼，却不敢用獠牙撕咬猎物一般，久而久之猎物也拿捏了这个心理，开始变得得意忘形。

然而面对蒙军的这种质疑声，忽必烈则是生气地斥责道："彼守城者只一士人贾制置，汝十万众不能胜，杀人数月不能拔，汝辈之罪也，岂士人之罪乎？"（《元史·郝经传》）

忽必烈的这番话看似好像称赞了贾似道的聪明才智可抵自己十万大军，然这并不是恭维贾似道的好话，贾似道这个人素来具有争议，说他纨绔浪荡、贪图享乐，又不得不承认他的确有一番才能，但恰是贾似道遇到了南宋王室那样不求上进的君主，换作另一个明君，可能连他在朝廷蹦跶的机会都不会有。

评价贾似道的优点并没有错，但这类人最终将自己的朝国给交了出去，终究爬不出历史的耻辱柱。

再回到当时鄂州的战场上来。

起初贾似道在增援鄂州战役时，并没有事先得知蒙哥的死讯。直到元

统一的前夜： 忽必烈吸纳江南

军莫名其妙撤走进攻四川的队伍，驻守四川的宋军得以回到鄂州进行增援时，他才察觉到不对劲。

虽然鄂州暂时可以松了口气，但那端已经抵达湖南的兀良合台却又展开了新的攻势，潭州再一次失守，沦陷险情。

贾似道不得已奉朝廷的命，从鄂州转战黄州，他一面对抗兀良合台，一面派出探子，去打探蒙军处的最新消息。

当他从守将王坚那里第一时间得知蒙哥的死讯，脑子里迅速浮现出了无数推断的计谋，根据情势分析，他认为忽必烈一定会在这个时间回去争夺权位，而攻打南宋则变成了次要的事情，汗位久虚必会引来蒙廷大乱，只要内部一斗起来，他就可以回宋廷复命，再过一段时间的安稳日子。

贾似道之所以被人唾弃，就是在于这至关紧要的节点，他没有抓住蒙军溃乱的心理趁机与蒙军对抗，抑或打乱忽必烈回去争夺汗位的节奏，趁着形势大好打出漂亮的一手牌，而是第一时间想着缩回老巢。

然而，如何才能让蒙军快速撤兵呢？

贾似道想出了一个法子，那就是与蒙古议和。

贾似道几乎是一刻也不耽误，他立即秘密派遣使者宋京前往蒙军的大营，并在口头上提出承诺，只要忽必烈肯撤兵，南宋将向蒙廷修好，也就是史书上记载的"南宋称臣，割江南为界，岁奉银、绢各二十万"。

忽必烈一眼便看穿贾似道的心思，他表面求和，实则是洞悉了蒙廷的情况，他之所以只是口头提出修好，也是因为他将蒙哥猝死的情报掌握在了手里。

贾似道在用这一招拿捏他。

忽必烈看破却不能说破，他也需要一个北归的借口。

而贾似道则是凭借自己耍的这一点小聪明，为南宋又争取了一段苟活的日子，根本算不上真正意义上的拯救社稷安危的功绩。

甚至可以说忽必烈在贾似道的这一招下变成了被动的一方，可怕就可怕在对手心知肚明，却又笑里藏刀。

就在忽必烈撤兵北归之际，贾似道又演了一场阴戏，以回去应付宋理宗交给他的差事。

他先是假惺惺地搞了一场追击战，截断浮桥，仅袭杀了一百七十多名殿后蒙军，而后拿着这一点向宋理宗禀报"捷讯"，隐瞒议和之事，把这一场自导自演大言不惭地修饰成了"诸路大捷，鄂围始解，汇汉肃清。宗社危而复安，实万世无疆之福"。

被蒙在鼓里的宋理宗喜出望外，对贾似道的信赖又多了一分，甚至贾似道还没回去，他就已经想好怎么奖赏他了。

1260年三月，贾似道回到宋地，宋理宗命百官前往郊外迎接，令人感到讽刺的是，这排面之大，却让狡猾的贾似道被抬到与品行端正的文彦博宰相同一个平面去敬仰。

1260年四月，贾似道又被封为少师、卫国公。

回到朝廷之后，贾似道派新信廖莹中等人撰写《福华编》，将自己的鄂州功绩赞颂一番，全部记录进去，然后又于私底下偷偷将蒙廷派来索要议和时提出的那些岁银的使臣郝经拘留在真州忠勇军的兵营中。

他一面虚伪地让人歌颂他的丰功伟绩，一面想方设法掩盖自己卑鄙下流不讲诚信的罪行。

那边无辜的郝经在南宋的军营中遭受非人的折磨，这边整个南宋都不知道贾似道曾私下偷偷与蒙古政权立下求和的口头条约。

贾似道当上宰相之后，更加横行霸道，仗着权势谁都不放眼里。他将那些与自己曾经有过矛盾的人一一打击，没罪的也要定一些诬罪在其头上，许多人就这样惨死在了贾似道的手里。

这又要说到前面贾似道被调去黄州时发生的一件事。

统一的前夜： 忽必烈吸纳江南

随着忽必烈即将北归，鄂州逐渐回归宋军掌控，贾似道在前往黄州对付兀良合台的路上遇到了一群蒙军，当时贾似道吓得屁滚尿流，直呼自己"这次肯定要死了，只可惜死得也太窝囊了"，然而幸运的是，这群蒙军多数都是些伤员，很快就败在宋军手下。

虽捡回一条命，但贾似道对丞相吴潜记恨上了。

他认为把他派来黄州是吴潜想要害他，即使不是有意要置他于死地，也因吴潜派他来黄州，他才遭遇了这么惊险的事情。

于是回到宋廷之后，贾似道开始想方设法算计吴潜。

他先是听闻吴潜经常喜欢在紧要事情上先斩后奏，再借着宋理宗对吴潜的不满趁机对吴潜倒打一耙，吴潜被贬出朝廷，然而这一来致使全、衡、永、桂四个地方全被蒙军攻破。

在贾似道增援鄂州时，将领曹世雄和向士壁二人曾对贾似道言行上有不敬行为，贾似道一回朝廷就给他俩加了一顶"盗取官钱"的帽子，致使二人丢了官职，被流放到了穷困潦倒的郊野，最终惨遭迫害而死。

为了将朝政大权垄断在手，贾似道想方设法将宋理宗身边颇受宠信的宦官内侍贬黜出朝，并下令禁止他们参与朝政，他肆意更改法规制度，只为巩固自己的权位。

以旧律新增吏部七司法，贾似道用四十缗买价值每亩一千缗的公田，朝内有人上书奏请此事，控诉贾似道此举导致民间出现怨言，而贾似道则上书为自己辩解，见情况不利，又装作无奈，向宋理宗请求罢政。

宋理宗对贾似道全盘信任，于是出言挽留了他。

太学生萧规、叶李等人为揭露贾似道蛮横的罪行，上书朝廷，却被贾似道命京兆尹刘良贵搜集他们的罪行，并反过来将他们刺字流放。

而对贾似道实施的推排法，加大江南地区的课税，导致民间百姓穷困潦倒，流离失所，曾有朝室写诗讽刺：

> 三分天下二分亡,
> 犹把山川寸寸量。
> 纵使一丘添一亩,
> 也应不似旧封疆。
>
> ——《嘲贾似道》

除此之外,他还发行纸币金银会子,一度造成贬值,以聚民财,导致物价暴涨,民不聊生。

他甚至还管到了民间妇女的头上,禁止京城妇女佩饰珠翠,一律要以琉璃代替。

在当时,还传出过一段民谣讥骂左丞相贾似道:

"满头都是假,无处不琉璃。"

此处"假"则暗指贾似道,"琉璃"也有"流离"之意,无不体现在贾似道专横的统治下南宋百姓悲惨的境遇。

1264年,宋理宗赵昀病逝,贾似道拥立宋度宗赵禥登上皇位。

赵禥对贾似道感恩戴德,百顺百依。两人见面不但不行君臣之礼,每当贾似道朝拜,赵禥还要回拜回去。赵禥从来不直呼贾似道的名字,而是将他尊称为"师臣",并让满朝文武也跟着一起称呼贾似道为"周公"。

连皇帝都成了手中的玩物,与蟋蟀一般,贾似道此后更加嚣张跋扈,但凡有一点儿不爽,他就拿罢职要挟赵禥。

这一套不光在宋理宗身上有用,在宋度宗身上更是屡试不爽。

早在宋理宗去世时他就提出过罢职,与此同时也派人放出谎报蒙军再次攻城的消息,闹得朝廷鸡飞狗跳,皇帝与太后联起手来求他复职。

贾似道复职后,又想提高自己的地位,赵禥又顺他意将他封为太师。

统一的前夜： 忽必烈吸纳江南

然而他漠视宋朝制度，从封礼到授管，反复无常，颠倒规矩，可以说是任性到了极致。

罢职只是其一，贾似道甚至还玩起了归家的把戏。

赵禥被他玩弄得慌乱不已，一天派人给他送几十趟赐品，甚至派人连夜守在他家门外，直到约束一月三赴经筵，三日一朝，贾似道才肯留下。

没过两年，贾似道又说自己生病了，想要归家，赵禥被他吓得哭着挽留，允许令他六日一朝，一月两赴经筵，并给他入朝不拜的种种特权。

自那之后，贾似道就很少入朝，哪怕是上朝了，退朝时，赵禥也必须要起立避席，目送他离开后才敢坐下。

在赵禥执政期间，贾似道挥霍无度，常居宋度宗赏赐的西湖宅邸，所有政事都交给下人处理，他只负责为文书签个字。

正应了民间那句"朝中无宰相，湖上有平章"。

一面做着胡作非为的事情，一面怕人议论自己，四处拉拢人心，聚了一片蛀虫在宋室里。

家里风调雨顺，外面却已经兵临城下。

在蒙廷大军压境的攻势下，贾似道不止一次对宋度宗赵禥隐瞒军情。

有一次，赵禥问他："朕听说襄阳已经被包围三年了，这可怎么办？"

贾似道却说："蒙古军队早就撤走了，陛下是从什么地方得到这个消息的？"

赵禥说是一个妃子告诉他的，贾似道随后就找上这个妃子，想方设法安了个罪名将她处死，以此来掩盖外面大厦将倾的真相。

襄阳处于兵荒马乱之中，贾似道却整天坐在湖中府邸里，与妾女寻欢作乐，蹲在地上玩斗蟋蟀，任凭外面飞书四窜。

时襄阳围已急，似道日坐葛岭，起楼阁亭榭，取宫人娼尼有美色者为妾，日淫乐其中。惟故博徒日至纵博，人无敢窥其第者。其妾有兄来，立府门，若将入者，似道见之，缚投火中。尝与群妾踞地斗蟋蟀，所狎客入，戏之曰："此军国重事耶？"

——《宋史·贾似道传》

1273年初，被元（蒙）军围攻长达六年之久的南宋重镇襄阳终于失守，震惊整个宋室。

起初襄阳刚被元军包围时，贾似道还提出前去增援的请求，实际他根本就不想去，所以他又暗中派人上书请求留他在朝中理事。

直到襄阳失守，贾似道才站出来感叹道："我曾多次提出前去增援的请求，奈何先帝不允，若我当初去了，襄阳肯定不会像现在这样。"

这一来锅都让死去的宋理宗背了，而自己又摇身一变成了被耽误的忠臣。

1274年七月，宋度宗赵禥去世，年仅四岁的赵㬎即位。

元军将领伯颜率军东下，直捣临安，一路上宋将无以对抗，弃甲曳兵纷纷逃亡。

这一次贾似道依然想着故技重施，提出每年向元朝交纳岁币请和的要求，而忽必烈早就识破了贾似道的伎俩，这一次不似当年情况，元军就是奔着拿下南宋来的，于是一口回绝了贾似道的乞求。

不得已之下，贾似道才开始准备应战，他命孙虎臣率军七万余人驻守池州，命夏贵率战舰两千五百艘布列江中，自己率后军驻于鲁港。

然而在伯颜的攻势下，孙虎臣和夏贵落荒而逃，只剩贾似道一人慌不择路，紧急撤兵。

一场毫无指挥的战役中，宋军伤亡无数，血染江面。

乘船逃回扬州的贾似道被宋廷罢了官，其手下也都纷纷畏罪自杀。一

统一的前夜： 忽必烈吸纳江南

时间声讨贾似道的声音从朝中四面八方传来。

太后念在贾似道为朝廷做了这么多年的事，不忍心赐死他，于是下令将他安置到婺州，婺州的百姓一听说贾似道要来，张贴布告要赶他走。后来又将贾似道安顿到建宁府，有人又说："建宁百姓一听说贾似道这个名字就犯恶心！"

在众人的口诛笔伐之下，南宋朝廷最后决定将贾似道送去循州安置。

这时候痛恨贾似道的那群人则拍手叫好，大快人心。

福王赵与芮将贾似道交给了山阴县尉郑虎臣，让他负责押送贾似道。

郑虎臣将贾似道带的妾侍全部赶走，又撤掉他轿子上的轿顶，让他在毒辣的烈日之下暴晒，还让轿夫唱起对他指名道姓斥骂的小曲，让贾似道如坐针毡，也算恶有恶报。

据说，一行人在路过古寺休息时，刚好看见一面墙壁，上面是吴潜的题诗。

郑虎臣叫来贾似道，大声问他："贾似道，你知道吴丞相为什么会在这儿写字？"

贾似道想起吴潜曾经被他罢官南贬的那件事，深感羞愧，却又无言以对。

当他们乘船来到黯淡滩附近时，郑虎臣又说："贾似道，这里的水很清，你为什么不死在这里啊？"

贾似道贪生怕死，面对这般刁难，他厚着脸皮说道："皇太后不让我死，一旦她让我死，那我就死。"

直到来到彰州城南处的木棉庵，郑虎臣又再次劝他以自杀赎罪，贾似道赖着不肯，郑虎臣愤怒不已，说："我要为这天下除了你这个祸害，就算朝廷追责，我也死而无憾！"

于是监押官郑虎臣亲自动手杀死了贾似道，一代奸臣的革命就结束在了此地。

贾似道死后不久,元军攻陷临安城。

1279 年,南宋彻底灭亡。

贾似道生前权倾朝野,是南宋只手遮天的权相,死后却遭世人唾骂,一切咎由自取。

无论南宋降将还是夏贵等人,都属于身处荣华富贵的人,他们缺少了兵将该有的策略与勇气。

出兵打仗这件事落到贾似道头上,也已是迫不得已下的最后一步棋。

贾似道虽为奸臣,但亡宋不是他一人的过错,虽然他也成了压死骆驼的最后一根稻草,但若宋室自身强大,绝不会走到最后绝望的境遇。

南宋灭亡后,忽必烈曾问宋室降将:"你们为何这么轻易就投降了?"

降将回答道:"贾似道一人独揽大权,重文轻武,将士们心中不满,也无计可施,所以就投降了!"

忽必烈笑道:"若真如此,贾似道还真没做错。"

然而,真正迫使南宋投敌的原因,恐怕远不止如此。

三、丹心照谁

南宋端平三年五月初二(1236 年 6 月 6 日),一个叫文云孙的人在江南西路吉州庐陵淳化乡富田村,也就是今天的江西省吉安市出生了。

也许你对文云孙这个人感到很陌生,但你一定对他另外一个名字耳熟能详,因为他叫文天祥。

根据历史记载,文天祥要长相有长相,要身材有身材,在人群之中非常显眼。在他还是一个孩子的时候,有天看到了欧阳修、杨邦乂等人的画像,知道他们的谥号里都带着"忠"字,就特别开心,他当时立下豪言壮语:"如果往后我没有成为跟他们一样的人,那我就不是真男人。"

自此之后,一颗小小的种子就在文天祥心里埋下了。文天祥为了成为如欧阳修那样的人,一直发奋学习,刻苦努力。他聪明伶俐,又勤奋好学,在19岁的那一年成了庐陵乡试的第一名。在宝祐四年(1256)时候,他跟随父亲文仪到南宋的都城临安应试。

在集英殿上,文天祥围绕着"法天不息"这四个字展开论述,洋洋洒洒写下一万多字的文章。文章中他犀利提出改革的方针,也展现出他胸怀宏伟的政治远景。

宋理宗一看,这写得太好了,是完完全全写到他的心里头去了啊。

于是宋理宗就让文天祥拿了第一名。考官王应麟禀奏:"文天祥的这份试卷以史为鉴,他的中心就像钢铁一般坚不可摧,我为能有这样的人才感到高兴。"

文天祥的宏伟抱负皇帝看得到,考官看得到,那天在英集殿上的所有人都看得到。只可惜文天祥满腔的雄韬伟略,却在中举之后没能立即实现,因为他的父亲文仪去世了。他如约守孝三年。

南宋开庆元年(1259),蒙军兵分三路,大军南下攻入大宋,当时有一个叫董宋臣的宦官提出来一个馊主意,他建议迁都。这个董宋臣是理宗的贴身内侍,平时他非常善于迎合理宗的心理,所以理宗十分喜欢他。也正是因为如此,董宋臣迁都的建议在当时并没有人敢提出异议。

因为大家都知道,得罪了理宗身边的红人,自己肯定就不会有好果子吃,所以大家都睁一只眼闭一只眼。

这个时候,时任宁海军节度判官的文天祥站出来了,他直接建议斩杀董宋臣,以正人心。这个时候的文天祥还是太年轻了,他根本不懂得,想在波谲云诡的朝堂上平步青云,光有勇有谋还是远远不够的,还得审时度势,还得学会左右逢源,掌握权势。不过一个小小的宁海军节度判官罢了，凭什么觉得自己能撬动理宗身边的大红人呢？

即便董宋臣做的是错误的，但那又怎样？

甘心吗？捧着一颗赤诚的心，想将浑水变清澈的文天祥当然不甘心。

但不甘心又能怎样？他深知凭自己现在的本事，根本改变不了任何事情。所以他一怒之下，罢官回到了家乡。

回到家乡之后，文天祥的心思并不在田野，他深知国家命运，也懂局势变化，江山在那些人的手里，迟早都得玩儿完。

他爱南宋，就像爱自己的家人一样，他决不允许这种事发生。所以他韬光养晦，又重新回到了朝堂。

也许是前车之鉴让文天祥明白，想要拥有话语权，就必须得往上爬、做大官，所以他开始自己的升官之路，后来他成为刑部侍郎。

升官之后，关于董宋臣的旧账，就可以一笔清算了吧，毕竟他现在已经站在朝堂，位居高官了。

文天祥心中这样想着，的确也这样做了。他将搜集到的有关董宋臣的罪证，一条一条列了下来，然后交给了理宗。

理宗看了之后，也只是看了而已。文天祥并没有等来下文，更没有等来斩杀董宋臣这个心愿。

再后来，官场沉沉浮浮，一波又一波的官员来了，一波又一波的官员走了。文天祥还是站在朝堂上，坚持自己心中惩奸除恶的崇高理想。即便是面对再有权势的高贵，即便是说出口的话令理宗恼怒……

勇敢谏言的后果就是屡次被贬，但每一次被贬之后，文天祥非但没有心灰意冷，反而越挫越勇。

对理宗来说，文天祥绝对是文武百官之中最令他头疼的那一个。理宗那时候在想：你说这世上怎么会有这么奇怪的一个人，他的能力跟缺点为何都同样突出呢？

统一的前夜： 忽必烈吸纳江南

理宗跟文天祥相处的时间越长，对文天祥又爱又恨的心情也就越明显。

不但理宗看文天祥碍眼，文武百官看文天祥也碍眼啊。在文天祥奉命掌理军器监兼权直学士院的时候，时任宰相的贾似道就看文天祥实在太不顺眼了，他就用退休来威胁理宗，但理宗根本没把贾似道的威胁放在眼里。

文天祥要是被贾似道弄走了，那朝中放眼望去，一个能打的忠臣都没有。现在外有蒙古军虎视眈眈，内有虚情假意的大臣，理宗心知肚明，文天祥根本走不得。

文天祥一看，这次他终于被留下来了，那他就可以报仇了吧。于是他就起草制诰，这里面抒发了很多不满。按照当时的规定，你起草制诰的时候，是要对文稿进行审查的，但文天祥就没写。这让贾似道很不高兴，但贾似道也清楚，他如果再跟文天祥作对，那就太不给理宗面子了，于是这一次他没有跟文天祥正面交锋，而是换了一个叫作张志立的大臣。张志立很快就开始弹劾文天祥，屡次被骂被贬的文天祥这次也是毫不意外地被罢免了。

这一年，文天祥才三十七岁。

从他二十一岁做宁海军节度判官到现在，官场沉沉浮浮已经有十六年了，这十六年来，他看了无数张小人的嘴脸，听了成千上万句小人的谗言。每次他对朝廷肝胆相照，换来的却没有一个他如愿的结局。

文天祥其实心里也说不上来到底是疲惫还是茫然，他心中的抱负，根本不知道什么时候能实现。

咸淳九年（1273），文天祥任职荆湖南路刑狱，借此机缘与前宰相江万里相见。

江万里早就对文天祥的事迹有所耳闻，知道文天祥刚正不阿，心怀抱负。于是见到文天祥的时候，江万里就与文天祥谈到了天下局势。一番长谈之后，江万里感慨："现如今我也老了，看人的眼光也应该发生了变化，这辈子我见了那么多人……治理家国的人，不就是你吗？希望你好好努力。"

也许是文天祥将这些话听到了心里，又或者与江万里此次相见之后，更加坚定了文天祥对心中理想的坚持，在他三十八岁走马上任赣州知州这一年，他一直谏诤有风烈，治郡持节，廉明有威。

可惜好景不长，一年光景不到，德祐元年（1275），元兵渡江，导致长江上游告急，宋廷号召天下所有的人马去保护皇上。文天祥看着这封诏书，哭得泪流满面。他一心想要铲除奸臣，奸臣却屡次将他赶出朝堂。他满心希望天下太平，他却要眼睁睁看着南宋要失去它的土地。

此情此景，他不禁又想到不久前宰相江万里与他说过的话。江万里这辈子见了那么多人，治理家国的人，就是他啊。

是他。所以他就要扛起治理家国的大旗。尽管他知道，这个旗帜很沉很重，沉重到会被那些险恶奸臣更加仇视，沉重到会将他笔直的脊梁压弯。但那又怎样，还有什么能比理想更重要？

文天祥没有犹豫，很快就做出了当时那些权贵都没胆做出的决定——变卖家产！

能卖多少卖多少！

此时此刻，钱财在文天祥眼里变得一文不值，家国万万重。

有了这些用家产变卖的钱，文天祥就可以招兵买马了。

街坊邻里得知文天祥此举，无一不感动，一传十，十传百，吸引各路英雄好汉前来支援。文天祥看着集结来的一万人马，终于有了那么一丝丝的欣慰：好啊，眼前的星星之火，终将能够燃烧一大片草原。

他一定得让元兵知道，宋人并不都是缩头乌龟，总有人会披荆斩棘迎敌。

统一的前夜： 忽必烈吸纳江南

宋廷听闻文天祥召集兵马一事，大喜过望，立刻命文天祥以江南西路提刑安抚使的身份率军前行。文天祥在动身之前，他的朋友忧心忡忡，劝他不要这么做。朋友跟他分析，如今元兵分三路南下进攻来，你召集来的这些人不是专业的军人，战场杀敌根本就是无稽之谈，这去了就是送死。

文天祥当然知道，但他不能为此逃避。

今日若他为了选择安稳不管不顾，那么日后他文天祥的名字一定会被狠狠地钉在历史的耻辱柱上，后人会指着他的名字骂他是个胆小鬼。

他必须上前线打仗，哪怕他知道前方迎接他的将是无数头凶猛野兽，他也得正面应敌。

更何况，是宋朝的江山养育他们这些臣民三百多年，他们是在宋朝的庇佑下，得以安然无恙过太平日子，可如今江山有难，却并无一人站出来保护江山，这本就不该！

这件事每想起一次，文天祥就心寒一次。

既然大家都在沉睡，那他就去做那个叫醒大家的人吧。

同年八月，文天祥率兵到达临安，担任平江府知府。这时元兵凶猛之事众人皆知，朝中很多大臣唯恐再这么打下去，会让那些猛兽发起更强烈的进攻，所以求和的思想越来越多。其中以吕师孟、吕文德为代表，这两人分别被朝廷提拔为兵部尚书与义郡王。

朝廷此举，发出一个声音：求和！

连朝廷都要这样做了，那民间的百姓呢？

此番行为，难道不会让百姓心寒、让将士挫败吗？

文天祥看破不说破，这一次，他没有跟那些心怀不轨的大臣起正面冲突，因为他眼下有更重要的事情要做。

出发之后，文天祥上书宋恭帝：现在朝中想要求和的大臣实在太多了，而处事果决的有志之士却少得可怜。我请求处决吕师孟作为战事祭祀，用以鼓舞将士士气……我大宋虽然吸取了五代分裂割据的经验，削除藩镇建立郡县城邑，虽然短期来看是个好事，但长期来看不尽然。因为此举会削弱国家的整体气运。到时候元兵到了一个州，就破掉一个州，到了一个县，就破掉一个县。很快中原就会沦陷。如果真的到了那个时候，后悔跟哭鼻子都是没用的。

文天祥不但提出未来的忧患，他还提出了解决的办法。他建议天下为四镇，设置都督作为统帅。

其中，广南西路并入荆湖南路，建制于长沙；广南东路并入江南西路，建治于隆兴（今江西南昌）；福建路并入江南东路，建治于番阳（今江西鄱阳县）；淮南西路并入淮南东路，建治于扬州……

他还提出很多对策，用以抵抗元兵的凶猛。他想凝聚将士人心，一致对外，让元兵知道他们宋人也有铮铮铁骨，誓死守护山河。但这些建议，在朝中看来空有抱负，很难应用到实际的战场上，所以他的对策，朝中最终没有采纳。

同年十月，文天祥到达平江。此时援军已经从金陵出发。文天祥积极应战，派遣将帅朱华与麻士龙与张全等人去援助长沙，他们走到虞桥的时候，麻士龙战死。朱华率领广南将士继续前行，在五牧的时候被元军打败了。再后来，尹玉率领为数不多的士兵在夜间苦苦战斗，隔日早上全部战死。

张全一看这种情况，吓得迅速逃跑了。

至此，元军不费吹灰之力，直接攻入了常州，占领了独松关。

陈宜中、留梦炎命令文天祥弃退到余杭。

一退再退，这一仗叫文天祥打得十分憋屈，很不痛快。

即便如此，文天祥也只能听从安排。

或许只有在这个时候，文天祥才能够明白：在时代的洪流中，鸿鹄之

统一的前夜： 忽必烈吸纳江南

志能如何？人不过微小如蝼蚁罢了。

他现在唯一能做的，只有韬光养晦、暗自奋发，默默等待属于他的机会重新到来。

德祐二年（1276）正月，文天祥被任命为临安知府。没过多久，宋朝就向元军投降了，陈宜中与张世杰开始撤退，文天祥又被提拔为右丞相兼枢密使，朝廷将他派为使臣，希望他去议和。

议和？文天祥得知自己身上肩负的是这个任务时，他觉得老天爷跟他开了一个玩笑。他文天祥要不是跟元军有着不共戴天之仇，何苦来回奔波，将头挂在裤腰带上过日子？

但既然朝廷有令，他文天祥身为人臣，则不得不往。

文天祥到了元军的大营，怒骂元军主帅伯颜，伯颜一怒之下将他扣下，将他一路往北押送至镇江。

如果按照元军的计划，文天祥此番定是难逃厄运，可文天祥并不想就这样死去，如果死在了被押送的路上，他心中大志将永远没有实现的那一天，所以他必须要逃跑。他表面上对元军顺从认命，却暗中做好了逃跑的计划，等入夜便逃往真州。

文天祥到了真州的时候，官员苗再成亲自出门来迎接他，与他相谈许久，两人共同制定了抵抗元军的对策。

就在文天祥与苗再成准备浴血奋战效劳大宋的时候，有人开始谣传，说文天祥之所以能平安归来，身心已经投降了大元。当时两淮安抚制置使李庭芝一听这话，立刻就相信了，他让苗再成立刻杀掉文天祥。

彼时苗再成对文天祥已经有了不少了解，在苗再成眼里，文天祥分明铮铮铁骨、热血男儿，怎么可能投降元军呢？

一方面是看起来的证据确凿，一方面又是他认为绝不可能背叛家国的人。一时间苗再成也不知道该怎么办了。他只好把文天祥又哄又骗地弄到了相城垒外，同时又找了两拨人对文天祥探听虚实。

如果文天祥真是来劝降的，那他会毫不犹豫地杀了文天祥。苗再成心里是这么想的。

很快，两拨人都证实文天祥忠心可鉴，都为其忠心耿耿而感动。苗再成立刻派精兵二十人，将文天祥一路护送至扬州。

此后，文天祥开始了颠沛流离的生活，一方面他要提防想要杀掉他的大宋奸臣，一方面又要躲避凶猛的元军。这一路，他吃过残羹剩饭，住过茅草破屋，曾因饥肠辘辘连路都走不动，也曾因为没有落脚的地方风餐露宿。最后实在没有法子了，文天祥坐在筐子里，漂洋过海才到了温州。

德祐二年（1276）这一年，对文天祥来说绝对是一辈子都忘不掉的年份。这一年，他饱受风霜之苦。这一年，南宋已经投降，为了讨好元军，南宋将恭帝押送到元大都。

"国破山河在，城春草木深。感时花溅泪，恨别鸟惊心。"在某个睡不着的夜晚，也许文天祥会想起唐朝杜甫的这首诗。放眼望去，那片养育他的故土并未发生改变，春天万物复生，夏天生机蓬勃，秋天硕果累累，冬天寒冷将至。可那片养育他的故土，却马上就要易主，大宋就快不是大宋了。

可文天祥到底是文天祥，这些挫折打不倒他，这些困难难不倒他。他心里很清楚，如果不坚持到最后一刻，那他之前所有的努力就全部都白费了。

这一年，朝廷将恭帝送到元廷之后，陆秀夫等人开始辅佐7岁的宋端宗于福州即位。文天祥奉旨到达福州，担任枢密使，同都督诸路军马，升为右丞相。

现在的权力已经够大了，文天祥可以再拼一次了。他选择北上，开府永嘉定州（今浙江温州）。张世杰却开始为小朝廷南逃做准备，选择开府

统一的前夜： 忽必烈吸纳江南

南剑州（今福建南平）。此时宋人抵元气氛高涨，大家纷纷支持文天祥。

张世杰一看文天祥呼声极高，担心文天祥的风头会盖过他，所以就打着宋瑞宗的旗号，将文天祥的都督府放到了汀州，还想尽办法不让文天祥到朝廷议事。

但可能吗？世上无难事，只怕有心人。

只要你一心想做某件事，不管多远的距离，那都不是问题。即使文天祥受到了张世杰的各种阻挠，但丝毫没有耽误文天祥抵抗元军。德祐二年（1276）七月，文天祥率兵进入汀州，同年十月发动部下于江西起兵与他会合。开始的时候都非常顺利，直到文天祥命副使邹㵯在宁都招兵的时候，战况发生扭转，元军击败了邹㵯兵马。与此同时，刘钦、颜师立等人相继遇害。后罗开立起兵收复永丰县（今江西永丰），很快战败，被俘之后，死于元军监狱。

噩耗接踵而来，文天祥伤心不已，穿上丧服，为他们放声大哭。

再之后，元军越来越凶，所到之处宋军皆是输得惨不忍睹。文天祥奋力反抗，却并无多大作用，大宋气数已尽，徒留挣扎。不久之后，文天祥的妻子和孩子都相继被抓。

至此，国破家亡、妻离子散，文天祥被逼入绝境。明知大宋气数已尽，如今已经无力回天，可文天祥还是拼尽全力反抗元军，在潮州、惠州一带继续抗元，直到被元军擒获的最后一刻。

文天祥不愿做俘虏，所以他要以死明志。可惜元军没有给他机会，在发现他有自杀意图时，就立刻阻止了他，同时将他押送燕京。

文天祥被押至燕京以后，不但没有受到残忍的对待，元军反而殷勤招待他，对他嘘寒问暖，甚至连住处都是奢华至极。

这一夜，被优待的文天祥根本睡不着。他苦守天亮，想到死去的无数战友，还有家人和孩子……

不知不觉地，文天祥的眼眶又开始红了。

曾为宋朝人，如今阶下囚。还有什么活下去的希望吗？没有了，从今往后也再不会有了。日子每往前过一天，文天祥的痛苦就比昨日多一些。

这时，元世祖忽必烈正是求贤若渴之际，他四处寻找有才能的宋官。已经投降元军的王积翁听闻此事之后，马上跟元世祖禀报："南宋的大臣里头，就没有人能比得过文天祥。"

忽必烈一听这话，于是派王积翁去做说客，想要文天祥为他效力。

文天祥听闻王积翁的来意，表达自己的态度："宋朝没了，我只能用死去的方式来报答国家。但如果因为宽赦，让我能以道士的身份回到我的家乡，我能以世俗的身份作为顾问还可以。但如果给我高官俸禄，让我把平生的抱负理想全部丢弃，那用我还有什么意义呢？"

王积翁明白文天祥的态度之后，就与其他的宋官一起为文天祥说情，想让文天祥以道士的名义来做顾问，但此时已经投降元朝的留梦炎坚决反对，他说，之前文天祥放出去过，然后文天祥就在江南抗元了。如果现在把文天祥放出去，那文天祥后面肯定要找他们的麻烦。

在场议论此事的人都想了想，认为此话不无道理，于是只得作罢。

于是文天祥在燕京这一待，就是三年整。

这三年里，他从未向元朝说过半句好话，也从未有过半分降元的打算。他的心志理想始终如一，从不曾改变过。

忽必烈看到文天祥这般，被他这不屈服的精神所打动，就跟他的宰相们商量了一番，想要释放文天祥回归故里，但遭到不少人的反对，大家都在说：文天祥曾经起兵江南西路，怎么能放掉他呢？

这要是放掉了文天祥，那宋人将会怎么想他们？

忽必烈一听，觉得有些道理，为了他心中的大业，放了文天祥这事儿，也就从此搁浅，绝口不提了。

统一的前夜：忽必烈吸纳江南

后来，在牢狱里的文天祥收到了女儿柳娘的书信，得知柳娘跟他的妻子都被囚在宫中。此时此刻能收到这封信，文天祥心中很明白这其中意味着什么。他深知只要他向忽必烈低个头，说几句好话，再服个软，富贵荣华就唾手可得。可他也很清楚，这一低头之后，多年以来坚持的理想没有了，抱负没有了，气节跟廉耻也都没有了……

如果这些东西都没有了，那他这么多年来一直活着的意义在哪里呢？

也许在这个时候，文天祥想过很多，他想过夫妻之间的情义，想起柳娘的可爱活泼，可到头来，这一切都将毁于一旦，他恨国破山河，可这恨他又无处可解。他给妹妹写了一封信诉说自己的苦闷，他说收到柳娘的信之后，他心如刀绞。骨肉之情难舍难分，可如今种种，他应该为心中大义而死，以敬他心中理想。

至元十九年（1282），中山有一人自称宋主，手中握有一千精兵，他想以此救出文天祥。对此，元廷危机感重重，认为文天祥再也留不得了。忽必烈召见文天祥，问他现在还有什么愿望。文天祥表示：大宋对我有养育和知遇之恩，我一心只愿侍奉大宋。我现在只有一个愿望，那就是请你们赐我一死。

次日，文天祥被押往刑场，文天祥对着南方跪拜之后，英勇就义，终年47岁。

文天祥死去之后，忽必烈深感惋惜，他认为像文天祥这样有勇有谋的人不能为他所用，死得实在太可惜了。

之后，文天祥的妻子欧阳氏前来收尸时，从文天祥的衣物里发现了一首诗："孔曰成仁，孟曰取义；惟其义尽，所以仁至。读圣贤书，所学何事？而今而后，庶几无愧！"

文天祥就义的消息传到南方之后，昔日的勤王军和他的好友悲痛欲绝，纷纷写诗痛哭，以寄哀思。

元至治三年（1323），吉安郡学奉文天祥像于先贤堂，和欧阳修、杨邦乂、胡铨、周必大、杨万里并列。文天祥当在九泉之下含笑，他终于实现了年少时的愿望。

再后来，文天祥的崇高气节被世人敬仰，大家为了祭奠他，在全国各地都建了祠堂用以纪念。

文天祥能让世人记住的不但是英勇抗元和誓死不屈的精神，还有他留下的千古名篇，比如《过零丁洋》《文山诗集》《指南后录》《正气歌》等。

时过境迁，我们或许会忘记文天祥的样子，或许也会模糊了他曾经历的那些苦难。可一旦提起"人生自古谁无死？留取丹心照汗青"，我们就能想起那个满腔热血、一心想要与元朝抗争、誓死守护南宋的英雄。

也能想起面对威胁与死亡，他的从容与淡定。

没有什么能把他与大宋分开，除了死亡。

文天祥的豪言壮志，化作不灭英魂，南宋的山河川谷，随处可以听见怀念他的声音。

四、帝命张王

相传崖山覆灭之后，元军统帅张弘范在一块奇石上刻有"镇国大将军张弘范灭宋于此"十二个字，以此记功。

后来，路过一人，在里面加了一个"宋"字，变成了"镇国大将军宋张弘范灭宋于此"。仅一字之差，整个意思却变了味儿。

要说张弘范究竟是不是宋人，他是否该背负"汉奸"一词，还要从他的父辈说起。

张弘范，字仲畴，易州定兴县人，在著名的崖山一战中，他率领万千

统一的前夜：忽必烈吸纳江南

元军一举拿下宋军，一夜之间南宋不复，灭宋一战是他最显赫的功绩。

我们前面也提到过一个人名，张柔。

张柔是忽必烈身边一支拥护他的汉人势力领导者之一，曾经也是个汉世侯大万户，在忽必烈的幕僚圈中数得上名字。1213年，成吉思汗侵入金地之后，身为金国人的他为求自保，交兵归降蒙古，之后便一直辅佐忽必烈，为忽必烈效力。

张弘范就是汝南王张柔的儿子，张柔一共生养了十一个儿子，张弘范是他的第九子。虽然孩子很多，但张柔没有落下对他们的教育。

他经常请名儒郝经来为儿子们上课，而郝经这个人也是忽必烈幕僚圈中的重要一员。可以说张弘范既是张柔的儿子，也是张柔的徒弟。

在这样的家庭教育环境下，张弘范可以说是被培养成了一个全才。

《元史》中有一句话是这样说张弘范的："善于骑马使枪，又颇能写诗作歌。"

除了文武双全，张弘范的外貌也是一表人才、气宇轩昂、英俊潇洒，走到哪里都是一片注目礼。

张弘范酷爱写诗，只可惜没有收藏的习惯，通常都是写了就丢，以至于后人为了刻印他的诗集费了一番苦功，当然肯定还有许多被他丢弃再也找不回来的作品。

除了文采好，张弘范的执行能力也很强，早在他二十岁的时候，就替哥哥张弘略履行顺天路总管事务，他办事果断，井然有序，仅仅是哥哥不在的那一个月间，就受到官吏百姓的称赞与爱戴。

早年在蒙古军队肆意横行的时期，张弘范也是对这些蒙古士兵毫不客气，但凡发现有人烧杀抢夺，他就下令将他们抓起来严刑伺候，通过威慑这些人来保护顺天路的老百姓，在他的治理下，从来没有蒙古人敢违法乱纪。

能得到这样的口碑，也与张弘范的性格有关，在军中他以身作则，清正廉洁，对手下士兵十分关心，无微不至，若有人战死沙场，他一定会将尸骸带回故里葬送，忽必烈给他的赏赐，他也会分给手下的士兵。说他带兵有道，也恰是因为他待兵如亲，有这样的主帅，谁会不听他的话？

中统元年（1260），才能得到认可的张弘范，被忽必烈提拔为御用局总管。

中统三年（1262），李璮突然谋反，与蒙廷作对。忽必烈下令让张弘范改任行军总管，跟随亲王合必赤前往济南参与讨伐李璮。

当时，李璮曾数次出兵突袭各部蒙军，不间断的骚扰让各路蒙军颇为苦恼，纷纷出兵相对。而不管李璮怎么袭击，唯独不动张弘范驻扎在城西的军营。

城西乃守城重点地段之一，李璮不动必有蹊跷。

张弘范很快就察觉出李璮的目的。

李璮假装对他不敢轻易动兵，实际上是在等他放松警惕，好趁他没有防备的时候突然偷袭，想必也是欺负他年轻没什么战略经验。

但恰是李璮这种轻视害了他自己。

张弘范假装不知伎俩，偷偷命人筑起壁垒，设置又深又宽的壕沟，并安排精兵埋伏于此地，将东门放开不留守军，等李璮叛军送上门来。

果不其然，李璮第二天就发兵来攻，却没有料到张弘范已经提前设计好了陷阱，城内着急出来的士兵纷纷跌落壕沟，后面的士兵也被伏兵所杀。

这一招彻底磨灭了李璮想要反击的信心，之后其部下陆续投降，李璮自杀未遂，最后却被史天泽取了性命。

济南城一战，李璮势力彻底被剿灭。

然而李璮的叛变引起了蒙廷的动荡，诸人纷纷认为这一切都是因为汉

统一的前夜：忽必烈吸纳江南

军掌权，为了避免留下祸患，汉将主动交权，张柔也是其一，因此张弘范也被罢官。

两年之后，张弘范被忽必烈调至京城充任宿卫军，负责维护城内治安。

后来忽必烈念在张弘范在李璮之乱中立有战功，于是将他提拔为顺天路管民总管，还赐他金虎符，算是对他的一种嘉奖。

第二年，张弘范刚升为大名府太守，大名府就遭到了洪灾。当地许多房屋被大水冲塌，田地受损，百姓无家可归，流离失所。无情天灾让百姓颗粒无收，张弘范索性直接免去百姓的赋税，这一行为却没有提前上报给蒙廷。

不久之后，有人向忽必烈告知这件事，认为张弘范目中无人，在不请示朝廷的前提下就擅作主张，独断专行，要定他罪。

面对忽必烈的质疑，张弘范却说："臣以为朝廷将赋税储于小仓不如储于大仓。"

忽必烈迟疑了一下，问道："此话怎讲？"

张弘范回道："今年洪灾无收成，若强迫百姓纳税，国家的仓库是充实了，但百姓都快饿死了。没了百姓，明年租税从哪里出？不如就这样赈济百姓，让他们先活下来，不逃离家乡，这样以后每年都会有收获，难道不是陛下的大仓库吗？"

忽必烈觉得张弘范言之有理，也佩服他的仁治，于是下令赦免了他的罪行。

至元六年（1269），蒙宋之战的号角已经吹响。

蒙廷调集各路大军围攻要地襄阳。

忽必烈将益都与淄莱等路万户交给张弘范管理，让他佩戴金虎符以便发兵。

而当时益都的那些兵将都是李璮战败后归降蒙廷的旧部，他们曾随李璮出生入死，个个勇悍，一般人很难驾驭，于是重任落到了张弘范的头上。

张弘范用兵有道，管这群人自然不在话下。

他负责带领一部分攻打襄阳的元军，为了确保战役能够成功进行，张弘范先是率军戍守鹿门堡，从运粮的要道上阻断宋军，另外也能在前线击退从郢州赶来的援军。

然而就算这样，城中的宋军依然有人接应，很难彻底掐断他们的粮食。于是，在这场襄阳战役中，张弘范是这样提出建议的：

"我们拿下襄阳不是一朝一夕就能做到的，所以我们要珍惜这里百姓的性命，在不打仗不引起伤亡的前提下，让守城的宋军自行丧失行动力。夏贵顺江乘船就能将衣粮送到城里，我们只能眼睁睁地看着，而襄阳南接江陵、归州、峡州，这些地方各路人都能来往，商贩也好，士卒也好，若放着不管，襄阳的宋军能有自毙的那一天吗？我认为，应该在万山建一座城堡，用来阻断襄阳与西边的联系，在灌子滩设立栅寨，用来断绝其与东部的联系，这样一来，襄阳守军没了外部的接应，很快就会崩溃的。"

蒙廷采纳了张弘范的这个建议，于是让他率领千军赶往万山戍守。

就在万山城堡建成之后，突然赶来了一批宋军，人数竟比戍守万山的蒙军还多，于是将士们心里打了退堂鼓，都想着先退入城堡自守。

张弘范见状，大声叱喝道："我和诸位来这里是做什么的？敌人来了，我们都不应战的吗？若再有敢说后退的人，一律斩！"

说罢，张弘范直接披上铠甲，骑上战马，准备应战。命偏将李庭担任前锋，其他将士跟随其后，自己则率二百骑兵为长阵，头也不回地冲了出去。

这支宋军见敌人人数不多，士气大涨，步兵进攻之后又换骑兵。

统一的前夜： 忽必烈吸纳江南

在寡不敌众的情况下，张弘范为了打赢这场仗，将拉扯能力体现到了极致。

宋军一前进，张弘范就退后，几回之后，宋军的气势逐渐疲弱了下来，而张弘范则掐住了这个时机，一声令下，直接率军冲进前锋，打得宋军措手不及，溃败而亡。

就这样赢下了这场以少胜多的漂亮一仗。

至元八年（1271），忽必烈建立元朝。元军在逼近襄阳的地方以岘山、虎头山筑建一字城，为久驻计，而后攻破了樊城的外城。

至元九年（1272），张弘范在攻打樊城的战役中，不慎被箭射中手臂，他顾不得休养，包扎好了伤口就立刻迎见伯颜。

他对伯颜说："襄阳和樊城互为表里，想要攻破只怕不易。但我们若是将这江道拦截起来，让樊城的援军过不来，再利用水陆夹攻，一定就能打下樊城。樊城一被攻破，襄阳自然就没了靠山。"

伯颜欣然认可了张弘范的话。

张弘范说到做到，雷厉风行，第二天就带上精锐全力围攻樊城。

在樊城一战中，南宋守将范天顺不敌攻势，战死在马背上，而南宋将领牛富率着敢死将士百人巷战，兵败后，身负重伤投火自尽。

困守在襄阳的吕文焕得知樊城被破，明白襄阳已经没法再守下去了，于是归降元廷。

襄阳失守，张弘范带着降将吕文焕回京师拜见忽必烈，忽必烈见张弘范凯旋，大喜之下赐予他无数衣鞍金银。

至元十一年（1274），伯颜再次率军进攻南宋，张弘范带领左部诸军沿着汉江，拿下郢州，再攻武矶堡，一路势不可挡。

张弘范当前锋，带领元军顺利渡江。

南宋丞相贾似道在芜湖指挥宋兵与元军决战，奈何也是殊死一搏，将军孙虎臣赶到丁家洲，听闻元军已经踏境而来，临阵畏逃。

张弘范率领一众大军笔直前进，所到之处宋军皆兵败如山倒，张弘范则趁势策马奔进，一路打到了建康（今南京）。

至元十二年（1275）五月，元军仍处于一路捷报的状态，忽必烈却考虑天气转热，怕影响士兵的状态，派遣使者劝伯颜等人不要只进不停，应稳扎稳打，稍作休整，再随时待命。

连着一路打仗，换做谁也吃不消。

但偏偏这个时候张弘范不肯停歇，他说："圣上如此体恤，我等十分感激，但事情缓急不可预测，如今南宋气势大衰，我正应该乘破竹之势持续进攻，除此之外再也没有别的策略。若耽搁了，岂不是正中敌人下怀？"

伯颜也认为张弘范说得很对，于是立即回朝，向忽必烈面奏如今战况形势。

听了伯颜传达的张弘范的话，忽必烈再一次同意了张弘范的要求。

至元十二年（1275），张弘范已经带着军队打到了瓜洲，并在此处建立栅寨，将要害之地占据手中。

然而宋军都统姜才手下军队个个骁勇善战，属于精英军队，他率二万余人主动出击，直攻扬子桥。

见此情景，张弘范不得不重新摆好应战状态，他辅佐大将阿术一同抵御宋军，隔水列出排排阵势。

张弘范亲领十三骑渡水攻去，奈何宋军阵容坚固难以突破，张弘范只好先行撤退。

就在这时，宋军中突然冲出一个人，他跃马挥刀直接就向张弘范砍去。

张弘范反应敏捷，回马就是一刀，直接将那欲要偷袭自己的人处死原地，明晃晃的刀面上染着鲜血，震慑了尾随其后的宋军。

统一的前夜： 忽必烈吸纳江南

张弘范见对方眼中充满惧意，直接大吼一声，挥军反击，一路大军追到了城门口。

宋军死伤一万多人，在慌乱之中自相踩踏，或溺亡于河中人数过半。

而焦山那边，宋将张世杰、孙虎臣等人已经在水中布列了一万多艘战船，随时准备与元军决一死战。

张弘范为增援阿术，率兵千人乘舟攻向殊金沙（今江苏镇江西北），拦断上游江路。采取火攻与夹攻、水陆并进等战法——突破宋军的防御。

张弘范顺风从上游来到焦山北麓，向宋军发起猛烈攻势。元军的战船虽小，但占着灵活的优势，一路横冲水面。宋军也奋起顽抗，奈何船身庞大，又都连在一起，行动上出现了许多阻碍。

元军阵势布置严密，宋军被围堵得水泄不通。宋船多为海舟，遇到风平浪静的时候自然无风难动。

就在这时，两边的元军射出火箭，将宋军的大船全部点燃，在水面上就燃起了大火，烟焰蔽天，宋军再无退路。激战之下，前锋宋军大多坠入水中溺死，后部的宋军则开始四处逃散，元军趁机直接攻进焦山。

张弘范率军从侧出击，一举击败宋军，剩下人则逃至山东，张弘范紧追不舍，夺其战舰八十艘，虏获数千人，将这些功劳上交元廷。

焦山之战后，忽必烈改任张弘范为亳州万户，后又赐名"拔都"，意为勇士。

至元十二年（1275）十月，张弘范返回京师，忽必烈设宴迎接，为他接风洗尘，慰劳他这一路的辛苦。

回到朝廷的张弘范就像回了家的孩子，在外面铁打不动，一回来就病倒了。

这也与他长期在南方打仗有关，一来是水土不服，再加上得了疟疾，好不容易松了口气，所有的痛楚一下子就清晰了起来，成为压倒他的大山。

忽必烈见状十分担忧，他特意安排最好的御医给张弘范医治，并规定御医每天都要把张弘范的病情向上汇报。

还让近侍告诉御医："我有军国大事等着和九拔都商量决定，一定要尽心治疗，让他早日恢复健康！"

而后，又命令卫士守在张弘范的门口，回绝前来探视的人："九拔都病得很重，除非是至亲和御医，圣上有诏令，禁止打扰。"

由此可以看出，忽必烈十分器重张弘范。

南宋战争随着元军逼近临安，宋室表示投降，愿对元朝皇帝以伯侄相称。

至元十三年（1276）正月，南宋朝廷派人携传国玉玺和降表赴元军营地乞和，张弘范等人奉命进入临安城，责宋朝大臣背约失信之罪，并一一列举宋朝大臣之罪，诸人皆俯首屈服。

南宋丢了城池，不得不改称臣仆，写下屈辱请降的表文。

三月，伯颜来到临安，宋幼主赵㬎和全太后作为俘虏被押送至大都。

至元十三年（1276），台州再次发动抗击元朝的起义，张弘范立即率兵将其讨平。张弘范等人班师北还后，忽必烈封张弘范为镇国上将军、江东道宣慰使。

至元十三年（1276）五月，南方再次传来消息，南宋忠臣张世杰等人在福州拥立赵昰为帝，各处皆有起兵响应者。

忽必烈听闻此讯，立即派遣张弘范前去平复南宋残余势力，而这一次意义重大，临行前忽必烈授予他蒙古汉军都元帅的权力。

然而，张弘范突然向忽必烈上奏，说道："汉人向来不统领蒙古军，请圣上委任蒙古臣中值得信赖的人为首帅。"

忽必烈则将张柔的事情说给他听："你知道你父亲与察罕之间的事吗？

统一的前夜： 忽必烈吸纳江南

当初，蒙军已经攻破安丰，你父亲建议留兵戍守，察罕认为你父亲无权，索性没有听信他的。直到大军向南出发，安丰又被宋人占了回去，一时间蒙军进退两难，就因为这件事，你父亲至今仍然懊悔不已。这就是没有得到专权而导致的结果，难道你也要走你父亲的老路吗？今日朕将这重任交付给你，也是因为你和你父亲一样，值得朕奖励。"

忽必烈想再赏赐张弘范一些东西，面对这些锦衣玉带，张弘范回绝了，他只要求忽必烈能赐他一把剑甲。

忽必烈命人将武库中的剑甲拿来，任他挑选，在张弘范选好剑甲后，对他说："这剑就是你的副帅，要是有谁不听你的命令，直接用这剑来处置他便是。"

张弘范率领两万军兵分道南征，水陆并进，由他的弟弟张弘正充任先锋。

对此，张弘范还曾提醒过自己的弟弟，他说："我选你来当先锋，并非是念在你我是兄弟的分上，你也知道军中纪律严明，我断然不敢以私损公，所以，你一定要尽力而为。"

张弘正也没有辜负张弘范的期望，他一路勇往直前，百战百胜。

在进攻到三江寨时，由于三江寨居高临下的地势，元军在下面难以靠近。

于是，张弘范想了个办法，他一声令下，让所有人都下马做饭，寨上宋军见状，心里纷纷打起了退堂鼓，心想这张弘范是要和他们一直干到底了。

就在这些宋军摇摆不定的时候，张弘范突然趁其不备率军进攻，一举拿下好几个寨子。而后又回到三江寨，把所有山寨都打了下来。

一行大军到了漳州之后，张弘范在东门扎营，然后派出将领，分别攻打南门和西门，而自己则率军乘虚攻破北门，灭掉了漳州的残余势力。

而后面的余部，由于一个一个被围剿掉，势力逐渐削弱，只能相继投降。

在五坡岭，张弘范俘获了一个重要的大人物——南宋丞相文天祥。

像对其他俘虏那样，张弘范要文天祥也行跪拜礼，但文天祥宁死不屈，说什么也不服从。张弘范看出他的骨气，也就没有继续为难他，反而态度变得客气了许多。

张弘范让文天祥给南宋主将张世杰写一封劝降信，以早早结束这场讨伐。

但文天祥拒绝了，他说："我救不了我的父母，还要叫人也背弃自己的父母，你觉得这样对吗？"

若没有个交代，他也不好回去答复忽必烈，于是张弘范逼迫他去写。

谁知道文天祥竟然写了一首《过零丁洋》以明志，并将这首诗交给张弘范作为答复。

张弘范看了这首诗，没有再说什么。

在元军的庆功宴席上，张弘范对文天祥说："现在南宋已经灭亡了，你也已经尽了你的一片忠心，不如归顺大元，在大元继续做你的丞相。"

文天祥始终没有回头，而张弘范也被他的忠诚所打动。

在复命的时候，张弘范对忽必烈说了没有杀文天祥的原因，忽必烈听闻这些，只叹息一声道："谁家无忠臣！"

然后便让张弘范好好照顾文天祥。

后来，南宋礼部侍郎邓光荐也被张弘范俘虏，但张弘范没有处死邓光荐，而是让自己的儿子张珪拜他为师，随他学习。

至元十五年（1278），赵昰病死于碙州岛上，年仅 10 岁。

陆秀夫又拥立广王赵昺于崖山为帝，改元祥兴，以此与元廷持续对抗。

统一的前夜： 忽必烈吸纳江南

张弘范再一次奉命前去扫除南宋流亡朝廷势力。

至元十六年（1279）正月初二，张弘范从潮阳港出发，来到甲子门，抓获宋军斥候军将领刘青、顾凯等人，从他们口中拷问出了宋广王赵昺的藏身处。

十三日，元军来到崖山，只见千余艘宋军战舰停泊在海上，坚固难攻。张弘范命水军自东向南逼近宋舰，并派兵截断宋军抽取淡水的通道，逐渐使之军心涣散。

二月初四，张弘范再一次发起攻势，这一次没有选择火攻，而是出于策略考虑选择了近战。

元军兵分四路，东、南、北各发一路，张弘范则亲自率领一路军，根据自己的推测，他下令道："他们会向东面方向逃跑，所有人立刻火速进攻，断了他们的路，听到我奏乐就马上出战，违令者，斩！"

然而宋军殊死抵抗，北面一路的进攻失败了，元军只能顺潮而退。

可当张弘范奏起乐来，宋将却误以为元军在设宴，刚放松警惕，张弘范的水军就一路杀了进去，其他水军相继跟在后面，直到接近宋舰，元军立刻扬弓射箭，炮火交加，江面沉船数艘，宋军又一次大败。

宋臣陆秀夫见状，内心涌起无限绝望，抱着赵昺跳海而死。

张世杰等人驶船逃走，却因大风刮坏了船只，最终淹死在海陵港。

最后一战平定后，张弘范在崖山南面的一块石壁上刻字记功而还。

回到元廷后不久，张弘范便病逝，年四十三岁。

忽必烈下诏赠银青荣禄大夫、平章政事，谥武烈。

至大四年（1311），加赠推忠效节翊运功臣、太师、开府仪同三司、上柱国、齐国公，改谥忠武。

延祐六年（1319），加保大功臣，加封淮阳王，又改谥献武。

虽然张弘范是个汉人，但在他出生的时候，保定就已经变成了蒙古政权的地盘。若说他的父亲张柔是金国人，可金国在那时也已经灭亡了。

而宋朝早就已经失去对河北省的控制权，所以，在张弘范对南宋开战的时候，他并没有把自己当成一个宋人。

而自他出生以来就活在蒙古政权的环境下，所谓"衣食父母"，皆是元朝给他的。

而那句饱受争议的"镇国大将军张弘范灭宋于此"，确实是张弘范所想的那样，他不是宋人，也谈不上什么汉奸一说了。

在帮助忽必烈攻破南宋、实现元朝统一上，张弘范功不可没，若要站在张弘范的立场上来讲，他确实算得上是为朝廷付出一切的千古名将。

第四章

铁骑上武打江山

统一的前夜： 忽必烈吸纳江南

一、灭宋之战

南宋与元朝的崖山战役可以说是历史上最悲壮的朝代挽歌。

但建元之初，忽必烈并没有着急攻打南宋，原因是元朝政权已经巩固稳定，当初钓鱼城一战曾让蒙哥汗失去了性命，损失颇大，所以对于（蒙古）元政权来说，南宋始终是一块难啃的骨头。

但偏偏是一件事催化了整个战争，那就是忽必烈北还之前贾似道以金买和的口头约定没能得到兑现，还使忽必烈身边的一位心腹被扣押在南宋长达十余年。

在忽必烈称汗之后，南宋背信弃义的这一行为已经触犯到了忽必烈，更别提私自扣押他身边的人，最终这一仗也变成了对宋室的罪行的讨伐。

早些年，攻下南宋只是蒙哥为了黄金家族增光添彩的愿景，但奈何造化弄人，蒙哥非但没能在生前拿下南宋，反而在急于求成的路上失去了性命。

汗位久悬，朝内必乱，忽必烈为了争夺权位，将所有力量都集中起来对付劲敌，也就是自己的弟弟——阿里不哥。

在南宋贾似道的议和条约下，本该趁势继续攻打南宋的忽必烈将与自己一同渡江围攻鄂州的军力全部撤回，留史天泽、李璮、史权等人在南宋边境防守待命，在此期间，蒙廷与南宋一直处在相对和平的阶段。

直到忽必烈平定了家族内部的纷争，他要做的第一件事便是派人前往南宋，告诉他们，我忽必烈现在已经成大汗了，要来对当初和议的承诺内容进行谈判！

当初贾似道提出"每年向蒙古朝贡20万两白银、20万匹绢"迟迟没有兑现，忽必烈也不是傻子，之所以一直没有追究，也是因为他一心投在与阿里不哥的斗争上，但如今局势已经安稳，他是要来找南宋算账的。

但忽必烈万万没想到，当初与他谈条件的贾似道是南宋出了名的奸臣，贾似道不但耍了个小心眼让蒙军撤走，而且还没有将自己与元廷谈判的内容上报给南宋皇帝。

中统元年（1260）四月，"谕以息兵讲和"这件事便提上了日程。

关于国信使的最优人选，忽必烈心中已经有了最合适的人，那就是郝经。

郝经是他身边重要的谋臣之一，当初蒙哥战死在钓鱼城，忽必烈差一步就要渡江攻进鄂州，就在那时，首先劝忽必烈与南宋议和的人就是他。他熟知汉人政治道理，忽必烈就是在他的建议下坐上了元朝开国君主的位置。

郝经在当时就劝忽必烈不要过早展开与南宋的大规模战役，作为在三路攻宋时期忽必烈的战略谋臣，现今选他当国信使也是有一定的道理。

于是忽必烈佩金虎符给郝经，让他出任与南宋昔日承诺展开谈判的国信使，同时，忽必烈还安排了翰林待诏何源与礼部郎中刘仁节为副使，随郝经一同前往。

郝经的种种建议深深地影响了忽必烈，这与他的学术思想息息相关。

郝经认为儒家经籍"六经"是"有用之学"，抱着强烈的行道精神，认为学的东西必定要有用，于是他又称自己"不作章句儒"，可见训诂章句的圣贤书被他归进了"无用之学"里。

郝经本是金朝汉人，后来归入蒙古。早在少年时期，他就一直想要参

统一的前夜： 忽必烈吸纳江南

加蒙古政权的"戊戌选士",只是后来被其父亲劝阻。后来,他本可以写一些词赋文章来混得功名,却反对这种功利之学,在他眼里,"六经"之所以被归类为有用之学,是因为"六经"思想能使人明道致用,其中蕴含思想政治的正确精神。

当时出使南宋的时候,郝经还带病在身,他的朋友劝他"称疾勿行",然而郝经认为这次出使可以让蒙、宋两方稳定和平,天下百姓也得以康宁,于是面对朋友的慰问,他慨然回道:"自从南北交战以来,弱者被俘略,壮者死原野,这样的惨状已经持续很久了。当今圣上能够做到一视同仁,希望两国可以交好,哪怕我遭遇什么不测,若能解救百万生灵于锋镝之下,消除战争安定动乱,也算我学的这些东西能派上用场了!"

从郝经的学术思想就可以看出他的确是一个了不起的政治家,他不但有学问还很有责任心,心怀大义。

忽必烈十分器重郝经,也知道郝经出行的这段时间没有人再辅佐他提供建议了,于是他叫来郝经,亲自为他饯行,并赏赐葡萄酒,对他说道:"朕才刚刚上位,朝政上许多事宜还不够完善,爱卿你就要远行了,凡是能帮到朕的东西,请你报来。"

哪怕在临行前,郝经仍然胸怀国家事业,他写下《便宜新政十六事》回奏忽必烈,其中清楚地记下各种登基之初应该做的大事。

十六事包括中央政权应置省部、建监司、行宽政、明赏罚、罢冗官、总钱谷等项,与历年代的《便宜新政》相符,但最重要的是"定都邑"与"建储"这两条建议。

他认为忽必烈的都城应南迁至燕京,以地势来控制天下局势,并仿照汉制提前立太子储君,先前蒙古正是因为建储定义模糊,大汗一旦驾崩,内部就会出现争权,如同蒙哥死后,忽必烈和阿里不哥争得头破血流一般,立太子可以避免这种情况再次发生。

郝经的这些建议被忽必烈一一采纳，蒙古汉法制度的成立，也推动了蒙古政权向中原王朝的转化，进一步促进了民族的统一。

不得不说，元朝后来能够成功融入中原，首先因为忽必烈是一代贤明的君主，其次也靠那些建国之初的汉僚谋臣，为后来元朝做出了许多功不可没的贡献。

而郝经正是元朝初期诸多谋臣中出类拔萃的人。

在饯行礼上，郝经向忽必烈提出带上一两名蒙古人一同前行的请求，忽必烈却拒绝了他，忽必烈说："爱卿前去即可，宋室君臣也都是与你一样的书生。"

当时的忽必烈只认为郝经很快就会回来，没有想到郝经这次前往南宋会遭遇那么多险情，如果他能提前知道后来会发生那些事，恐怕怎样也不会舍得让郝经去的。

郝经代表蒙廷出使南宋，在当时曾造成一时的轰动，当时的蒙、宋两方之间从来都是兵戎相见，而这一次百姓却看到了和平的希望，这也更加坚定了郝经与南宋议和的决心。

事情却没有向着好的方向发展，而且有更多的悲剧在后面等着郝经。

《元史·郝经传》中提到，郝经在出使南宋期间，中书平章王文统出于嫉妒他的才能，曾暗算于他。

在郝经进入宋境后，恰好这时李璮又带人擅自进犯南宋淮安军，然而进犯失败了，宋两淮制置使李庭芝心想：你蒙古一面派人来议和，一面又出兵骚扰我们，这哪有诚意可言？

于是郝经还没见到南宋皇帝就先背了一口黑锅。

仔细一想，李璮后面又发起了叛乱，或许在与岳父王文统勾结之初就故意策划了这场闹剧，就是为了扰乱蒙古前进的步调。

只是李璮曾在济南劝郝经回头，如果郝经当时真的回头，不再前进，或许还不会遭遇后面的惨剧。

然而，这并不是真正击垮郝经的最后一根稻草。

南宋丞相贾似道将昔日鄂州城下对蒙廷许下割地纳币的承诺隐瞒至今，非但不对宋理宗上报实情，反而令手下廖莹中等人杜撰自己在鄂州的丰功伟绩。

所以当郝经来到南宋的那一刻，贾似道慌了。

南宋两淮制置使李庭芝要求郝经出示国书，面对这种要求，郝经回绝道："国书乃是两国国主的往来文书，我只能将它交给南宋皇帝，地方官无权瞻顾。"

这一招儿也没能治住郝经。

贾似道害怕郝经的到来会让一切真相暴露在光天化日之下，于是他命人将郝经拦下，拘留在真州义勇军的军营里。自此，郝经一行人便被软禁起来，没能再向前进。

而远在北方的忽必烈见郝经一去不返，心中隐隐不安，他焦急地派人催问南宋羁留郝经的原因，然而出使两次仍然没能得到结果。

被囚禁在真州的郝经也无数次上书南宋皇帝，陈述自己前来的理由，他一心只想天下太平，前前后后加起来写有十几万字，从一开始求见，逐渐转变为请求放自己回去。

然而这些书信却如同石沉大海，没有一次传递到南宋皇帝的手里。

在背后操作这一切的贾似道心怀鬼胎，他始终不肯将郝经的事情上报给朝廷，而是一直拖着，这一拖竟是十六年。

郝经等人所居住的地方与牢狱无异，棘垣钥户，昼夜守逻，被羁困的随从随着时间的推移，心志逐渐崩溃，甚至出现了反目成仇、相互斗殴的事情，许多人就这样不明不白地死了。

郝经却依然在真州忠勇军的营中饱受折磨与煎熬。

据说，郝经曾在禁锢他的牢房中养了一只大雁，每当大雁见到郝经时，都会兴奋地拍打双翼，仰着脑袋似乎有什么话想要对他说。

而郝经也出于渴望自由，在尺帛上题了一首诗，以抒怀自己的心境：

霜落风高恣所如，归期回首是春初。上林天子援弓缴，穷海紫臣有帛书。

在诗的后面，郝经留了一行话。

"中统十五年九月一日放雁。获者勿杀。国信大使郝经书于真州忠勇军营新馆。"

由于被监禁太久了，对于国号更改这件事，郝经都浑然不知，他仍然以为当时还是"中统"年号，其实在中统五年，国号就已经改为"至元"。

郝经选了一个吉日，将帛书系在大雁的爪子上，北向叩拜，虔诚道："我被拘在此，烦请雁卿为我带信捎去朝廷，你多保重！"

就在郝经松手放雁飞去的那一瞬间，大雁冲入云间。

次年，这封雁书被养鹰畜兽的虞人在汴梁金明池捡到。

而当时元廷已经发起征讨南宋的攻势，在伯颜率大军渡江逼近的压力下，贾似道终于将郝经释放。

或许因为郝经已经回到了元廷，捡到那封雁书的虞人没有将这件事上奏给忽必烈。

至元十三年（1276）正月，安丰的王时中将这封雁书收藏了起来。

仁宗延祐五年（1318），集贤院学士郭贯出任淮西廉访使，直到那个时候才将这封雁书上奏朝廷，最终元廷派人将这封雁书取回京师。

已经过去四十多年，郝经的这封帛书诗才回到元朝皇帝的手里。

仁宗皇帝命人将雁书制成卷，令文臣缀文题记，将其收藏在藏书阁中。

统一的前夜： 忽必烈吸纳江南

袁桷的那首《题郝伯常雁足诗》写道："一寸蜡丸凭雁寄，明年春尽竟生还。"

郝经的确做过这番事。

至元十一年（1274），郝经从真州北还，奈何身上的疾病已经严重，身体状况很差。

忽必烈在知道这个消息后，立即派枢密院和尚医近侍前往郝经处对他进行医治。在归途中，凡是见到郝经的人都忍不住痛哭流涕，一个当初神采奕奕的文臣如今却被折磨得不成人形，就剩一口气，苟延残喘。

待到郝经回到京师，忽必烈对他赐宴行殿，赏赐有加，不时慰问，让他安心在家中治病养身。

只可惜没过几个月，郝经就因病黯然而逝，年仅五十三岁。

为此，王恽还写了一首《哭郝内翰奉使》，哀悼郝经的离世。

大河东汇杞连城，之子南来器宇盈。
义契重于平昔友，新文公与后来盟。
苦心问学唐韩愈，全节归来汉子卿。
十六年间成底事，长编惟见使华名。

前两句表达二十多年前两人相会时的深情厚谊，后两句称赞郝经的学问就像韩愈一样博大精深，出使南宋全节归来又颇似汉代的苏武，字字句句充溢着自己对郝经的思念之情。

忽必烈派出郝经出使南宋议和，本是可以让这位对宋室与百姓充满体恤的人来沟通南北之间的关系，不论是蒙古也好还是南宋也罢，一旦休战，两方都能获得一段和平共处的机会，南宋可以用很长的时间重整自己的内部，哪怕是加固防守，在百姓安居乐业的条件下，得以再继续壮大下去。

然而，这一切竟被贾似道一人以列功覆过的手段全盘破坏，彻底毁掉了蒙古政权与南宋政权南北分治的可能。

郝经之事彻底激恼了忽必烈，蒙古铁骑欲大动干戈以武力平定南宋，早日实现大一统，已成必然的趋势。

历史上真正的元宋之战就因为这样一个南宋的过错，拉开了讨伐的帷幕。

二、假道灭虢

忽必烈手中的蒙古元政权日渐壮大，许多政策在汉法的推行下不断完善，与南宋议和的失败，使南宋不再能有偏安一隅的机会，忽必烈决定继续完成蒙哥没能完成的统一南北的大业。

攻打南宋这件事很快被忽必烈提上日程。

与蒙哥当初三路攻宋时期的战略有所不同的是，忽必烈这一次对宋用兵的主要方向选择在襄樊。

这一点是十分明智的，他将川蜀搁置一旁，直接选择先攻襄樊，当初蒙哥战死钓鱼城，也是因为川蜀地带的地势问题，四面环山很难攻克，以至于蒙军损伤无数。

而这个战略上的改变，也与他对南宋川蜀降将的怀柔政策有关。

就在忽必烈称汗后不久，一批南宋将领归附蒙廷，而对这批降归的将士，忽必烈又是优待又是慰问，之所以对他们如此重视，也有忽必烈自己的用意。

中统二年（1261）五月，归附蒙古的南宋侍郎杨大渊带着他的儿子携贺书与弓矢等贡品前来上都朝觐忽必烈。杨大渊是蒙哥攻打川蜀时期的降

统一的前夜： 忽必烈吸纳江南

将，忽必烈还特意在万安阁接见了他。

起初忽必烈之所以在燕京自立为汗，主要是为了顺理成章地继承蒙古在漠南的财产，其中也包括了中原地区与北地汉军的管理权，还有那些向蒙哥投诚的南宋将领。

这些南宋降将中，最具代表的人物便是杨大渊。

杨大渊，原籍秦州，他们三个兄弟都在南宋的军队中效力。其兄杨大全，原为曹友闻部下统制，在抵抗蒙军入侵四川时战死于叙州，杨大渊担任南宋蓬州等地的东路马步军副总管职务，是南宋留在四川负责嘉陵江中游防御的一员大将。

当初为了保全一家人的性命，杨大渊举家投降，带着其弟其侄一起，可以说是一个南宋将门家族一并投附蒙古。

关于他的投降原因说法有很多，对于南宋而言，杨大渊的投降使嘉陵江防线崩溃陷入危机，也白白牺牲了其兄战死的性命，但对蒙古来说，他是第一位归附蒙古的南宋重要将领，意义十分之大。

接见此人的时候，忽必烈还曾亲自写下诏语：

> 朕恪守王封，遽膺推戴，即位之始，不遑康宁。惟尔远戍边陲，久服戎政，身外心内，来陈贺章，宜加宠答之辞，以励忠贞之节，故兹诏示，想宜知悉。
>
> ——《元史》

忽必烈很少以手诏亲赐臣下，而对这位南宋降将却以这样的特殊照顾去对待，不难看出忽必烈的用心。

他想要通过特别厚待杨大渊来换取降附宋将对蒙古政权的效忠，想要让杨大渊成为一个榜样，无论出于何种目的，只要能进一步瓦解南宋军将的内心，这在策略上来说是一种很机智的收拢人心的方式。

而忽必烈这么一做，果然效果出奇。

杨大渊在受诏之后，表现得更加踊跃，他主动调兵攻打礼义城（今四川渠县），又为忽必烈招降了一批南宋将士回来。

第二年冬天，杨大渊又亲自来到朝中觐见忽必烈，向他展示自己为元廷做的一番贡献，以表忠心。

忽必烈对他的态度感到满意，立即将他提拔为东川都元帅。

为了表示对蒙古的忠诚，杨大渊带着其子侄在经略平定川蜀的战役中也发挥了不小的作用。

杨大渊的侄子杨文安也誓死效忠元廷，忽必烈多次称赞道："你们家族为朕做的这些事，朕全知道。你们攻城略地的功劳，实在很多。"

除了杨大渊，还有另一位值得一提的降将，名叫刘整。

刘整原是京兆樊川（今陕西西安）人，后移居到邓州穰城，在金朝末期归附南宋。其人骁勇善战，唐有名将李存孝，武艺非凡，十八铁骑取长安，南宋将领孟珙就称刘整为"赛存孝"，即"赛过名将李存孝"之意。

在归附南宋之后，刘整随军入蜀，被提拔为将官，曾在蒙哥攻蜀战役中率军出征，抵抗蒙军，大获功勋，是四川制置司下的四大主力将领之一。

刘整身为北方人，却能命得南方诸将皆出其下，这引起了策应大使吕文德与权相贾似道二人的嫉妒之心。

尽管如此，刘整依然是军中豪杰。

见不得刘整风风光光，吕文德又诬称刘整嚣张跋扈，目中无人，教唆贾似道和俞兴想要加害刘整。

中统二年（1261），钓鱼城之战结束后，贾似道和吕文德开始秋后算账。

他们先是将大将曹世雄、向士璧等人逼迫致死，消息传到身在泸州的刘整那里，他开始隐约察觉到事情的走向已经越来越诡异。

刘整认为，下一个被搞的人就是自己。

果不其然，四川制置使俞兴，也就是刘整的上级，突然有一天想要找刘整的麻烦。

刘整性格孤傲，确实是个倔脾气，除了孟珙，他不把任何人放在眼里。

在增援钓鱼城时，他看不起吕文德；在鄂州与贾似道一起对抗忽必烈时，他又瞧不上贾似道。

仗打完了，镇守在四川泸州的他也没有想着与上头搞好关系，反而三天两头和四川制置使俞兴闹矛盾。

其实这也不全怪刘整，因为俞兴早就被贾似道授意盯紧刘整，试想换一个人来，天天无故被人为难，只怕再好的脾气也会忍不了。

半年来多少同僚相继被陷害，刘整心里清楚得很，眼看俞兴铁了心要与他作对，不得已之下，刘整只好放低身段，卑躬屈膝地去收买俞兴。

只是这样一来，刘整又把自己搞到了更尴尬的局面上。

不行贿会被搞，行贿又证据确凿。

无奈之下刘整只好去找俞兴的老母亲替自己求情，俞兴的母亲已经一把年纪，见刘整这样一个大男人低声下气来找自己，也明白是自己儿子做得过了。

尽管是母亲写来的求情信，也没能阻止俞兴想要逼死刘整的心思。

刘整忍无可忍，决定不再白费工夫，与其等着俞兴放过自己，不如想方设法自我营救。为自己找条活路，就是刘整最迫切想要达到的目的。

谁知他又走错了一步，他将俞兴迫害自己的委屈全部写在书信中，派使者送往临安的贾似道处。

贾似道和俞兴乃是一条船上的人，收到这封信的贾似道不屑一顾地将信直接丢弃。

没等到希望，也是刘整彻底黑化的开端。

在俞兴越来越过分的挑衅下，刘整毅然决然地挟持着泸州十五郡三十多万户百姓北投了蒙古。

听到南宋大将刘整投向自己，忽必烈立刻用手诏鼓舞刘整：

> 勇冠诸将，名配古人，知大义之可为，籍诸城而来附，献以金带，示以诰牒，载详终始之诚，宜示褒崇之礼。可特赐虎符，充夔府路行省兼安抚勾当，更宜招怀未附，共底丕平。但桑荫不移，能立其功；虽苑土至重，而朕无所惜。其赐卿莫物，至可领也。
>
> ——《元史》

这一封诏书像是抛出的救命稻草，刘整毫不犹豫地就抓住了。

之后，他如反扑的猛虎撕咬向曾经将他逼迫得走投无路的人，他亲自率军拼死击败俞兴以及吕文德的重重守兵，将泸州军民集体撤往成都方向。

在归附蒙古的第二年，刘整再次入朝，忽必烈将他提拔为成都、潼川二路行省，赏赐白银万两。

在刘整反投蒙古之初，蒙古大将刘黑马父子也起到了很重要的作用。

好端端的一个南宋大将突然说不跟南宋了，反过来要跟自己，许多驻守在成都的蒙军将士们纷纷发出质疑，认为刘整无缘无故来投降，说不定是在使诈，不能相信他的话。

然而刘黑马不这么想，他们一眼便看穿刘整投降蒙古的理由。

南宋皇家内部腐朽不堪，权臣滥用职权，赏罚无度，听闻无数南宋将士早就被搞得家破人亡，这恰是一个将刘整逼走的原因。

统一的前夜： 忽必烈吸纳江南

刘黑马派遣自己的儿子刘元振亲自前往泸州接见刘整，在刘元振出发前，刘黑马还特意嘱咐道："刘整乃是南宋名将，他手下的泸州是属地要冲，如今刘整想要投附我们，且不论是真是假，你无须过多考虑，若这事情成了，则是为蒙古做了件大好事，若不成，你就当为舍命报效朝廷吧。"

然而刘黑马心中有数，刘整这是真的不想再为南宋效力了。

那边在泸州成功接应刘整的刘元振，配合刘整合力击退当地的宋军，将刘整所带领的部下安排到了蒙古政权在成都设置的本营中去。

蒙古又添一员大将，这让忽必烈大为欢喜，他称赞刘黑马父子二人胆大识人，善通权变之理，于是毫不犹豫地赏赐了他们。

川蜀的宋军四大军将之一倒戈蒙古，这让川蜀地区的宋蒙对峙局面得以缓解，刘整也是继杨大渊之后另一个效忠于蒙古政权的南宋降将。

这些降将让忽必烈统一的路变得更好走了，虽说叛国确实遭人唾骂，但刘整的情况也实属无奈，只能说南宋也是搬起石头砸自己的脚，将刘整逼走反过来倒打自己，这是贾似道等人怎么也想不到的。

话又说回开头，决定先将川蜀搁置一旁，转而先攻襄樊（襄阳与樊城）的这条策略，正是刘整提出来的。

刘整常年为南宋效命，对南宋地势优劣了如指掌，而襄樊位于南阳盆地的南端，南岸襄阳，北岸樊城，中间隔着一条汉水。跨连荆豫，控扼南北，两城之间可以互相支援。

"中原有之，可以并东南；东南得之，亦可以图西北者也。"

所以说襄樊自古以来就是兵家的必争之地，不是没有道理。

在蒙宋联合攻金的关系断裂以后，双方为了争夺襄樊等地，一直以来纠纷不断。

直到南宋稳定控制住了襄樊，又费尽苦心打了十余年的根基，如今的襄樊已建立起了高高的城池，并且军备物资储备丰厚，足以抵御元军南下的步调。

至元四年（1267）十一月，刘整借着朝见的机会，向忽必烈提出建议："宋室帝王弱、权臣威，他们在一个地方立国，正是今日可以拿下的时机。臣愿为朝廷做牛做马，攻宋计议最好先攻襄阳，把他们的避风港给先拿下来。"

蒙廷许多大臣对先攻襄阳这一计划感到不满，纷纷各持己见。

于是刘整又说："自古以来的帝王都是在四海混一的时候才称自己是正统，为什么要放着南宋在那边不管，而放弃大一统的机会？攻川蜀不如攻襄樊，没有襄樊就没有两淮，没了两淮，拿下江南则如同探囊取物这般简单！"

早在中统初年，史天泽的部下郭侃也曾提出过"先取襄阳"这一意见，但当时忽必烈正忙着与阿里不哥争权，又被李璮叛乱分了心，没有心思顾及南宋的事情，所以就把这么一个建议给放下了。

然而如今对南宋用兵，突然要选择主攻方向，一时间忽必烈也拿不定主意。

但忽必烈心里清楚得很，八年前，他随蒙哥一同亲征南宋，在率领大军渡江之后遇到了鄂州城下宋军的一番顽抗，想要拿下南宋并非一件容易的事情。

而刘整又长期任职京湖与四川两制置使麾下，自然更了解南宋。

于是这一次刘整的建议，忽必烈听了进去。

如果像蒙哥那样经略川蜀，分三路出兵，最后会师潭州，倒也可以暂时放下襄樊，但如果放下川蜀，襄樊确实有着可以直接扼制三峡的地理优势，以此拦断南宋川蜀援军。

于是最终忽必烈决定采纳刘整的建议，将攻宋方向定在襄樊。

也恰是有蒙哥的先例在前警醒忽必烈，蒙军这一次没有重蹈覆辙，直

统一的前夜：忽必烈吸纳江南

接从中路找到了突破南宋的口子，大一统的希望再一次近在眼前。

制定好了进攻的战略之后，忽必烈选出两名统帅，一位是蒙古军都元帅阿术，另一位则是提出这个建议的汉军都元帅刘整。

阿术，是蒙古名将速不台的孙子，也是兀良合台的儿子。

在蒙哥称汗的第九年，二十几岁的阿术就随着父亲兀良合台一起亲征南宋，在与忽必烈的攻鄂军队会合北归后，加入了忽必烈怯薛宿卫团，一直以来忽必烈都很器重他。

至元四年（1267）秋天，攻宋之战的号角声已经吹响。阿术率军在襄樊西部的安阳滩一带遇到一群很难攻打的宋军，就在那时，他突然开悟，认为蒙古军不擅长打山水地势的战役，若遇到寨子，那就更得要汉军来指挥了。

于是他主动请求忽必烈派史天泽的侄子史枢与他一起协力出征，忽必烈同意了阿术的请求，但增援去阿术身边的不是汉军都元帅史枢，而是刘整。

忽必烈认为让他们二人一起协作，将是锦上添花的事情。

阿术出身蒙古铁骑下的名将世家，又有智谋又有胆魄，遇敌不慌，出神入化，可以说是无可挑剔的奇人。

刘整虽是南宋降将，却在投奔蒙古之后默默效忠，且为汉人，正好可以配合阿术出战。刘整这人很有军事才能，前面也提到了，离开金朝之后刘整投到了南宋名将孟珙麾下，孟珙对这个属下称赞有加，他出征无数沙场，既了解水军，也明白南宋的弱点，能力远在史枢等汉将之上。

加上刘整与吕文德等人是敌对关系，刘整既然主动说要先攻襄樊，那忽必烈也恰好可以借这个时机让他狠狠出一口恶气。

刘整与阿术合作之后的第一件事就是商讨如何攻下襄樊。

二人一致决定，先筑城，将襄樊围住，再造船，练水战。毕竟襄樊的地势就是夹着汉水，水军必不可少。

先在鹿门山筑上土墙，再在其中安置榷场。

然而筑墙容易，榷场难办，想在宋人眼皮子底下搞一个市场出来，必然没那么简单。

但刘整对此很有把握，他太了解吕文德的性子了，只要给他点好处，以他那贪图钱财的性格他必然愿意放行。

果不其然，吕文德在收下玉带后欣然应允。

于是，蒙军很快建了一座鹿门堡，作为蒙军在襄樊城外的第一座战役堡垒。

紧接着，第二座堡垒也建了起来，名为"白河口堡"，用来断掉襄阳的军需粮道。

至元六年（1269），史天泽和忽剌出奉命来到襄樊前线，探测地形与军事所要，在这里修筑起了环城长堤，从万山开始，将百丈、楚山包围其中，最后以鹿门为截点。

还以岘山、虎头山筑一字城，随时用来围攻与防守。

蒙军所筑的城堡一共十处，据史书对其描述"重营复壁，繁布如林，遮山障江，包络无罅"，这些城堡将宋军四方援路完美阻断，围困襄樊的这一步成功为忽必烈平定南宋打下了基础。

刘整清楚宋军擅长水战，于是对阿术提出了"造船练水军"这一建议。

至元七年（1270）三月，面对蒙军的攻入，南宋沿江制置副使夏贵连续两次率水军支援襄樊，刘整找来阿术，与他商议道："我们的精兵擅长骑射，任谁来都打不过我们，但唯独水军我们不如南宋。不如我们学一下他们的长处，造战舰，习水战，这样一来万事俱全。"

阿术认为刘整言之有理，于是让刘整回奏朝廷，在得到忽必烈的批准

统一的前夜： 忽必烈吸纳江南

后，二人训练七万水军，造战舰五千艘，以对付乘船而来的宋军。

在蛰伏备军期间，刘整每天恪尽职守地训练水军，若逢雨天，就在兵营内画地为船率兵练习。

听闻刘整如此认真，忽必烈又命人再造五百艘战舰交给刘整，军备逐渐强大，蒙军也学会了水战，阿术和刘整手下的精兵在水上作战的次数愈来愈多。

蒙军在汉水中流筑造实心台柱，台上架着弩炮，台下放置五个蛇笼，以阻拦宋军的船只靠近。

这两条措施明显是用来对付南宋军队的，把他们的长处学到手里，宋军则毫无优势可言，襄樊一战也会进行得格外顺利。

至元八年（1271）五月，忽必烈命川蜀等地军队增援阿术与刘整，牵制赶来襄樊支援的宋军。

南宋内部确实有着很大的问题，误国奸臣胡乱替昏君指点江山，以致拿不出一个像样的御敌良将。

就连原先十分擅长襄樊防御的高达也被贾似道陷害，真到了需要合适人选的时候，又里里外外挑不出人来。

最终贾似道和吕文德只能自食苦果，亲自总领襄樊一带的军事。

然而这两人压根儿没有任何军事才能可言，若说贾似道还能耍点儿小聪明，吕文德则是一败涂地。他先是受贿放元军在鹿门山以设置榷场为由建立第一座城堡据点，又不听弟弟吕文焕的增援请求，未能在元军筑城期间及时增兵对抗，种种失误提前预示了南宋在襄樊的败绩。

不久之后，吕文德病逝，京湖制置大使李庭芝接替他的位置进援襄樊，但因受到吕文德女婿范文虎的牵制，错过了救援襄樊的最佳时机。

至元八年（1271）四月和六月，范文虎在贾似道的支持下，分别两次率水军十万人沿汉水援救襄樊，然而因为战术不够抵御元军的强大，被阿术在湍滩等地方一一击败。

范文虎的两次救援都属于大规模军事行动,却没能赢得漂亮仗,这也使后来李庭芝率领的军队难以攻克卡口。

第二年,宋军又派张顺、张贵二人率三千人的敢死队,带上盔甲衣物等冲进襄樊支援,元军舰队势不可挡,张顺战死在江中,而张贵侥幸进入襄阳。

为了彻底堵住宋军,元军又加强了封锁襄樊的范围,襄阳以南几十里水路全部使用铁索封锁,木桩打得极为严密,号称"撒星桩",据说鱼都钻不进去,更别提人了。

七月七日,吕文焕又叫进入襄阳的张贵突破元军包围,与驻扎在龙尾洲的范文虎部众会合,期许能够以内外夹攻的方式攻打元军。

然而,谁都没想到,当张贵冲出来之后,发现范文虎竟然提前临阵脱逃了,只剩下自己所率军队面对庞大的元军,前面好不容易捡回一条命的张贵最终还是丢了性命。

宋代诗人汪元量写下一首《醉歌》讽刺:

吕将军在守襄阳,十载襄阳铁脊梁。望断援兵无信息,声声骂杀贾平章。

在元军攻克襄樊期间,南宋援军内部频频出现问题,最终军心涣散,再难突破,失败之后便很难再重来。

正面打不过,必然会有些阴招儿使出来。

至元九年(1272)十一月,宋京湖制置大使李庭芝使了一招儿离间计,想要挑拨刘整与忽必烈的关系。

当时的宋室无人不谩骂刘整,如今的刘整居然在元廷混得风生水起,还反过来帮着元廷打自己，这让走投无路的宋室再出歪点子。

李庭芝再清楚不过，如今刘整被忽必烈重用，也就说明元军已经把襄樊当作攻打南宋的第一要位。

他用金印牙符封刘整为汉军都元帅、卢龙军节度使，并加封燕郡王，还书写了一封信笺，派永宁僧人将这些东西一并送给刘整。

印符和书信被永宁县令拦截下来，他们发现这些东西有可能是刘整与宋室私通的凭证，于是立即驰驿奏报元廷。

这一点也在李庭芝的计划之内，他为的就是脏刘整一把。

忽必烈听到这个消息之后，十分震惊，于是下令让尚书省平章张易和儒臣姚枢迅速追究此事。

而刚好这时刘整从襄阳回到京师，面对这无妄之灾，刘整从容地说道："宋室的人知道攻打襄阳是臣出的主意，心中自然怒火难抑，想要设这伎俩来陷害臣。至于印符这事，臣确实不知。"

忽必烈思忖一番，认为刘整说的是心里话。

不说刘整在投附元廷之后一直忠心耿耿，况且襄樊已经在他的出力下全盘被元军掌控，这个时候再去投降南宋必不可能。

更何况出了这个事情，刘整不可能想着回到京师。

忽必烈对宋人的招数嗤之以鼻，于是让刘整给李庭芝写一封信回道："我刘整自受命以来，只知道督促勉励士兵，在孤城奋战，你们如果以性命为念，当重新派遣信使，向朝廷请命。而不是用这个于事无补的小伎俩！"

为了安抚刘整，忽必烈对他进行了赏赐，并派他重回襄樊，除掉那个送信来的永宁僧人，劝他继续安心担任襄樊统帅职务。

在这至关紧要的时刻，忽必烈选择相信刘整，揭穿了宋人的离间计，给宋室来上狠狠的一记耳光。

这一来也使元军突破襄樊的计划安然无恙地进行了下去，没有损失分毫。

至元九年（1272）十一月，元军已经包围襄樊长达五年之久，刘整、张弘范等人纷纷建议先攻樊城，掐断襄樊的一方主脉。

时间一久自然军心疲惫，为了避免出现迂回的失误，忽必烈决定进攻樊城。

在这次樊城战役中，忽必烈使用了亦思马因献来的回回巨石炮，这种回回炮威力巨大，比一般的火炮攻击力更强，哪怕是参天大树也能瞬间摧毁。

在攻城战中，阿术和刘整先是让兵士把连接襄阳与樊城的木桥烧毁，从汉水上切断襄阳宋军前来樊城的最快通道。

元军步兵分五路进攻樊城，忙兀台率军在北部竖梯登上柜子城，而后占据西南使元军进入樊城，张君佐开炮炸掉樊城角楼，一片狼烟四起，史弼趁势率军与宋军激战整整十四天，一路从东北方向杀到城里。

元军很快占领樊城，破城战势不可挡，樊城就此沦陷。

樊城一旦失守，另一岸的襄阳瞬间被逼到孤掌难鸣的地步。

在兵荒马乱中的吕文焕逐渐失去了斗志，忽必烈则趁这个机会派原宋将唐永劝他投降，这样还能留下一命。

刘整这个时候则出了一口恶气，他先前与吕文焕的哥哥吕文德有仇，又被吕文焕射伤过，眼下吕文焕陷入险情，刘整想的是直接打进襄阳，管他是死是活。

为此，顾全大局的阿里海牙却拦住了被仇恨冲昏了脑袋的刘整。

前面曾提到了刘整与阿里海牙的纠纷，之后的战役中，由于吕文焕的加入，让刘整一直耿耿于怀，而忽必烈为了顾全大局，不得不将刘整与阿里海牙调开，也因此让刘整失去了一个争功的好机会，这件事导致刘整后来郁闷而死，最终落得悲剧的下场。

至元十年（1273）二月，阿里海牙用火炮瞄准襄阳的瞭望楼，一炮击中，城墙飞散，声势如雷霆作响，城内军民吓得纷纷作鸟兽散。

而这一炮只是为了威慑吕文焕，阿里海牙亲自来到城前，对吕文焕说："你孤军与我们对抗这么多年，如今鸟飞路绝，我们的圣上称赞你十分忠诚，若你肯投降，圣上必会重重赏赐你，不谈之前的仇恨，也不随意处死你。"

为了让吕文焕信服，阿里海牙折断箭支，向他发誓。

吕文焕内心摇摆不定的那枚棋子终于还是落在了元廷的棋盘上。

之后，吕文焕在阿里海牙的陪同下来到京师朝觐忽必烈，正如阿里海牙所说，忽必烈非但没有惩罚他，反而将他命为昭勇大将军、侍卫亲军都指挥使、襄汉大都督和行省参政，就连他手下的军将士卒也得到赏赐与安置。

如计划所预期的那样，攻破襄樊之后，南宋在长江上、中、下游的三道防御体系全部瓦解，因失去襄樊而丧失了保护东南地势的军事屏障。

这一次的中路攻宋战略打得很成功。

由于刘整的献计与元军借襄樊这几年恶补了一番短缺的水战本领，接下来平复南宋的战役便显得顺利得多。

忽必烈实现元朝大一统的愿景，已经近在眼前了。

三、乱箭直下

襄樊沦陷之后，伯颜率军突破了鄂州防线，弥补当年忽必烈因撤兵北归而搁置南宋所留下的遗憾，留给南宋的生存空间越来越小，整个宋室上下整天过着胆战心惊的日子。

蒙头过日子的宋度宗赵禥在元军兵临城下之前撒手人寰，留下四岁的皇子赵㬎默默跪在灵柩前，懵懂无知的孩子眼里没有河山，只有对未知的恐惧。

赵㬎以小小的身躯戴着帝王的冠冕，太皇太后谢氏出来当政行权，尽管人在朝中，但更多的势力仍被贾似道抓在手里。

面对元军大敌，幼帝赵㬎也曾试着诏臣下起兵救援，却得不到回应。皇帝难保，民间的太学生们按捺不住了，君王有难，贾似道应该在这个时候挺身而出，出军御敌。

四面八方的舆论声将贾似道推上台面，他不情不愿地离开幕府亲下临安。

贾似道不去也不行，当时宋朝的军事与财政全都掌控在他的手中，对抗元军这件事当由他来。

贾似道早有听闻，当年被自己迫害过的刘整现在已经投入元廷，成了自己的对家。深知刘整秉性的贾似道心里那叫一个慌，知道刘整不会给他好果子吃，于是左右推辞，就是不出兵。

直到听说刘整死在无为城下，贾似道这才松了口气，认为老天也在帮自己，这个机会一来，贾似道就安心地带领了十三万大军前往临安。

身为宋室毒瘤的贾似道没有着急作战，而是把兵力安顿在一旁，先派个使者去与元军谈一谈买和的事，这也是他一贯的作风：我可不可以不打仗？你要权，要钱，都可以。对了，能不能顺便把襄樊那些地方再还给我们？

想也知道，元廷是不可能理会贾似道这样不知廉耻的要求的。之前就因为吃了一次贾似道的亏，害郝经等人被监禁十六年，饱受折磨，这些前仇竟然都被贾似道抛诸脑后，还敢来找上来提一样的要求？

伯颜一口拒绝："我等没过江之前，你说这个兴许还可以，现在想求

统一的前夜：忽必烈吸纳江南

和，除非你们投降，否则你就准备应战，谁赢了，谁说了算。"

贾似道碰了一鼻子灰，知道自己是不可能代替整个南宋投降的，于是快快而归。

当伯颜率领一众大军来到池州，刚准备继续进攻，却忽然接到停兵听命的诏命。

这是忽必烈的旨意，伯颜断然不敢违背，但其他将士为此发起了牢骚，我们死伤无数，好不容易来到这里，却突然不让打下去，君主这是什么意思？

伯颜找来阿术，与他协商这个事情，他说："大汗让我们先停一步，你怎么看？"

阿术回道："现在放了贾似道回去，如果不继续进攻，恐怕这个夏天之前打下来的那些州府也都要守不住了。南宋言而无信，前脚刚议和，后脚又偷袭我们的军舰，杀我们巡逻的骑兵，但只怕贸然进军出了事情，大汗会怪罪我啊。"

看出阿术心中为难，伯颜又找来南宋降将吕文焕，问他："我们什么时候能攻下临安？"

吕文焕深知南宋内部军况，回答："南宋储备充足的情况下，恐怕要花三四年才能拿下。"

范文虎却反驳道："现在南宋内部不堪一击，根本无法阻挡元军的攻势，这时候进军很快就能拿下来。"

伯颜认为范文虎说得更有道理，在阿术的应允下，决定赶往丁家洲，找贾似道应战。

至元十二年（1275）二月十八日，丁家洲的战火号角声正式吹响。

听说伯颜大军进攻丁家洲的消息，贾似道连忙派使孙虎臣充任先遣将领，身为淮西制置使的夏贵提前在江中布置两千五百艘宋舰，以十三万人对抗元军。

伯颜见南宋这次铆足了劲，也知道这是贾似道拼尽全力打出的最后一手牌，于是不慌不忙地搬了些木柴与干草，让元军假装一副要烧了这些宋舰的样子。

水上的宋军见状不得不严阵以待，日夜坚守，生怕这一把火烧到自己的脚下。

然而进攻容易防守难，很快宋军便疲惫了下来，伯颜则抓住这个机会，直接率骑军左右夹击，在江岸用火炮轰打宋军的阵营。

震天巨响彻底打乱了宋军的步调，就在这时，伯颜的水军也顺势发动猛攻，直接撞击江面上的宋舰，顷刻间瓦解了宋军的意志。

孙虎臣慌忙跳上爱妾的小船，不顾身后的谩骂声与乱了阵脚的部下，只顾着自己仓皇逃走。

面对宋廷的质问，孙虎臣还为自己找了个借口说："我手下的兵将都不听我的啊！"

兵败如山倒，夏贵见状不妙，也赶紧上了一艘小船逃命去了。

在路过鲁港的时候，恰好撞见贾似道乘着的那条船，他忙提醒道："元军人太多了，我们根本挡不住，丞相，快跑吧！"

船上的贾似道在听到这番话之后脸都吓白了，他赶紧鸣金，迅速将兵收了回来，再也不肯前进半步，逃得急促又狼狈，甚至连都督府印都落下了。

就这样，宋军落荒而逃，没有一线敢留在元军眼前。

还记得伯颜和贾似道说的话，谁赢了，谁就说了算。自然不可能放过他们，于是元军部众水路联合追击，直接追出了150里外，战鼓声声鸣响，天地为之震颤，跑在后面的宋军或死或伤，而夏贵带来的那2500多艘军舰也被元军缴获了2000艘。

统一的前夜： 忽必烈吸纳江南

宋代诗人汪元量在《鲁港败北》一诗中这样描写宋军狼狈的景象：

夜半挝金鼓，南边事已休。
三军坑鲁港，一舸走扬州。
星殒天应泣，江喧地欲流。
欺孤生异志，回首愧巢由。

在这场激战中，宋军败得体无完肤，如同江水里受到惊吓的鱼，除了乱窜求生，别无目的。

南宋这群官养败将，远比不过出身草根却以国家事为己事的张顺两兄弟。

当时襄阳已被元军围困了五年之久，南宋一群草根聚众为家国支援，他们组织了三千人的敢死队，每三艘船连在一起，形成一个小战队，在元军面前勇往直前，杀出一条血路。

而其中为首的两个人就是张顺、张贵。

史书中关于这二人的篇幅并不多，但仅出场一次便震撼了人心。

南宋"无底船"的故事主角，就是聪明机智的这两个人。

据说，当时他们的三艘小船构架是中间一艘载人，左右两艘都是经过改造后没有底部的船只，在抵达汉水后，元军就是因为草率了一步，在跳到这些无底船的时候不慎落入水中，因此伤亡惨重，付出了很大的代价。

无底船的妙想是张贵提出的，而张顺则担任一个将领的角色，在出发前训练这些草根的斗志，明知道这趟支援会有去无回，但为了给城内更多的将士送去物资，他们早已下定赴死的决心。

就这样，这群敢死队勇士在转战一百二十里后，成功到达了襄阳。

这群援兵带着前所未有的丰厚物资来到城里，鼓舞了宋军的心，然而在他们兴高采烈地清点物品的时候，迟迟没有见到张顺，瞬间人们又变得垂头丧气。

几天之后，张顺的尸体顺着江水飘到岸上，身上千疮百孔，遗容仍是一幅斗志满怀的模样，人们无不为之动容。

弟弟牺牲了自己的性命，身为哥哥的张贵还在前线奋战，他与范文虎相约龙尾州准备埋伏元军，却不料就在这个时候，张贵的一个部下突然投奔了元军。暗斗不成，只好明抗，最终张贵还是深陷重围，力竭而亡。

元军主帅刘整命人将张贵的尸首送到襄阳城下，宋军主将吕文焕亲自将这位英杰抬了回去，两兄弟一并合葬。

张顺与张贵的牺牲虽然没能挽救宋廷，但他们的精神成了一种忠诚不渝的代表，影响了后人。

只可惜两兄弟死后没多久，襄阳便失守，吕文焕也开城投降，加入了元军的阵营。

比起这两兄弟，贾似道则显得误国之过罪大恶极，丁家洲一战失败后，宋室大臣陈宜中等人纷纷请求朝廷定贾似道的罪。

谢太后念在旧情，不舍得处死他，只是将他安顿到循州，然而这个奸臣引起的公愤不足以因贬职被平息，路上就被押解官郑虎臣给亲手处死了。

贾似道曾在出师之前与自己的亲信韩震提前知会临安的曾渊子，提到如果丁家洲一战失败，就迅速请皇帝迁都。

而战败后，这个事情传到了朝廷的耳朵里，上上下下皆为震撼，面对坚持要迁都的韩震，陈宜中则表示这个关键时刻不能抛弃京城。

当时宫中有人传言说韩震想要挟持皇帝迁都，于是陈宜中编了个会面的借口，派人将韩震引来偷偷打死，以证明自己与贾似道不为同伙的清白关系。

统一的前夜： 忽必烈吸纳江南

然而就是这个举动，让韩震部下的二百多人集体叛变，转而投奔了元廷。

丁家洲一战是贾似道等主要人物与元军之间的最后一场殊死对决，他本人虽然在战役中逃跑了，但南宋为此葬送了十三万精兵。

这场败绩极尽描摹了宋室的腐朽无用，如同马蹄上缺失的一根钉子带起了连锁反应，每一步都在预示南宋即将失去自己王朝的命运。

至元十二年（1275）夏历七月，一场让南宋长江防线彻底崩溃的激战在焦山（今江苏镇江东）拉开了序幕。

这场战役主要也是水上作战，宋军统帅张世杰在七月初抵达焦山，想趁着元军统帅伯颜回朝之际与元军展开作战。

元军阿术得知宋军来到焦山的消息，派张弘范率领一千艘军舰清肃殊金沙（今江苏镇江西北）江面。

阿术和阿塔海在登上石公山后发现，张世杰的兵力部署在焦山两面的长江上，每十艘船组成一个阵型，船与船之间用铁链结成一圈，并抛下石碇，时刻保持待命的状态。

在高处将宋军阵容一览无余的阿术笑着说："这样纹丝不动的状态，我们放把火烧了就可以撤了。"

于是立刻派了一千个精壮的弓箭手，登上巨船在两侧射击宋舰。

同时，还让蒙古将领怀都在岸边掩护作战行动，水军刘深沿长江向东进攻，绕到宋军背后，董文炳与刘国杰率军攻打宋军两侧，忽剌攻击宋军的中心，张弘范解决焦山北方的宋军。

阿术驻于军中全程指挥，从四面八方压境而来的元军将宋军团团围住，董文炳在船上插上将帅的旗帜，儿子董士选和侄子董士表二人的船只掩护他一路前进。

风起云涌，战鼓声鸣，乱箭而下，遮天蔽日。

元、宋两方在一声声的呐喊中，厮打得你死我活。

午时，风势一变，阿术立刻命元军拉弓向宋舰射出火箭。

宋舰瞬间燃起滔天大火，阵阵黑烟熏天。

宋军想开船逃跑，却因被铁链拴在一起而动弹不得，于是纷纷投江，溺亡近一万人。

后方的宋军被前方的惨状吓得掉头就走，如临大敌。

张世杰在退到夹滩后又重新调整军队，再次投入与元军的作战，然而仍然敌不过元军的攻势，只能率领剩下部众退入海中。

董士选看着落荒而逃的宋军，不愿就此作罢，他乘船破浪追击，却在大海中被海浪卷走了船桨，小船漂泊在海面上，船上的元军见状不知所措，董士选却一脸镇定地望着宋军逃跑的方向。

待到风浪渐平，董士选一行人重新回到元军大队，董文炳见儿子平安无事，松了一口气。

当日夜晚，元军便撤兵而归。

这一场焦山之战，又是元军的胜利，再一次大大挫败了宋廷与之抗衡的信心。

元军在这边庆祝自己打了胜仗，那边的宋廷却是一片死寂。

在朝堂之上，谢太后大声斥责这些没用的丧家犬："我们国家三百年来礼贤下士，对你们优待有加，如今我和继位的君主遭到这样的灾难，你们这些大臣不能拿出一个办法来挽救时局，在内于朝廷里背叛人心，在外于战场上弃城抛印，躲避危难，苟且偷生，你们这般将如何面对死去的先帝？"

重用儒士的宋朝，将文看得比武更重，这也是南宋一直以来的国情。但如今这些文士们在面对大敌时，拿不出什么好的军事策略，只能以纳币称臣换取一段时间的和平，写些抒发情怀的文章。

有些人是贪生怕死，有些人则是力所不及。

如今国之将破，江南尽覆，想要偷生都成了一种困难，文臣们也是无可奈何，只能选择避祸了。

这也是南宋末期的一大悲哀事！

四、攻占临安

大元君主忽必烈远在京师，听闻元军一次又一次传来战胜的捷报，并没有表露出太多的喜悦，反而忧心忡忡。

伯颜势如破竹地杀到渡江，拿下鄂州，本是一件弥补他当年与蒙哥遗憾的喜事，忽必烈心里却仍想着能否与南宋达成和平一致。

他并非想要把宋室杀个国破家亡。

而这些真心话，他只对身边信任的忠臣姚枢说过："自我的祖父平定天下以来，无数帝王继承皇位，真的存在像南宋那样长命的国家吗？是天意如此吧，他们本就命不该绝。"

见姚枢毕恭毕敬地倾听，忽必烈又说："朕当年渡鄂州时，家中出了事情，是上天在帮助南宋，也在帮助朕拿下了汗位。如今伯颜虽然已经渡过长江，但能成功与否尚且不知。宋室三百年天下，上天到底站在哪一方，不是那么容易看出来的。"

从忽必烈的担忧中可以看出来，他很相信命运一说。

身为一个来自草原上的君主，却拥有相信天命的思想，其实不全是一种迷信的弊端，他敬畏且谨慎，仁义又明智。

在至元十二年（1275），忽必烈身患疾病，而这一年元朝还在靠拢收复南宋的路上，忽必烈的信心也因此受到影响，他认为今年可能是他多灾多难的一年。

当年的鄂州降将张晏然也这么对忽必烈说:"南宋权臣不履行约束,私自拘留郝经等人,并非南宋君主的过错,大汗仁慈,不追究罪臣,也不对南宋赵氏赶尽杀绝。"

忽必烈认为张晏然与他想法很像,于是说:"爱卿说得很对。爱卿不忘本,定能好好辅佐我。朕已经让伯颜将军停止进攻,也派兵部尚书廉希贤等人出使南宋。若南宋能与我们和平共处,朕也不去追究以前的事了;若南宋仍然与我们背道而驰,接下来的事就只能看上天的旨意了。"

在前文中提到伯颜在渡江后确实收到过停止前进的命令,这也是忽必烈当时的想法,他对灭亡南宋仍然抱着犹豫不决的想法,然而忽必烈只是因为敬畏天命思想,而伯颜却是出于战局考虑,没有完全听从忽必烈的。

而忽必烈派出与南宋议和的廉希贤(恒阳王廉希宪从弟)等使者,来到元军前线时,丁家洲战役刚好收尾,而伯颜等人也已经前进到了建康城内。廉希贤对伯颜传递了忽必烈的诏命,让将士们先按兵不动,配合与南宋的议和方略。

可事与愿违,由于丁家洲之战的败绩让宋室变成了仓皇的反抗者,廉希贤等人在前往南宋的半路上被南宋守军杀害了,破灭了忽必烈最后一丝想要拯救和局的念想。

使者再次被杀害的消息传到了忽必烈那里,知道眼下已经没有退路,哪怕宋室再害怕,到这个节骨眼上也只能殊死抵抗了。

忽必烈同意伯颜等人继续前进。

伯颜等人也已经准备攻打扬州,要知道南宋以长江为立国本线,当元军拿下建康城,也就意味着临安随时可能被攻下。

这一圈一圈地打下来,南宋朝廷的生存空间也就被缩得越来越小,沦陷也是早晚的事。

史书记载,当伯颜等人来到建康后,恰好江东发生了瘟疫,当地百姓

统一的前夜：忽必烈吸纳江南

苦不堪言，或病死或饿死，恰是伯颜等人的到来，打开军仓给这些百姓充饥，给他们医病，被当地的人都视作有仁义的军队。

至元十二年（1275）夏，出于天气即将转热等原因，忽必烈命伯颜等人稍作调整，暂停进军，这么考虑也有着一定的道理，江南入夏较早，而元军大多数都是来自北方的人，若要冒着炎热的天气继续作战，军中很容易出现严重的传染病。

当年蒙哥攻宋时，在川蜀地带就遭遇过这样的情况，忽必烈也是深有体会，不想让伯颜等人重蹈覆辙。

前面几章也有提到过，面对忽必烈的这个建议，张弘范认为眼下宋军已经处于不堪一击的环境，只怕就此收兵会错过收复南宋的大好机会。

然而在五月的时候，忽必烈将伯颜诏回京师，西北诸位以海都为首等人的反叛让忽必烈不得不调用伯颜去平复漠北的战乱。

直到两个月后安童担任漠北统帅，伯颜才重新返回江南，投入攻宋大业中。

而伯颜这一次回归，直接奔着拿下临安就去了，没给宋室留任何喘息的机会。

同时，伯颜被提拔为右丞相，驻守鄂州的阿里海牙则负责攻下湖南。万户宋都带等人与降将吕师夔建立都元帅府，负责进攻江西。阿术带兵驻留瓜洲，牵制李庭芝等人，防止其从扬州南下支援。万户昂吉儿坐守和州，监视淮西制置使夏贵的一举一动。

这是一个安排周密的军事计划，所有将帅对应的据点都是在为伯颜攻下临安的计划做配合，忽必烈的这番操纵无不体现他的谋略远见。

伯颜重回南宋战场后，先是率兵来到镇江，兵分三路向临安进攻。

董文炳、张弘范、范文虎等人负责带领左路军，数十万水军从长江进入海域，进向临安。

阿剌罕、奥鲁赤等人负责带领右路军，数十万骑兵由建康进向临安的西北关隘独松关。

伯颜和阿塔海负责中路军，约二十万军经过常州进向嘉兴。

十一月十三日，伯颜从镇江出发，十六日抵达常州城下。

伯颜率军包围常州，先是派人在城下谕降，却没能得到任何回应。于是次日伯颜又派人射箭书进城，再次劝降。

书信中大致写道："常州已经被大元拿下了，若想保护百姓，就向我们投诚，既往不咎，我等绝不枉杀一人，且对归降的城池包容赏赐，让百姓继续过他们的安稳日子。若不肯投降，我等则破城攻城，见者不留活口，还望尽快考虑，莫要日后后悔。"

然而这封信发出后，常州守将姚訔等人仍拒绝投降。见对面殊死顽抗，伯颜无可奈何，只得率军攻城，火炮与弓箭并进，所到之处无不摧毁。

攻城战打得格外激烈，几乎不留给宋军任何喘息的空间，元军用云梯攀上城池向内进攻，先是向常州北门发动攻击，再拿下南门，趁镇守南门的宋军将领张超不在守地，伯颜等人攻到城上竖起了自己的旗帜，宋军因为没有将领，士心不齐，再见元军攻势如此猛烈，彻底失去斗志。

常州城也就此被攻破。

姚訔见自己再也守不住城池，点了一把火自焚而死。

南宋陈炤率领所剩不多的余兵继续奋战，结果还是大败而归。于是他回到官署中坐着，他的下属牵来一匹马，劝他从元军没有包围的地方逃跑，他回绝道："我已经尽力守城了，这也是我的职责，我只能因为守不住孤城而死，若是离开这个地方，我连死的地方都没有！"

最后陈炤安然赴死，在最后一刻他仍然没有想着投降。

而另一位南宋忠将王安节也选择对抗到底。据说他擅于使用双刀，在

统一的前夜： 忽必烈吸纳江南

与元军的巷战中，他用双刀杀出了一条血路，在左腿折断的艰难条件下仍然击败了数十个元军，直到最后被俘获的那一刻，他仍拒绝投降。

起初元军在常州城下劝降时，城上的南宋守将拒不肯降，还说想要拿下这座城，只怕是"金山长"。

"金山长"是一个谚语，意思是没有期限。

说起来元军也为此闹了个笑话，由于不懂谚语的意思，只从字的表面意思上来看，元军信以为真这"金山长"有什么含义，于是把金山寺的僧人找来，问他如何攻破常州城。

然而僧人也不懂什么军事策略，于是随便说了一番话：此城呈龟形，东南为首，西北为尾，攻打尾部则头部缩回，所以应该打头。

于是，元军将火力集中在南方，结果歪打正着，常州城真的就此沦陷。

在攻下常州的当日，伯颜派都元帅合里帖木儿、万户怀都等人率军占领无锡。无锡守臣阮正己抱着县印投河自尽。

十一月二十一日，伯颜派万户宴彻儿、忙兀台等人率部解决太湖的残余宋军。当日，伯颜赏赐立功的部众。

二十四日，伯颜又派监战亦乞里歹、招讨使唆都、宣抚使游显等人先行与彻里帖木儿的部队会合，同时，又命怀都等人赶往平江。

起初，南宋派出文天祥驻守平江，可到了十一月十三日，元朝的参政阿刺罕所率领的右路军已经攻陷了四安镇，独松关失守，宋廷立刻将文天祥召回京师，派张世杰顶替文天祥的位置，驻守平江。

文天祥不想放弃平江，回到朝廷后他担忧道："若我离开平江，那个地方就会失守！"

然而在宋廷的催迫下，文天祥不得不离开平江。

而正如文天祥所料，张世杰还未来得及赶到平江，平江通判王矩之和都统王邦杰就已经先一步向伯颜投诚。

而那端的南宋之所以紧急调走文天祥，也是因为算到临安即将失守，若文天祥等人继续留在平江，常州城激战的场面将会重演。

于是，元军不费吹灰之力就拿下了平江。

而文天祥的个人命运也因此改写，若将他留在平江，再度面临常州的情况，文天祥一定会选择与姚訔、陈炤等人一样为国赴死，但正因为逃过一劫，文天祥也为南宋继续谱写了几年的壮歌。

那边选择投诚的王矩之和王邦杰被伯颜留下了一命，也保了一城人的性命。

伯颜让怀都在进入平江之后看守城池，不许侵扰百姓，若有违背者一律军法处死。

元军的前线部队来到平江的那天正是一个寒冷的冬日，他们停在了一座叫作承天寺的寺庙前稍作休息。

寺庙的住持听说门口站了一群元军，于是叫来一个小和尚去探探情况，这个小和尚在面临这些元军的时候内心恐惧万分，直到一个将领将他喊去，并安慰他，小和尚才知道这个将领以前竟与寺庙内的师傅是旧相识。

那位将领来到承天寺内，对着首座作礼说道："我以前就是在这寺庙前卜卦的算命人，还曾在这边住过一段时间。"

既是熟人，住持也就放下了戒心，还命人为这些元军官兵煮了一锅热粥暖暖身子。

而这件事也透露出了一点，这个元军将领当年就是以"算命先生"的职业为掩护，游走江南多年，将江南事态尽报元廷的。

十一月二十四日，伯颜从参政阿剌罕那里得来消息，元军的右路军已经到达独松关。

统一的前夜： 忽必烈吸纳江南

一个月前，阿剌罕和奥鲁赤率领的右路军从建康出发，一路势如破竹，攻占溧阳、建平、四安、长兴等地，击破路上阻挠的宋军。

南宋的君主与权臣们在临安城夜不能寐，尽管危险还没真正来临，但一路传来的败绩也意味着他们守在都城的日子已经进入倒计时。

独松关位于余杭西北方向，是临安经广德通建康的咽喉要地，一直都是江东与浙西争战的地点。

在右路军一路所向披靡地来到独松关后，宋守军纷纷阵亡，守将张濡自知命不能保，于是弃关而逃。

阿剌罕又率军来到上柏镇，张濡带领宋军卷土重来，却在最后顽抗中丧失两千精锐，副将马翼也被元军俘走。

阿剌罕在攻陷上柏之后，不再前进，而是等待与伯颜的会合。同时，他也没有懈怠，又派招讨使徐王荣等人率军去清平溧阳还未归附的那些乡寨。

宋淮东转运使赵淮在溧阳与徐王荣等人所率的军队展开激战，不幸溃败。

南宋在失去独松关和平江之后，张世杰等人也返回临安待命，文天祥建议整合南宋余下军力与元军再做最后的殊死一搏，而陈宜中则还想着与元廷议和，迟迟不敢与元军交战。

与一身正气的文天祥背道而驰的留梦炎却在临安最危急的关头连夜逃跑，也因此背负了转折历史的千古罪名。

宋朝使臣柳岳曾与伯颜在无锡会面，他痛哭流涕地拿着宋朝国书对伯颜说道："宋朝皇太后已经上了年纪，而皇帝也尚年幼，度宗刚去世没多久，自古以来都有规矩不攻打国丧期间的国家，若你们肯就此收兵，我们宋廷一定每年都向元廷进贡，两国交好。"

伯颜则冷冷地回道："当年我们大汗想要与你们议和，你们拘留我们的使者十六年，之前又杀害廉奉使，这到底是谁的错？若真的想我们退兵，你们不如学学吴越钱王让出土地，或者学学南唐李主出城投降，你们宋朝先前就是从小孩子手上夺得的政权，现在也是从小孩子的手里失去，天意如此。"

虽说拒绝了柳岳，但伯颜依然把柳岳带来的国书送到忽必烈的手里。

同时，左路军也传来捷报，江阴的签判李世修和许浦的都统祁安与元军约降，在董示选等招讨使的劝说下，崇明岛的海盗朱清与张瑄等人也归降了元廷。

一路上几乎没有太多阻碍，直到董文炳等人占领海盐与澉浦，才停止前进。

就在向临安进军的前一天，伯颜叫来谋士孟祺，孟祺建议道："若强迫攻打宋人，他们一定会想着赶快逃走，一旦临安盗贼四起，那么三百年的积蓄也会被烧杀掠夺得荡然无存。不如多安抚一下，让他们暂时安心。"

于是伯颜采用了孟祺的建议，派人传信去临安，安抚住临安的南宋朝廷。

恰是这一招，让宋室君臣放下了悬着的心。老太后谢氏年事已高，太后全氏是个胆小的女人，君王赵㬎又年幼无知，整个宋室没有一个强大的后盾，所有人每天都过着被绑在火上烤的煎熬日子。

可伯颜心里清楚，他就是要一举拿下南宋，否则也不会拒绝柳岳、陆秀夫等人的求和，他要替忽必烈将南宋的这场仗打得漂亮又干脆，杜绝任何祸患。

而时至今日，元军的势力也正式蔓延向南宋的都城——临安。

至元十三年（1276）的正月中旬，伯颜、阿剌罕、董文炳所率领的三路大军来到了临安城下。

元军在周边布下了密集的阵线，伴随着隆隆的战鼓，临安城被围得水

统一的前夜： 忽必烈吸纳江南

泄不通。城内，百姓恐慌不安，街道上充斥着逃难的人群和哭声。

钱塘江畔的雨刚停歇，风从端门呼啸而入，带着一种酸涩的味道。元军在城外燃起了烽火，数以万计的士兵在篝火旁围坐，形成了鲜明的对比。临安城的宫娥和太监们纷纷垂泪，铃鸾之声在风中凄凉地回荡。

面对元军的兵临城下的严峻形势，宋廷再也无法装聋作哑。

"太后，我等南迁吧！"

丞相陈宜中主张迁驾南逃，留得青山在，不怕没柴烧。可是，太皇太后谢氏提出了反对意见。

"丞相，哀家明白你的担忧。然而，出海口已经被元军封锁，再逃，又能去哪里呢？"

陈宜中也无可奈何，不能南逃，他们臣子的身家性命又如何保证？大宋王朝，就这样引颈受戮、坐以待毙吗？

好在，太皇太后谢氏还是拿出了一个方案。

"丞相，既然元朝不允求和，大规模的南逃又无路可走，一旦组织城内军民奋力抵抗，只会招致屠城毁灭。"

"那么，不如投降吧。"

是的，这就是谢太后和主和派官僚们拿出的最后方案。

这话从一国太后嘴里说出来，真是天大的讽刺。

陈宜中也终于动摇了。

时来天地皆同力，运去英雄不自由。

这句诗忽地出现在他的脑海里。

大宋早就失去了北进中原的机会，甚至早已一蹶不振、节节败退。

他倒是不甘心，但是他能拿什么来抵抗？

钱、粮、人，早就由于这样那样的原因，流失到了元朝，流进了官僚的家院。

投降，竟然成了最好的出路。

陈宜中居然说服了自己。

大宋又不是没有向元朝低头过。再弯一下腰，又能怎样呢？

而且，弯腰的也是他们，也只是他们而已啊！

陈宜中默然片刻，最终叹了口气："太皇太后，臣明白了。臣愿意放弃个人的意气之争，只希望我大宋能够在投降前，尽量争取更好的条件。"

太皇太后谢氏点了点头："丞相放心，我们会派出使者与元军和谈，尽量争取大宋的利益。"

"纵然我赵宋国祚当断，我赵宋的后人也要保住。"

有了太皇太后的口风，陈宜中也算是有了底气。

在正式投降的前一天，陈宜中悄悄地找到了杨太妃，他神色凝重，脸上透露着忧虑。他们特意进了密室，确保周围没有其他人。

陈宜中沉声道："太妃，事态已经变得非常严重。元军重重包围了临安城，我们的出路几乎都被封锁了。"

杨太妃脸色苍白，握紧了手中的绢帕："那我们应该怎么办？难道只能坐以待毙吗？"

陈宜中摇摇头："不能放弃，还有一条出路。太皇太后已经决定投降，但这并不意味着我们赵宋王朝就此完结。我们需要保存血脉，为将来的复兴留下希望。"

杨太妃眼中闪过一丝坚定："你说下去，我应该怎么做？"

陈宜中轻声道："太妃，你是唯一能够秘密带走益王和广王的人。我请求你，趁着夜色，带着他们逃离临安城，前往温州。在那里，他们会得到保护，赵宋王朝的血脉得以延续。"

杨太妃瞪大了眼睛："这太危险了！我身为女子，如何能够独自带两个王子逃离？"

统一的前夜： 忽必烈吸纳江南

陈宜中一狠，说出最扎心的话。

"太妃，投降之后，百姓依然是百姓，可宗室的孩子……"

"你别说了，我明白。"

杨太妃闭上了眼睛，深吸一口气，眼神中透露出坚毅和决心。

杨太妃虽然带着生养的两个王爷逃逸，但这也是宋室的共识。

此前宋帝赵㬎把庶兄赵昰封为益王，判福州，担任福建安抚大使。又把庶弟赵昺封为广王，判泉州，兼判南外宗正事。

除此之外，宋帝还派杨镇、陆秀夫等人连夜护送二王，从陆路逃至温州。

总之，宋廷尽了一切努力，让他们的出逃变成了合理正当的公干，以期保全赵宋最后的根苗。

正月十七日，伯颜派忒木台、忙古歹等八名将领率领三百名全副武装的士兵，想要进入宋朝皇宫搜寻传国玉玺。谢太后见大势已去，只好请求这些甲士解下兵器，在内殿接见了他们，约定次日奉上传国玉玺乞降。

十八日，宋帝赵㬎与太皇太后谢氏在宫廷中做出了一个重大的决定：他们决定派遣临安知府贾余庆、保康军承宣使赵尹甫以及和州防御使赵吉甫这三位重臣携带传国玉玺及降表，前往皋亭山军前，向伯颜献上这份象征投降的文书，一份象征着一个朝代结束的文书。

在军营的中军帐内，伯颜高坐主位，神态倨傲，目光如刀，接受了这份降表。

这一天，皋亭山的天空格外阴沉，仿佛在为这个朝代的落幕而哭泣。

这份降表言辞极尽卑微，除了常见的谦辞敬语外，宋帝极力陈说自己少不更事，国家奸臣当道，以至于让元朝"兴师问罪"。

宋帝还列数自己没有南迁逃跑的原因，是顾及治下百姓。

如今天命在元，宋室自当奉上土地和百姓给圣朝大元，只求大元皇帝能"高抬贵手",留存赵氏。

据说,那天呈上的降表中,宋主依旧自称为侄与帝号,拒绝称臣。对于这一举动,伯颜自然心生不满。他眼中的宋主,应当明智地承认元朝的统治,自称为臣,乃至为奴为婢。而这一称谓的争议,无疑是挑衅。

四天后,伯颜决定采取行动。他特派程鹏飞、洪君祥及行省郎中孟祺与贾余庆一同返回临安,他们的任务便是催促宋宰相修改那备受争议的称谓。

夜幕降临,临安城中的灯火逐渐暗淡。然而,在宋朝的皇宫内,依旧灯火如昼。直至半夜三更,那些参与讨论的宋朝重臣们依旧围绕在宰相身边,激烈地辩论着。他们脸上的表情凝重,谁都不想做那个背锅的人。

孟祺,那位来自元朝的使者,站在一旁,他的脸色同样严肃。他目光坚定地看着宋宰相,语气坚决地说:"国势至此,夫复何待?"这简短的话语中充满了威严和期待,是在告诉宋朝的宰相,现在的形势已经非常明朗,再继续争执下去又有何意义?

在孟祺的催促下,宋宰相终于做出了决定。他深深地叹了口气,然后依照伯颜的意思对降表进行了修改。那一刻,他竟然同时有了两种感觉:他既感觉自己仿佛背负了一座大山,又仿佛一身轻松,方才的压力只是幻觉一般。

最后,这份经过修改的降表被送到了太皇太后谢氏的手中。她沉默片刻,然后批准了这一决定。这意味着,宋朝正式向元朝投降,一个王朝就此灭亡。

汪元量后来在他的诗《醉歌》中描述了这一场景:

　　乱点连声杀六更,荧荧庭燎待天明。侍臣已写归降表,臣妾签名谢道清。

统一的前夜: 忽必烈吸纳江南

这首诗生动地描绘了那一夜的混乱与等待,同时也表达了人们对新时代的期待和不安。在那个历史的转折点,一个旧的时代结束,一个新的时代即将开始。

谢道清,这便是太皇太后谢氏的名讳。此时的南宋,由这位谢太后临朝称制,因此降表的修改也必须得到她的首肯,亲自签名。在那份修改后的降表中,宋帝已经俯首称臣,这也意味着,谢太后的签名,只能是"臣妾谢道清"了。

这微妙的改变,正是南宋王朝在历史大潮中,由独立王国逐渐变为元朝藩属的象征。

传国玉玺十二枚,这些是宋朝的国器,在这次投降中也被献了出来。

按照孟祺的建议,这些玉玺未让任何人经手拆封,直接由千户囊家带与行省掾王祐送往元廷。这一举动,无疑进一步加速了南宋的灭亡,也彰显了元朝对南宋的彻底征服。

然后,在二月五日的那一天,宋主赵㬎亲自率领文武百僚,来到了祥曦殿。他们面向北方,望着那遥远的元廷。赵㬎上表拜伏,乞求为元朝的藩属。这一刻的他,已经不再是那个独立王国的君主,而是元朝的藩王。

"计穷但觉归降易,事定方知进退难。"这句话恰好反映了赵㬎此时的心境。投降的决定虽然艰难,但比起国家的灭亡,似乎又变得容易接受。然而,真正的挑战在于如何在新朝中找到自己的位置,如何保持自己的尊严。

"献宅乞为祈请使,酾歌食肉愧田单。"

谢太后在经过深思熟虑后,最终决定派遣大臣吴坚、贾余庆、谢堂、家铉翁等人作为祈请使,前往元朝京师。他们此行的目的,是向忽必烈皇帝请求,希望在投降后能够保留宋朝的国号和宗社。

这一举动，是宋朝在自身难以维持统治的情况下，能做出的唯一选择。

三月，囊加歹南返，带来了忽必烈的密旨。依照旨意，宋主赵㬎和皇太后全氏及其他宫人，被押送北上，赴上都朝觐。而身患重病的太皇太后谢氏，也在五月初被强命赴大都。

与此同时，元朝开始全面接管南宋的财富和文化遗产。

乐器、祀具、藏书、衮衣、冠冕、玉器、车辆、侍卫、皇室谱牒等大量宝物，都被伯颜一一登记在册，并集中收缴运往大都。毕竟元朝伐宋，是因宋朝腐败，这一系列行动，有理有据，这只是接管了一个已经无法自救的国家。

降表的奉上，玉玺的交出，宋主的北觐，这一切意味着享国三百多年的宋王朝至此被忽必烈所灭。从五代十国时期开始，分裂了数百年，中华汉人"南北共为一家"的梦想，终于成为现实。

只不过，完成这个梦想的，是元世祖忽必烈。

这一切都在显示着元朝对南宋的全面统治，而南宋仅存的反抗力量也在一点点被削弱。

伯颜率元军进入临安城内，旌旗招展地巡行临安城。这是元朝对南宋的胜利的示威，也是对临安城的占领的象征。

同时，阿剌罕、彻里帖木儿等将士被安排到临安城附近的城池镇守，以防南宋势力再次平地反抗。

至元十五年（1278），临安府正式被命名为杭州路，成为元朝的路府之一。

这一刻，标志着元朝对南宋的全面胜利，也意味着一个新的时代的开始。

至元十三年（1276）二月十二日，忽必烈向天下公开诏谕：

统一的前夜： 忽必烈吸纳江南

> 尔等各守职业，其勿妄生疑畏。凡归附前犯罪，悉从原免；公私逋欠，不得征理。应抗拒王师及逃亡啸聚者，并赦其罪。百官有司，诸王邸第，三学、寺、监、秘省、史馆及禁卫诸司，各宜安居。

这意味着南宋遗民可以继续他们的生活和工作，哪怕遁入山林的匪盗，也得到了朝廷的赦免。这样的政策，不仅稳定了南宋降附人员的情绪，也为元朝的统治打下了坚实的基础。

整个临安城，开始逐渐适应新的统治。虽然曾经的繁华不再，但在这新的秩序下，临安城也开始焕发出一种别样的生机。

元军统帅伯颜，深得忽必烈信任，坚定执行"奉扬宽大，抚戢吏民"的政策。他丝毫不敢懈怠，全力以赴地维护着这一政策的实施。在南宋决定投降之后，伯颜更是立即采取行动，以防止诸将因贪婪而滥杀无辜，争夺战利品。

为了确保投降后的秩序和安定，伯颜严令禁止军士进行任何形式的暴力掳掠，并严禁他们进入临安城中。他明确规定，任何违反军令的行为，都将受到军法的严厉制裁。这一举措立即产生了显著的效果，使得原本混乱的临安城逐渐恢复了平静。

同时，伯颜还派遣吕文焕持黄榜前往临安城内外，向军民宣谕元军的宽大政策，保证他们如同昔日一样安定无事。

然而，在这个过程中，也难免出现了一些小的波折。一度发生的宋三衙卫士白昼杀人、张世杰部曲横行闾里以及小民乘乱抢掠等事件，都在伯颜的严厉打击下迅速平息。他坚决维护了元军的纪律和形象，让人们看到了元军的威严。与此形成鲜明对比的是，昔日宋廷的腐败无能、滋扰百姓。

南宋遗民心中的天平，不自觉地开始偏向元廷。

当谁的百姓不是百姓呢？

此外，伯颜还特别关注宋氏山陵墓地的保护。他严令禁止任何军队和个人侵扰损坏宋氏山陵墓地，以此来表达对故去敌人的尊重，也彰显了他的宽大胸怀和高尚品质。这一举动赢得了广大人民的尊敬和好感，为元军在临安城的统治奠定了坚实的基础。

宋人汪元量描述临安末日的画面，赋诗曰：

伯颜丞相吕将军，收了江南不杀人。

昨日太皇请茶饭，满朝朱紫尽降臣。

伯颜在向忽必烈呈递的贺表中描述，九衢之市繁华依旧，一代之盛景恍若往昔。这番话语所描绘的，正是临安城当时的景象。大街小巷宁静如常，商贩市民安然度日。寥寥数语，犹如一幅生动的画卷，将临安的宁静与繁荣呈现得淋漓尽致。

忽必烈对于使用南宋降附的官僚来管理江南农耕区域，持有极其积极的态度。至元十二年（1275）五月，他曾对刚刚归降的原南宋湖北制置副使高达表达过这样的观点：

"昔日我们国家出征，所得到的城邑并没有好好治理，都被我们丢弃了。也不曾安排军士驻守，因此连年征战，没有休止。

"可是国家之间征战，为的就是夺取敌方的土地和人民。得地无民，那些土地让谁来居住呢？我如今要保护新归附的城池，让百姓能安心务农，这种事蒙古人过去没做过，更不知道该怎么做。你们既然知道，要好生勤勉。

统一的前夜： 忽必烈吸纳江南

"湖南州郡都是你的旧部,没有归附的人如何招降、生民如何安居乐业,都听你安排。"

从忽必烈的角度来看,他对蒙古政权自征服以来在农耕地区的治理经验进行了深入总结。他特别关注江南地区的百姓如何安居乐业、努力耕作,以及新征服州郡的巩固与保护。他强调,对于那些尚未归附的地区和人民,应进一步采取招降怀柔的政策,而且,这些任务主要应交由南人官僚来负责和管理。

忽必烈的这种政策取向,实际上是对他在征服过程中的一种策略反思和提炼。他的不嗜杀人和尽力谕降安抚的政策,在灭亡南宋的过程中,显然起到了减少进军阻力和战争破坏的积极作用。这不仅减少了蒙古军队在征服过程中的阻力,也为他在江南地区的长期治理奠定了基础。

而他现在提出的委付南人官僚就便管理的政策,则是对不嗜杀人和尽力谕降安抚政策的进一步发展和深化。这种发展是建立在他对江南地区深入了解和认识的基础之上的,他认识到,只有让南人官僚自主地管理他们的家园,才能真正实现"安业力农"的目标。这种政策不仅有利于江南地区的社会稳定和经济发展,也有利于蒙古在江南地区的长治久安。

从这个意义上看,忽必烈的这种政策调整,实际上是在更高的层次上对治理政策的一种新发展。他不仅关注军事征服,更关注如何有效地管理和稳固新征服的地区,这是一种深远的战略眼光。这种新的发展,也体现出忽必烈作为一位杰出统治者的智慧和胸怀。

第五章

两国之间的平行线

统一的前夜： 忽必烈吸纳江南

一、秩序重建

从忽必烈成为蒙古大汗开始，政治内部也迎来了许多整顿，例如曾经发起叛乱的李璮的岳父——王文统，曾经专权管理蒙古政权的财政。

王文统，字以道，出生于金朝的大定府，他才思敏捷，智慧过人，是金朝的经义进士。他善于筹谋，无论在管理还是理财方面，都独树一帜，尽显卓越之才。

金末及蒙古政权时期，王文统与李璮的缘分开始。他最初作为李璮的幕僚，为其出谋划策，深得李璮的信任。而后，他将爱女许配给李璮，从幕僚变为岳丈，但他们的关系并未因此改变，依旧亲密无间，犹如挚友。

刘秉忠等人深知王文统才华出众，于是向忽必烈举荐他。他们称赞王文统为宰相之才，有他在侧，国家必定昌盛。忽必烈听后心生敬意，决定重用王文统。

于是，王文统被提拔为中书省平章政事，肩负起朝廷政务与财政的重任。他坐在中书省的大堂之上，犹如巨轮之舵手，掌控着国家的方向。

王文统理财之道颇为独特，他的第一项举措便是整顿户籍与差发。差发，即百姓所承担的赋税与徭役，是蒙古政权的重要财政来源。然而当时的户籍混乱，差发不均。王文统决心改革此弊，他深入民间，了解实情，细心梳理户籍，确保赋税与徭役的公平与合理。

赋税与徭役如同两股纠结的麻线，始终难以清晰分开。其实这种情况一直延续到明初仍旧没有得到有效解决。

他为了整顿这一乱象，决定对中原的户籍进行一次全面梳理和分析。

经过深入调查，户籍被分为几个主要类别。其中，元管户指的是那些已经正式登记在册，且长时间没有变动的户籍。这些人家在中原扎根深厚，代代相传，构成了社会的基础。

而交参户，则是那些曾经迁入他乡并重新注册户籍的人。他们由于种种原因背井离乡，但在新的地方重新扎根，开枝散叶。他们代表着社会的流动性和活力。

协济户则是另一特殊群体。他们家中没有成年的男子，或者家中有老弱病残无法承担全部赋税。对于这些家庭，朝廷只征收部分税款，以体现朝廷的仁爱和关怀。

此外，还有漏籍户。这些人由于种种原因，在户籍登记时被遗漏，或者由于战乱等原因逃离家园，后来被朝廷重新收纳。他们的生活充满曲折和变迁，是社会的另一面镜子。

除了上述分类，户籍还根据丁粮、丝料、五户丝等因素，细分为各种户色和等第。不同的户籍类别，意味着不同的赋税征收标准和徭役程度。

在这一系列改革中，一些旧制度也得到了调整。比如五户丝制度，过去是由路府州县征收后直接交给封君，而现在这一制度逐渐体现出中央集权的特点。这种转变不仅加强了朝廷对地方的控制，也是对唐朝时期的制度的借鉴。

改革前，路府州县所征收的赋税，都是直接交给投下封君。然而，王文统看出了其中的弊端。那就是：如果税赋都交给封君，那么给他们多了少了都是口舌。

他决心改变这一现状。

于是，他想出了一个巧妙的办法：将赋税以路为单位，统一交到中书

统一的前夜： 忽必烈吸纳江南

省。然后由中书省按照各投下封君的官职与数目进行分配。这样一来，投下封君与路府州县原先那种直接的食邑关系就被巧妙地割裂开了。

此外，王文统还注意到了户籍的问题。特别是那些投下私属人口，这些人实际上是半奴隶身份，他们与投下封君贵族有着复杂的关系。王文统决定要整顿这部分人口。

为了解决这个问题，王文统开始仔细地甄别这些半奴隶。他的原则就是按亲疏远近区分，就近不就远。

比如，这些半奴隶和封君住在一起，那么你还是归投下封君管理；但如果你和封君的关系已经比较松散，那就不必再去迁就远处的封君了。你就算到有司去，也就是让路府州县去管理这些半奴隶。

通过这一系列的办法，王文统成功地清理并甄别了投下私属和半奴隶奴仆人口。这一举措不仅使得有司的编户齐民得以增加，还扩大了征税的对象范围。

至此，我们看到了王文统的智慧与决断。他通过改革，巧妙地改变了赋税的分配方式，又通过整顿户籍，明晰了人口管理权责。这一切，都展现出他作为一个改革家的魄力与胆识，也为后世留下了一个值得深思的故事。

这第二项措施，便是实行食盐榷卖。自古以来，食盐就是我们生活中不可或缺的调味品。食盐榷卖，在汉地早已有之，其历史可追溯至汉代桑弘羊时期。那时，汉武帝为了应对国家财政困难，便开始了食盐榷卖。之后，唐朝前期并不需要榷卖，但到了中唐安史之乱后，国家财政陷入困境，便重新开始搞榷卖。

而宋朝，由于军费开支、养官开支巨大，国家贫弱，榷卖也一直未中断。到了忽必烈夺得天下，建立元政权后，王文统再次提出食盐榷卖。

中统二年（1261），官方颁布诏谕"申严私盐"禁令，严禁民间贩卖食用私盐，所有私盐必须交由官府晒制和贩卖，否则将治罪。为了提高官盐的销量，官府又提高了榷卖食盐的价格，同时降低了每引的价格，从白银十两降为七两。这样的价格调整，实际上是为了便于官府向盐商批发和推销盐引。价格降低了，虽然单利变薄，但销量增加，总体上仍然有利于官府增收。

然而，这个榷盐制度，从唐朝开始多数情况下是与盐商勾结起来。盐商作为批发商，官府负责生产和批发，零售则归盐商负责。盐商扮演着中介的角色，与官府共同分红。然而，这个制度下，最终吃亏的仍是百姓。因为搞榷盐后，食盐价格上涨，百姓不得不花费更多的钱财购买食盐。而且，食盐摄入过多也不利于健康，但淡食同样对身体有伤害。因此，官府正是利用这种人们日常生活的必需品，来抬高价格，增加财税收入。

在河北，沧清深之地的榷盐管理得到了空前的加强。此处正是我们现今所说的河间一带，为了整治盐务，朝廷特地设立了宣抚司来统筹管理。而在河东，池盐之地的地位同样举足轻重，运城之中条山下的池盐产地，是中国最大的池盐生产地，其历史可追溯到唐宋时期，至元朝仍然保持着其重要地位。除了海盐，这池盐便是食盐榷卖的重要制造基地。

不仅仅是池盐，山东的盐运也是元朝财政的一大支柱。这山东盐运实际上就是海盐，岁办额的提高至二千五百锭，这一数字的增加意味着更多的财富流入国库，国库因此变得更加充裕。这榷盐、榷食盐为忽必烈皇帝增添了丰厚可观的财富来源。不管是国库还是皇帝的私库，都变得更加殷实。

而在财政改革中，推行中统钞则是另一重要举措。纸钞的出现背后，实际上蕴含了中国传统王朝从唐朝到宋朝以来铜荒问题的历史渊源。在那个时代，白银尚未成为主货币，铜钱是人们交易的主要媒介。但从汉武帝时期的五铢钱开始，铜钱铸造就变成了一个不惜工本的货币政策。铸造一

统一的前夜：忽必烈吸纳江南

文钱的造价实际上远超过其面值，加之长时间的铸造消耗了大量的铜材，从汉武帝到宋朝，历经一千二三百年，中国的铜资源日益枯竭，铜荒问题越发严重。

在这种背景下，纸币开始进入人们的视野。宋代时，交子、会子等纸币开始出现，这也是为了解决铜荒问题。同时，铁钱也在宋代出现过，但终究无法替代铜钱的主导地位。进入蒙古统治时期，他们继承了宋、金的制度。忽必烈治漠南、邢州、京兆时，都有他印发纸币的举措。各个地区为了应对铜荒问题，都开始自行印发纸币以供流通。

在中统元年（1260），王文统掌财政大权后，决定统一全国货币，发行了中统钞。这种钞票在全国范围内流通，面值有拾文、伍拾文、壹百文、伍百文、壹贯、贰贯等十种。为了方便官府收税，也接受了以中统钞作为支付方式。在忽必烈统治初期，中统钞的发行制度还是相对合理的。

这个制度的核心是银本位制，也就是以朝廷储藏的白银为钞本。朝廷储存多少白银，就发行相应数量的纸钞。我们现在的黄金本位制和它就有很大的相似之处。发行纸币的主体是各国银行和世界银行，它们都是以自身的黄金储备为本位来发行纸钞。如果发行数量过多，就会导致通货膨胀，货币贬值。因此，在王文统管理财政时，这个制度执行得比较严格，一直保持着钞一贯等于白银一两的比价。

然而，随着元朝财政开支的逐渐增加，特别是战争如平定南宋、漠北与藩王的争斗、海外征伐，加上赏赐、修建喇嘛寺院等开销越来越大，朝廷开始多印纸钞以满足需求。到了忽必烈后期，中统钞与白银的兑换率已经翻了一倍，变成一两白银换二两中统钞。尽管如此，在王文统管理财政时，百姓仍然可以自由兑换白银。他们只需拿着钞票到官府，按照规定的比例兑换白银，甚至可以兑换破损的钞票。当然，兑换时需要支付一些工本费，但费用是固定的，官府不允许多收。

王文统，这位历史人物，以其对钞法的深思熟虑和精准掌控，彰显了出众的才干和眼光。他特别关注钞法的流通情况，唯恐出现壅滞的现象，这显示出他对于国家经济的深度忧虑和责任心。

在他担任平章期间，他与中书省的官员们，包括那些专门负责宝钞流通的提举司官员们，多次探讨和研究了中统宝钞的流通利弊。他对于经济有着独到的见解，他深知钞与白银之间的关系如同子母，相互依存，相互影响。

他制定的规则里，钞是子，白银是母，子母的关系必须要相权、要对应。这就意味着，当白银数量减少的时候，票子的印刷量也必须相应减少；白银数量增多时，票子的印刷量才可以适当增加。这种策略在前期得到了较好的执行，也取得了显著的效果。

然而，随着时间的推移，这种策略的执行逐渐变得困难起来。但这并不能否认中统钞印制发行的两大优点：一是保持了货币价值的平稳，没有出现大起大落的现象；二是方便了货币的流通，从而解决了铜荒的问题。这两个优点，无论对于国家的税收，还是对于百姓的贸易生活，都带来了不可估量的便利和好处。

忽必烈对王文统的理财能力赞誉有加。然而，这套理财策略却引来了以窦默为首的部分汉族文士的批评。窦默，原是忽必烈金莲川幕府的一位文臣，他直面指责王文统学术不正，警告他久居相位必会祸乱天下。但忽必烈并未理会这些批评，继续重用王文统。

窦默的指责，从深层次分析，可以看作汉族士大夫间持续了数百年的"义利之争"的延续。

这场"义利之争"，源头或许可以追溯到儒家经典《论语》。

子曰："君子喻于义，小人喻于利。"

然而，孔子却被同时代的人指责："四体不勤，五谷不分，孰为夫子？"

到了汉代，正如《盐铁论》所记载的那样，桑弘羊时代的儒士们为了"义、利"争执不休，也没有一个明确答案。这场争论延续了千年，直至王文统的时代。

王文统的结局确实是悲剧。由于他和李璮之间是岳丈和女婿的关系，在李璮发动叛乱时，他曾秘密写信给王文统，而王文统并未将此事报告给忽必烈。鉴于李璮叛乱给忽必烈和蒙古造成的重大损失，以及王文统的知情不报，忽必烈认定其犯了与李璮同谋的过错。在李璮之乱平定后，忽必烈以"同谋"罪下令处决王文统，并公告天下。

这份诏书清楚地展示了忽必烈如何重用王文统，以及王文统如何辜负国恩而受到极刑的真相。忽必烈的这一举动无疑显示了他的高明之处。他通过杀一儆百的方式，告诉天下他过去曾如何重用王文统，但王文统背叛了他，与李璮勾结发起叛乱。尽管他将王文统提拔为中书省平章，并赋予他巨大权力，但王文统仍然背叛了他。因此，对王文统的处决是合理的。

在汉族文士中，这一事件并没有引起太大反应。因为有一部分儒臣，如窦默等人，从一开始就批评王文统学术不正，预言他久居相位必会祸乱天下。既然王文统应了窦默的预言，那他们又有什么好反对的呢？

二、道教在元

元朝诗人张昱曾写过一首诗：

运际昌期不偶然，
外臣豪杰得神仙。
一言不杀感天听，

> 教主长春亿万年。
>
> ——《辇下曲一百二首，有序其六十五》

这首诗里提到的"神仙"暗示的就是道教，可见道教当时在元朝也算一股有势力的教派。

早在成吉思汗时期，北方的道教就已经超越了佛教与儒学在蒙古人心中的位置。

然而，北方最受推崇的主要道教全真道却在不断扩张势力后，有一些人逐渐歪曲佛教真理与儒学的地位，从而引起了朝廷的注意。

河南少林寺的长老福裕法师曾向蒙哥控诉全真道的罪行，说这些道士有恃无恐，仗着钱财与权势强占寺庙，还损坏佛像，碎毁石雕。

这件事后，蒙古政权开始不再信任道教，而是逐渐偏向维护佛教。

当然，起初在成吉思汗时期，最受重视的还是道教，他曾把丘处机称呼为"神仙"，对道教的院舍都给予免差赋税的待遇，对他本人更是恩宠有加，只要属于成吉思汗自己的地方，丘处机想住哪儿就住哪儿。

丘处机是王重阳最年轻的弟子，遇到成吉思汗，是全真道在蒙古（元朝）发展起来的开端。

在成吉思汗即位时期，丘处机对成吉思汗的征服大业也有所指点，他认为"山东""河北"两处是历代有国者重视的宝地，地好多产米蔬鱼盐，可供四方。

辅佐了成吉思汗两年后，丘处机又开始四处传教，来到燕京之后，留在了大天长观，这个道观现在也变成了全真道的祖庭之一。

丘处机的"愿其勿要滥杀无辜"的道理被蒙古（元朝）统治者采纳，故而赋予了他主管天下道教的特权。

他的大弟子尹志平在金庸的小说《射雕英雄传》《神雕侠侣》里虽然

统一的前夜：忽必烈吸纳江南

被描述得十分不堪，但现实中的尹志平在师父丘处机逝世后，继承了掌教的位置，一生淡泊名利，努力悟道，严于律己，为全真道做了很多贡献。

到了元代中后期，原龙虎山天师道、茅山上清派、阁皂山灵宝派合并为"正一道"，尊张道陵为正一教主，与全真道形成两大派别。

而前面讲到从蒙哥开始道教也遭到了一定的打击，佛教与道教之间的争执，蒙哥认为道教理屈，于是命全真道归还霸占的佛寺，这也是两教之间失衡的开始。

面对劝还的执行官那摩国师，全真道的张志敬起初还不愿退还，直到事情传到忽必烈的耳朵里，忽必烈命人将其殴打一顿，张志敬这才不情不愿地还了回去。

此前，为了不让这些宗教之间出现倾斜的斗争，忽必烈还让全真道的冯志亨将儒士的夫子庙以及学田全部归还儒士，禁止以后再次争夺。

正因为全真道的全盛发展容易形成对其他教派学派的压榨弊端，忽必烈与蒙哥都站出来限制了全真道不断蔓延的势力。

为此蒙哥还举办了佛教与道教之间的辩论，主持者正是忽必烈，地点就在忽必烈的藩府——开平。

两个教派一共到场十七人，佛教的出席代表有藏传佛教萨迦法王八思巴，以及蒙哥派去执行监督全真道归还佛寺的那摩国师，忽必烈藩府中的幕僚刘秉忠也在其中，道教代表则是不久前刚被教育一顿的全真教道士张志敬等人。

为协助忽必烈主持会议，姚枢、廉希宪、张文谦、窦默等儒士也参与了其中，此次辩论规模相对来说较大，总人数竟多达七百人。

这场辩论看似是为福裕法师向全真道讨个公道，实际上是围绕《老子化胡经》等史书展开道理上的辩论，僧人则认为这些是道士为排挤佛教而编造的伪经，虽然道士们努力抗辩，但仍不占理。

忽必烈质问道士："这些史书都是什么人写的？"

道士们则回答："这是汉地一千年以前就有的东西，里面采用了很多司马迁写的《史记》的内容。"

忽必烈又问："那除了汉地出皇帝，其他国家有皇帝吗？"

道士又说："他国也有。"

忽必烈借着话又问下去："他国的皇帝和汉地的皇帝，地位一样吗？"

道士说："一样。"

忽必烈有些恼怒，他认为这就是伪经的证据所在，于是他生气道："史书中都没有提到过老子化胡的事情，这分明就是伪造。"

虽说这场辩论十分激烈，两方针锋相对，唇枪舌剑，耐不住八思巴等人的强辩力争，况且这场辩论目的仍然是打压在成吉思汗时期被偏宠到失衡的全真道。

最后的结局也是道士们被迫剃发为僧，这些道经被逐一焚毁，藏传佛教被扶上了更优待一层的位置。

道教在这场辩论中失败也的确是因为伪造了史书，全真道也因此失去了最高话语权。

至元十七年（1280）二月，忽必烈下令再焚道藏伪书，这让全真道再一次受到了严重的打击。

至元十八年（1281），又一场道佛两辩在大度展开，而这一次，忽必烈用了巧妙的一招儿乖乖制服了道士们。

他说道士们自诩会法术，那亲身走进火里是否也不怕烧身？道士们眼见理亏，只好同意焚烧伪经，保全自己的性命。

几番争执之后，除留下老子的《道德经》两篇，其余道家经书连同刻版一并被烧毁。

这件事也充分体现了忽必烈对如何打击当时道教的手段琢磨得很透

统一的前夜：忽必烈吸纳江南

彻，道士们在忽必烈的试探下也不得不服。

道教文献遭到了毁灭性的破坏，但这并不代表道教被忽必烈排挤在外。

就算狠狠打击了全真道，但忽必烈对正一道等教派仍然留有余地，道教依然在元代北方活动。

首先，正一道人张留孙通过太子真金向忽必烈做出恳求，得以让"除《道德经》外，其余文字以及书全部焚毁"这一诏令没能完全实行，为道教保留了部分仪节，道家被紧扼的咽喉才得以喘息。其次，忽必烈在早些年也与正一道教有所往来。

在忽必烈攻破南宋之前，忽必烈曾造访三十五代天师张可大。"后二十年当混一天下"这句预言正是出自张可大之口。

而平复南宋之后，忽必烈也曾主动派使者诏张可大的儿子张宗演来到京师，慰问这位来自龙虎山的第三十六代天师。

忽必烈对张宗演回忆起与张可大之间的事情，感叹道："在朕初临鄂州时，你的父亲派人告诉朕，二十年后天下当会混一，这一句神仙预言，今日当真应验了。"

为了感谢张宗演，忽必烈大行赏赐，给他配银印，还将江南地区的道教主权交给了他。

在张宗演死后，他的儿子第三十七代天师张与棣则接替张宗演的位置，继续主领江南道教。

而其中与忽必烈走得最近的当数张宗演的门人张留孙。

据说，在一次忽必烈祭祀时，帐殿外忽然一阵狂风大作，扰得人心难安，张留孙祷告了一番，风雨骤然而止。

这似乎有着呼风唤雨的能力的张留孙让忽必烈不得不对他多了几分敬重。

除此之外，皇后察必也曾被张留孙指点过。

那天，察必与忽必烈从日月山回来，忽然病倒在榻上，于是忽必烈叫来张留孙为皇后祷告。

当时，睡梦中的察必梦见了一位身穿朱色长袍的白发老者，身边伴着披着铠甲的士兵，乘着辇座在草中慢行。

察必醒来后，张留孙为她解释了这个梦境，说道："那甲士乃是臣所设下的符箓中的将吏，那位身穿朱袍的白发老者，正是道祖张道陵天师。那草丛意味着春日，也就是说，皇后殿下的病，到了春天就会好了。"

为了验证真假，察必叫人去将张留孙供奉的道祖张道陵的画像拿来，一打开，果然是位身穿朱袍的鹤发老翁，竟与梦中梦到的一模一样！

忽必烈大悦，他立刻称张留孙为天师，张留孙摇头婉拒，认为自己还担不上这么高的称呼，于是忽必烈改赐他为上卿，还送了他一把刻有"大元赐张上卿"字样的宝剑。

为了让这个圣人辅佐自己，他命人在上都与大都建筑了道观，供张留孙居住。

直到忽必烈临终前，他仍不忘叮嘱儿子真金的妃子："张上卿是朕身边值得信任的大臣，将来他一定能好好辅佐皇孙铁穆耳！"

相传，后来的两个皇曾孙的名字起初也是由张留孙以汉语起的。

虽然前面元廷曾一度打压全真道，但对正一道忽必烈的确是破例赏识，甚至超越了佛教在忽必烈心中的位置。

忽必烈很信天命一说，这些带有玄学的东西反而深受他的喜爱。

除了当年张可大对他大一统的预言，正一道比起全真道，更多了一些崇神画箓的神秘感，这与蒙古人的信仰也有关系。忽必烈的父亲拖雷也是在替窝阔台饮下符水后死去的，但史料中并没有记载那杯水一定是被下了毒，黄金家族中也没有人追究过这个事情的细节，可见在蒙古人心中，他们对巫师与巫术没有任何猜忌心。

统一的前夜：忽必烈吸纳江南

恰好正一道也有几分萨满教的意思，在忽必烈看来，正一道反而更贴合他的信仰。

在忽必烈还只是个藩王的时候，太一道教也与他有过一段渊源。

幕僚刘秉忠精通儒释道，开平建城之后，他在南屏山这个地方开坛祭祀道教太一六丁之神，也就是太一道教。

当时的太一道教掌门萧公弼与忽必烈关系要好，他将自己的弟子李居寿引荐给了忽必烈。

在刘秉忠去世后，忽必烈命人在南屏山与大都的西山建造了太一宫，主管祠事的任务就交给了李居寿。

太一宫的全称是"太一广福万寿宫"，为了延承刘秉忠所学之术，第一代宗师则是刘秉忠，第二代宗师才是李居寿。

对李居寿这个人忽必烈也是十分器重，不但赐予他无数金银财宝，还给他参与朝廷会议的自由。

让太子真金也参与国政的这个策议就是李居寿提出的。

他借上天算出"皇太子春秋鼎盛，宜参预国政"，忽必烈对此也深信不疑，当即就采纳了。

此外，真大道教也被忽必烈格外照顾，先赐铜印，后来又加赐银印。

马可·波罗在书中也写到了道教相关的东西，他说这些道士修行艰苦，戒酒戒色，身上穿的道袍都是麻布做的。

而这里提到的道士则来自全真道。

可见在全真道在元朝时期被整治后，依然努力生存，而与正一道不同的是，全真道很注重个人修行与悟性，可能恰是因为少了一点儿正一道的活跃感，加上在成吉思汗时期太受宠，以至于后来势力扩大，元廷都感受到了威胁，才就此被打压了下去。

忽必烈的道教政策已如上述。这并不排除忽必烈对个别道士的青睐和眷顾。

元廷除了努力控制平衡几个教派，也对掌教（主管教授）进行了一定的控制，为此专门设置了国与道教之间的管理机构。

在中央阶层，道教隶属集贤院，在地方上则为每个教门设置了一位道官，道官主管道门事务，路设道录、道判；州设道正、道判；县设威仪；宫观设住持、提举、提点。

虽然这些道官都是道士自己担任，但选择谁来当道官的这个权力还掌控在元廷的手里。

忽必烈也会对几个道士进行特殊的关照，例如曾经侍奉过自己爹娘的玉华宫护持王道妇，他曾夸赞过几次。上都干旱时，御史中丞崔或将道士莫月鼎请来求雨，果真下起雨来，忽必烈也对莫月鼎优待有加。

从而也可以看出来，对于曾经帮助过自己，抑或帮过自己爹娘的道士，忽必烈一向格外眷顾。

而对于占卜与算天象，忽必烈更是沉迷其中，只要是擅长这些术法的道士，忽必烈都不会亏待他们。

让忽必烈一步一步走到沉迷境界的，也是因为他经历了很多灵验的预言，一旦经历得多了，人就会不知不觉地更加相信。

哪怕只是巧合，但在忽必烈的眼里，他也对此深信不疑。无论是打仗出兵还是选统帅，抑或纠结于到底该不该灭亡南宋，到最后实现自己的大一统，却恰是上天注定了忽必烈要经历这些事。

忽必烈也并非只信喜事不信坏事，反倒是对于那些卜算出来的忌事，忽必烈就显得更往心里去了。

中统四年（1263），蒙古将领别的因入朝觐见忽必烈，忽必烈见他身材高壮魁梧，于是让观相师摸了摸他的身子骨，别的因紧张得不敢擅自动弹，直到忽必烈夸赞他很高壮，他才松了口气。

统一的前夜: 忽必烈吸纳江南

然而后来观相师偷偷对忽必烈说道:"此人肋骨很大,不是什么富贵命啊!"

一句话改变了别的因的命运,忽必烈直接将他从副万户降为达鲁花赤,从此不再掌管兵权,而是管理农田。

也不知是观相师算准了,还是因为观相师多了一句嘴,总之别的因就是这样失去了富贵命。

在忽必烈决定再征日本的时候,术数师张康一句"举兵不利"使忽必烈不得不放弃征讨,因为他十分相信天命一说。

包括之前在刘秉忠推荐下被忽必烈器重的阴阳师田忠良,忽必烈几乎是有什么都会去问他,求他帮忙占卜一下,而巧的是,每次田忠良都能精准地算出忽必烈的心事。

例如襄樊久攻不下,忽必烈问田忠良什么时候才能拿下襄樊,田忠良说:"酉年。"

至元十年(1273),元军成功拿下襄樊,正是癸酉。

为了重用田忠良,忽必烈将他安排到司天台任官。

前面也提到过田忠良这个人,在元廷决定讨伐南宋的时候忽必烈就曾找过田忠良,问他这次征讨是否可以进行。

田忠良算出可以,忽必烈又问他,对于将领人选他心中已有定夺,问田忠良是谁,田忠良直接报出了伯颜的名字。

像当初忽必烈亲自征讨西北叛王乃颜的时候,就曾请来精通占星历天文的靳德进帮忙提供意见。到了晚年时期,忽必烈也依然关注天象,每当天上出现异象,他便赶紧找人来询问情况。

关于阴阳术,忽必烈虽然在各路设立了学府,但禁止术士们胡言乱语,蛊惑人心,相对来说制度还算严格。

忽必烈之所以格外重视这些天象与占卜,并且沉迷其中,也与游牧民族信奉原始巫术等活动有关，虽然忽必烈很相信这些似乎带有一些机缘巧合的东西，但他大部分都是采取了汉地的文化，蒙古传统的巫术反而并不多见。

说明忽必烈其实还是更向往中原的文化，他也信奉这些凝聚了古人智慧的东西，反倒认为萨满教等宗教还并没有真正可以让他信服。

三、赵昰登极

宋王朝享国三百多年，后来被元军占领了都城临安，最后统治者选择主动投降，虽然宋王朝被灭国的命运再难改变，但福建、两广以及川蜀、两淮之地，忽必烈与他的元军却还未攻克。

忽必烈占领临安后，益王赵昰、广王赵昺在福州之地建立了"行朝"，似乎想要顽强抵抗，以此守住宋王朝，留存实力重返临安再建辉煌，也正因如此，忽必烈未征服的几个地区的军事抵抗反而最为严重，许多宋王朝的士兵，本已经归顺城邑投降，却因此举而复叛，这让忽必烈统一全国的雄心壮举遭到打击。

忽必烈麾兵闽广虽是他心中最为迫切之事，却十分艰巨，益王赵昰、广王赵昺自嘉会门逃离已被元军攻陷的临安，行水路坐船离开前往钱塘江，抵达婺州（今浙江金华）之时，忽必烈任命大将伯颜为征宋总帅，伯颜派麾下范文虎领兵追击二王，二王遭到元兵追击不得不藏进穷乡僻壤之地，躲藏了整整七日，才敢最终逃亡温州，与宋大臣陆秀夫、陈宜中、张世杰等人会合，这些人奉益王赵昰为天下兵马都元帅，奉赵昺为副元帅，正式举兵反抗忽必烈与其元军。

二王抗元之际，谢太后派遣了两位宦官前来招降，二王果断拒绝，辗转中进入福建。

统一的前夜： 忽必烈吸纳江南

至元十三年（1276）五月一日，跟随在二王身边的宋大臣们起了拥立新帝之心，陈宜中、陆秀夫等人身在福州想要拥立赵昰为宋王朝的新皇帝，改年号为"景炎"，庙号为"端宗"，端宗皇帝赵昰又封自己的生母杨淑妃为太后，与其一同听政。

同年十一月，忽必烈的元军大队攻入福建，端宗皇帝赵昰以及他的几位大臣陈宜中、陆秀夫、张世杰等人只得一同逃亡海上，想要乘船前往泉州，却被闽广招抚使、阿拉伯商人蒲寿庚所阻止，没有成功。

不久之后，蒲寿庚怒杀泉州城内数万的南宋外宗氏族，以此举降元，但也正因如此，端宗皇帝赵昰在福建的行朝计划再一次中止，不得不退出福建，逃往广东。

至元十五年（1278）四月，端宗皇帝赵昰重病而亡死于碙洲（今广东江门新会），广王赵昺继位成为宋朝新主，赵昰与赵昺努力复辟的行朝在两广让很多原本对于宋王朝已经丧失信心的江南民众重燃希望，民众更期望宋王朝能够通过赵昺而成功复辟。忽必烈的元兵所到之处，原本是一片大好的前景，近乎全部降元，但也正因行朝带给民众的信心，归降的势头大大降低，部分州郡更是死守城门，甚至以身殉宋之人更比比皆是。

自宋主赵㬎主动降元后，汀州、建宁府守官原打算随江西制置使黄万石一同归顺忽必烈，听闻赵昰与赵昺在两广建立了行朝，有望复辟宋朝，至此再也不与黄万石来往，甚至闭门谢客委婉地拒绝了黄万石，并归属于赵昺所建的行朝政权。

忽必烈也曾派使者前往扬州劝降，而当时正在坚守扬州的李庭芝，非但没有降元，还把派来的使者杀死，原本以为李庭芝此举只是不相信宋主赵㬎在临安已经投降，就再一次派使者将南宋投降的诏书一并送来给李庭芝，但李庭芝不仅不投降，还派姜才领兵半途截断忽必烈元军北上的队伍，但元军大队临时转换路线，致使此次行动失败。

忽必烈希望李庭芝能够主动投降，亲自给他书信一封，希望他能够受降，三名使者来到扬州，城门打开的那一刻里面的人原本以为李庭芝终于想通要主动投降，但谁知，使者刚进城内便被李庭芝押解上了城头，并在城内当着城外元兵的面，一刀砍掉使者的头颅，并焚烧了忽必烈的诏书。

元兵亲眼见证了整件事情，明白李庭芝拒降的决心，于是决定强攻进扬州。

随着周边城市的接连归降，扬州显得越发孤立。

李庭芝与姜才死守扬州，得知二王在福州建立了行朝政权，更是给了李庭芝极大的鼓舞。而李庭芝对宋王朝的忠贞，也被赵昰所知，感念他此举亲自委任李庭芝为左丞相与保康军承宣使双职。于是李庭芝、姜才二人亲自率领近七千军队坚持抗战，准备效力行朝政权。

同年七月，李庭芝的军队拼尽全力杀进泰州，但身后的扬州已降，忽必烈的元军举兵主动围攻泰州，而此时姜才已身染重病，只剩下李庭芝一人死守此城，最终还是被生擒，直到被处死之际，李庭芝都未投降元军。

同年十一月，忽必烈麾下阿里海牙率领近三万大军直逼广西要塞内的静江城，手握忽必烈的招降文书，派使者将其送进城内，宋广右经略使马塈效仿李庭芝焚诏斩使，马塈死守静江城三个月之久，阿里海牙最终硬攻破城，将其杀死，静江城内也因为马塈此举而惨遭屠城，生灵涂炭。

元初政治家、理学家姚枢曾说过这样的话："伯颜渡江之后，拿下了无数城池……然而，没有一座城池愿意主动投降。"对于江南一城不降这个结果，姚枢有着自己的看法，他认为如果元军当时不是那么急于求成，也别把钱财看得太重，就不会导致这个结果。

反观也正是因为益王赵昰在五月一日被奉为新帝后，才出现了江南一城不降之壮举，实际上这背后也正是因为益王赵昰在行朝政权之下，让军民旧臣有了复辟之决心。

统一的前夜： 忽必烈吸纳江南

至元十五年（1278）六月，江东宣慰使张弘范在面见忽必烈时进奏："虽然宋室已经投降，但旧臣张世杰等人与其庶兄弟带着赵昺已经逃往南方，先在福建立了赵昰为新帝，但在赵昰身亡后，众人又逃到广东再次立赵昺为帝，我们应该前去征讨！"

而忽必烈已然知道，现如今自己已经遏止住了关于北边叛王的侵扰，如今若是再剿灭广东益王、广王二人的行朝政权，便可以将难以攻破江南众城的问题彻底解决。而江南等地的问题已迫在眉睫，不能再拖延下去，于是忽必烈任命张弘范为汉军都元帅，让其出兵剿灭广东赵昺。

此时的张弘范战功赫赫，曾参与襄阳、丁家洲、焦山等战役，而他十分擅长水陆作战，更因此立下种种军功，甚至特许他可以重新统领自己父亲当年的旧军，率领亳州万户。而忽必烈更是独具慧眼，选择张弘范作为主将。

忽必烈在作出以上这些决定之后，也断然拒绝了赵昺及张世杰参加蒙古政事的请求，迅速要求张弘范带领元大军近千人，以及扬州本土的水陆军队二万余人，让其讨伐赵昺等人。

张弘范亲自向忽必烈举荐了李恒作为自己的副度元帅，当时李恒已是行省参政，在江西南部作战，又让自己的亲弟弟为先锋。随后几人分道南征，张弘范率兵从海道去往漳州、潮州，而李恒则率领步骑去往梅岭，同时张弘范更是命令江西行省右丞塔出专门负责后方军需供应。

也正是因为张弘范出兵南征，赵昺在当年六月行朝之时，被攻破雷州地盘，而不得已被迫撤离碙洲，前往广东新会县境内的崖山。

至元十三年（1276）三月十二日，赵㬎及太后大臣宛如曾经的徽、钦两位皇帝，他们将在这一日踏上亡国之人被掳北上的悲惨之路。

这一日，忽必烈麾下的伯颜丞相，让自己的副手阿塔海、阿剌罕等人带着忽必烈的诏书进入宋朝宫廷，并以此敦促赵㬎与全太后北上前去觐见大元皇帝忽必烈。

行省郎中孟祺当庭宣读了忽必烈的诏书，当他读到"免系颈牵羊"，全太后泪眼模糊地看向宋主赵㬎："忽必烈慈悲让我们活着，理应拜谢。"

赵㬎在听到全太后这样说完后，当即对着北方下跪拜了多次，以此感谢大元皇帝的慈恩。

然后，母子二人便乘坐着早已经准备好的肩舆离开宫宇，连夜出城坐上了北上的船只。第二日，赵㬎和全太后在元军的监护下，沿着大运河便北上去了，在陆路甚至换乘的官车便达到九十余辆。

这一趟北上的队伍中，有大约上万人同行，其中包含多达百人的宫人跟随隆国夫人黄氏，而驸马杨镇以下的官属多达数千人，更是包含几位皇亲国戚福王赵与芮、沂王赵乃猷和谢太后之侄谢堂。

这些皇亲国戚本应躲过这场劫难，却有人向率领这批北上队伍的元将进言，大宋的皇亲国戚若还留在这里，宛如大宋王朝还存在一般。正因这句话，元军便将福王及其子侄也一同带走北上，临安城内，与宋王朝有着密切关联的人员，只剩下卧病在床的太皇太后谢氏，但谢氏也在八月被元军送到了大都，不允许留在这里。

在北上的途中，年幼的宋主赵㬎曾请求与伯颜丞相见面，却遭到伯颜的拒绝，而拒绝的理由则是还未进入元廷，没有相见的道理。

汪元量曾赋诗描述南宋君臣被掳北上，古诗中写道："遗氓拜路旁，号哭皆失声。"便是一副凄惨景象。

而这份召赵㬎君臣北上入朝的命令，早在二月忽必烈便已经下达给了伯颜。因为当时扬州等城仍然被宋将李庭芝和姜才死守占领，而二人也拒绝了谕降诏书焚诏杀使，所以北上的途中，在淮南一带并不安全。正因如此，伯颜才会提前两日便从临安出发，只为了部署这一路的警戒，避免出现问题。

统一的前夜： 忽必烈吸纳江南

即使伯颜如此警戒，但还是出了差错，当赵㬎和全太后的北上队伍抵达今江苏扬州市南时，元军再次给李庭芝送上了一份谢太后的诏书，希望他能够投降，诏书上写道："今日我和幼主皇帝已经臣服忽必烈，李卿家如此忠臣是为谁死守扬州城呢？"

但这份诏书依然没有让李庭芝和姜才等人投降，甚至在看完后与城内的将士们一同痛哭流涕，发誓就算拼掉这条命也要夺回两宫，随即便带领着四万余人的军队连夜攻打瓜洲（今江苏扬州邗江区）。

由于元军警戒森严，加上伯颜早有防备，早就将赵㬎和全太后送离了瓜洲，李庭芝等人扑空，此次行动没有成功。

闰三月二十四日，南宋君臣在伯颜大军的监护下抵达了大都，在入城那日，元军军队中高举起天下太平的旗帜庆功，而忽必烈的元朝官员还安排了诸多表演来迎接南宋君臣众人。

已身在大都的祈请使吴坚、家铉翁等人亲自来到城门内迎接，他们痛哭流涕伏地跪拜，诉说自己的所作所为并未感动元朝皇帝忽必烈，没有为他们保存下南宋的社稷。

四月二十八日，被掳来的全太后、赵㬎等南宋君臣来到大都等候忽必烈的接见，五月初一，是益王赵昰身在福州建立行朝政权被奉为宋朝新帝的日子，在这一日元枢密院事先通知全太后、赵㬎等南宋君臣，要他们跟随伯颜丞相等一众元朝大臣们一同出大都城前往祭祀太庙，向在天有灵的祖宗汇报南宋已被平定，如今南北终于统一的大好消息。

一大早，一行队伍离开上都城的西门，去往五公里的太庙，走在队伍最前面的是全太后、赵㬎、福王、隆国夫人等，而吴坚、谢堂、家铉翁等紧跟在后，他们一众人来到象征着黄金家族的太庙之中，赵㬎面对着城角之屏，向北面的方向拜了又拜，而全太后及其他女性则各自长跪在赵㬎的身旁或身后。福王和吴坚、谢堂等人也按照南宋的规矩仪式祭奠了元朝列祖列宗。

五月初二，全太后、赵㬎等南宋君臣才终于在元皇帝的朝堂之上见到了忽必烈，吴坚、谢堂等宰执及属官在宫殿前准备了一百余桌的金银玉帛，作为全太后、赵㬎的进贡之物。

忽必烈御大安阁同意并接受了他们的觐见，大安阁是上都皇宫中举办重大活动的正殿，足见忽必烈给了南宋君臣面子，他与自己的皇后并排坐在宝座之中，膝下的两侧则是各位诸王。

在南宋君臣众人朝觐之前，忽必烈曾对他们有过旨意，让他们无须改变服装，继续按照南宋的礼制便好，而南宋君臣众人也是遵旨行事，各自身穿宋朝的朝服冠冕，福王等人身穿金腰带与深紫色的官服，其余的人按照品阶而穿，按照顺序站好，分别向大元皇帝忽必烈和他的皇后行朝拜的大礼。

一整个朝拜仪式都十分庄严，因为忽必烈的旨意，南宋君臣身穿原来的朝服似乎也十分自然，而忽必烈这样做的目的，更是彰显出自己作为大元皇帝如今铁骑踏遍南北，自己已是天下之王者，而南宋灭国已成为事实。

接受了朝拜的忽必烈十分高兴，立即封了赵㬎官位，授开府仪同三司、检校大司徒、瀛国公，而福王更是被亲封为平原郡公，甚至包括后来才抵达京师的太皇太后谢氏也被忽必烈封为寿春郡夫人。

忽必烈不但封赏了南宋君臣们，更是厚赏自己麾下平宋的功臣，其中伯颜被封授同知枢密院事，并赐给他诸多宝物，甚至将陵州、藤州近六千食户给他。增封时，伯颜十分谦让，对忽必烈说道："这一切都是陛下已经设定好的计划，效力更多的也是阿术大人，我又有何功劳？"伯颜这番近乎拍马屁的话语，自是让忽必烈十分受用，随后更是给阿术、阿里海牙等平宋关键人物加官晋爵，同样赐给他们诸多赏品。

统一的前夜：忽必烈吸纳江南

此次面觐结束后，忽必烈更是为南宋君臣们摆下御宴，以最好的待遇招待全太后、赵㬎等一众，据说御宴款待这样的事情在当时发生了有十多次。

谢太后、全太后和赵㬎都受到了优待，并未遭受到一点儿委屈，衣食住行包括日用都不比身在南宋要差。

每月万石的粮食，而羊肉更是一日达到六千斤，蒲桃酒、天鹅与野麋更是由御厨亲自制作奉上，宫寝中所使用各种香料，房内琳琅满目，整整上万件的床褥、花毯、织金线的被子。

察必皇后奏请大元皇帝忽必烈释放全太后，是因自己的慈心仁厚对全太后多加照顾的心意出发的，但忽必烈选择了拒绝，也是考虑到当时江南地区政治局势还并不明朗，从当时的政治时局来看，全太后并非是普通的妇人，她可是刚刚灭国的南宋的国母，将她放回江南，本身对于她自己的个人安危都弊大于利，所以忽必烈的安排不无道理。

清代官员、学者赵翼曾说，元世祖忽必烈对待已经亡国的宋太后及幼帝，与当年金朝对徽宗、钦宗及宗室三千余人相比已是优待，当年徽宗、钦宗二帝被强迁去上京，仅仅赐给他们十五顷田地，让他们自给自足，随后更是杀了赵宋男子足有一百三十多口，这样一对比，的确是相差太多。

至元十九年（1282）十二月，中山府内的一部分汉人进行了想要前往大都制造劫持赵㬎及文天祥的暴乱。

在这场暴乱发生前，有一位福建的僧人便将此事预言出来，甚至有些记载上称，一名南宋的人曾经对忽必烈产生了图谋之心，却因为心生胆怯而刺杀失败。

不久之后，中山府那边有人组织了一支近千人的队伍，他们想要闯入大都内营救出赵㬎等人，当时元军在大都城内发现了一封匿名的文书，文书上写到，等某一日焚烧了蒹城的苇草，便会率领两支队伍入城作乱，解救出文天祥。

而这一年夏季，大都城内刚刚发生过一起暴动，王著杀死了左丞相阿合马。所以当这封匿名文书被发现后，大元皇帝忽必烈与中书省都对此有些恐慌，一度召见全太后、赵㬎及文天祥等人查问，但全太后和赵㬎都否认此次暴动事件与自己有关，反倒是文天祥痛快地主动承认自己便是这场暴动的预谋者，更是在已经身穿蒙古服饰的瀛国公赵㬎面前痛哭跪拜。

所发生的一切都让大元皇帝忽必烈感到懊恼和忧心，原本对南宋君臣心存怜悯同情之心的皇后察必，在此时已经去世一年多，忽必烈的身边已经没有人再会为他们求情，所以忽必烈开始对南宋君臣严加防范，并决定对他们实施迁徙政策。

十二月，中书省向忽必烈谨言，想让原郡公赵与芮、瀛国公赵㬎、翰林直学士赵与罴迁徙去往上都，元代皇帝忽必烈见赵与芮年迈，便只是批准了瀛国公赵㬎迁徙去往上都，并且也没有苛待他，还为他筹备衣物和粮食，当日便直接发遣，而那封匿名文书也找到了书写之人，正是薛保住，忽必烈以他欺瞒元廷、觊觎官赏为由赐死。

上都位于草原地带，并没有过多的汉人聚居，且生活条件大不如大都，忽必烈这么做的目的，明显是要加强对瀛国公赵㬎的控制，并且防备一些南人以瀛国公赵㬎为噱头发动暴动。

也正是如此，迁往上都的瀛国公赵㬎的命运便发生天翻地覆一般的改变，生活得十分凄惨凄凉。而赵㬎便也开始在上都学佛修行，此事被忽必烈所知，心中十分欢喜，便立刻让他削发为僧，皈依三宝。

至元二十五年（1288）十月，忽必烈下令让已经削发为僧、皈依三宝的瀛国公赵㬎前往吐蕃，让其在萨斯迦寺"讨究大乘，明即佛理"，在瀛国公赵㬎临行前，忽必烈仅仅赐给他百锭中统钞。

忽必烈担忧瀛国公赵㬎的存在，只能将他送去远在他乡的吐蕃，由萨迦派僧人来监视与控制。忽必烈这样做也有他自己的想法，一方面可以防止那些南宋暴民再发生暴乱，灭掉他们救主复国的念头；另一方面也不失元廷对待投降的南宋君臣的宽厚之心。

瀛国公赵㬎到达吐蕃腹地之后，真心开始钻研佛法，一心求佛，甚至在当地学会了吐蕃语言，翻译了诸多佛法典籍，其中包括《百法论》等书。后来甚至当上了木波讲师，在萨斯迦寺内主持讲经，被当地的吐蕃人尊称为"蛮子合尊"，"蛮子"二字是当时元人对宋人的称谓，这一称谓被吐蕃人袭用，而"合尊"则是吐蕃人对于王室出家者的尊称。

至治三年（1323）四月，吐蕃腹地一带发生反叛，英宗硕德八剌怀疑瀛国公赵㬎卷入其中，此反叛与他脱不了关系，便下令将他处死，而根据藏文史料称赵㬎是被冤枉的。

这一位南宋王朝最后的皇帝，便这样草草结束了自己悲惨而又短暂的一生。

在赵㬎迁往吐蕃腹地之前，江淮释教都总统杨琏真迦故意损毁了南宋诸帝的皇陵，并且此事也得到了忽必烈的支持和纵容。

至元二十二年（1285）八月，僧人宗允、宗剀因与守陵人发生争执，两个僧人不顾僧戒，欺骗诱说释教都总统、八思巴弟子杨琏真迦，声称宋陵内藏有诸多宝藏，于是杨琏真迦便以侵占寺庙土地为由，给当地官府发去了文书，并率领众多增人、工匠民夫，前往南宋皇陵，先后挖掘了宁宗、理宗、度宗、杨后的四陵，并在墓地内破坏棺冢，从中偷走无数金银财宝。四陵中，理宗陵所藏的金银珠宝最多，并且也受到了最严重的破坏。

棺冢中理宗的尸身本来保存得完好如初，但这些人为了抢夺他口中含着的一颗夜明珠，便将理宗的尸体倒悬在树上长达三日之久，而他的头颅更是被吐蕃的僧人拿去作厌胜之邪物。

同年十一月，杨琏真迦率领的队伍继续挖掘，南宋四帝及四位皇后的陵墓，都被他破坏，只为了取出其中所藏着的宝藏，其过程十分粗暴无礼。

而后，杨琏真迦更是下令将遗骨放置在牛马的枯骨之中，并在上面筑造了一座名为"镇南塔"的塔。

如此肆意地破坏南宋皇陵，看似是杨琏真迦为了夺取珠宝玉器，其实他的作为，早就被总制院使桑哥上奏给了忽必烈，他这样做的理由却被定义为替元代皇帝忽必烈和皇太子祈福，挖掘出来的金银财宝更是为了修建庙宇，并因此得到了元代朝廷的默许。

在杨琏真迦挖掘南宋皇陵的数月之中，忽必烈也答应了桑哥的上奏，将两位太后的亲属谢仪孙、全允坚和赵宋宗室赵沂、赵太一等人押来北上成为又一批人质。

如上的所作所为，也让元末的史学文学家陶宗仪感到困惑，当年元帝已经一统南北，统一的版图和元代的法制也已经明了，怎么还会发生这样的事情呢？

忽必烈的默许与支持，好像与他当年的雄心大志略显不一，与他优厚对待亡国君臣俘虏的政策也大相径庭。但其实换一种角度，从忽必烈极度相信天命，以及他虔诚皈依藏教佛法来看，似乎他所做的一切又不难理解。

忽必烈可能已经相信了"厌胜""镇南"这一套说法，他默许支持破坏南宋皇陵，无非是想要以此大建佛塔佛寺，并用这样的举动来破坏掉赵宋的龙脉，让已经灭国的南宋再无复国的希望，这看似并非是拥有宏才大略的忽必烈所能做出的事情，但这与他的功利主义也并不矛盾，只是这样的做法在现如今看来并不人道，也暗示着他的心中已经改变了优待南宋君臣的政策，毕竟后来发生了诸多的暴乱，让他对南宋君臣产生了新的压制政策。

统一的前夜：忽必烈吸纳江南

但其实，忽必烈这样行事，可能也与他年纪越来越长有关，至元二十二年（1285）之际，忽必烈年过七十岁，他已经年迈，不得不为后人多做考虑，并且在这个时候，自己所立的真金太子的健康也出现了问题，他体弱多病，最终病逝于至元二十二年（1285）十二月。

而真金太子病逝的这一年，瀛国公赵㬎已近成年，这位南宋的末代皇帝，正值青年，有着大把的时间与体力，他的存在成为忽必烈父子的威胁。对这样一位年迈又失去自己亲生儿子的老父亲、老皇帝来说，忽必烈这样并不仁义厚道的做法便也得到了解释。

时隔六年，桑哥被人杀害，新任江淮行省左丞董士选为了平息江南民众的愤恨，一度惩治杨琏真迦，但惩治的手段并不恶劣，并未伤及杨琏真迦的根本，听闻这也是因为董士选接到了忽必烈的"密旨"才会有如此行为。

南宋灭国与太皇太后谢氏有脱不了的干系，谢氏在南宋灭国前是朝廷的最高决策者，她有着十分重要的地位，当伯颜率领的元大军踏破临安的城门时，她最先提出投降的想法。

当年谢太后直面拒绝了自己谢氏侄儿谢堂的多次劝说，当然谢堂也是听信了右丞相陈宜中的唆使，希望谢堂能够劝服谢太后拒绝迁驾，但谢太后当面训斥了自己的侄儿谢堂，并称他是谢家人，哪里管得着赵家的事情。与此同时还质问了陈宜中，宋朝京师的黎民百姓是否也能一同乘坐宋朝的大船一并载走。

陈宜中十分反对南宋君臣对元皇帝忽必烈称臣投降，对忽必烈提出的各种条件十分不满，但谢太后道："若是能让宋朝百姓都活下去，这一个臣字又有何念不出口呢？"

自此之后，谢太后多次亲自颁布诏令，希望以此命令江南州城能够迅速投降元朝，诏书的大意则是希望他们不要拼命死守城池，城内的百姓何其无辜，希望能在看到这份诏书后，立刻归降，让城内的百姓免遭屠城的伤害。

有部分南宋官员，比如夏贵等人，在看到谢太后的诏书后，果断地向元朝俯首投降，但也有另一部分带有自身傲骨的南宋官员，如李庭芝等人在看到谢太后的诏书后，对其充满了讥讽，并且果断拒绝投降，他们不认同谢太后的诏书，声称自己本是奉皇帝之命来此守护城池，从未听闻有诏书让他投降。

元朝踏破临安，谢太后放弃抵抗俯首称臣投降元朝，看似元朝不费吹灰之力便将南宋一举攻破，她的举动也让大多的南宋臣民感到失望，在他们的心中，太皇太后本应是一国之母，母仪天下，但这样的形象早已在她俯首降元的那一刻破碎不堪。

南宋遗民郑思肖本对元朝政权抱有敌意，但也十分肯定谢太后的所作所为拯救了整个京师，黎民百姓免受了屠杀。

谢太后随着诸人北上大都之后，忽必烈也将其封为寿春郡夫人，还特许免除了谢氏家族的土地税。

谢太后身在大都整整七年，这七年来，面对所受到的种种屈辱，也只能默默含泪，满心的苦楚无人诉说，心中的悔恨却再也没了机会反悔。

谢太后在大都庆祝了自己的七十岁寿辰，汪元量有一首贺寿词中作了记录，词句中没有一丝庆贺寿辰应有的欢愉，只有数不尽的伤仇恨。

四年后，谢太后便暴病身亡，葬礼上，只有随同北上的寥寥几位官员为她赋诗悼念。

反观全太后，在随着队伍北上，来到大都的初期也受到了诸多优待，元代朝廷当时让她与瀛国公赵㬎拥有了近三百六十顷的土地，并容许他们长期使用，充当元代朝廷给予他们的赡养费。即使在瀛国公赵㬎削发出家后，元代朝廷依然为他们征这些土地的税粮。

全太后在正智寺出家为尼的时间，与瀛国公赵㬎削发出家前往吐蕃腹地萨斯迦寺学佛的时间相近，其实在全太后离开临安的前期，便已经产生了出家为尼的念头，汪元量更是写有《全太后为尼》这首诗，记录了这位国母遁入空门的景象。

忽必烈在得知全太后的行为后，十分敬仰，并命令周边的官府对她负责，为她供养。

一直到全太后在正智寺去世，忽必烈还曾经召集了诸多作诗的大臣为其追悼。

全太后削发为尼时，她身边的两位南宋宫女也随着她一同进入正智寺，忽必烈在得知二人要追随全太后的事迹后，还特意召见了二人，并且称她们为"三宝中人"，让她们前往山林潜心修佛，同时忽必烈也命令官府供养二人。

四、亡宋君臣

忽必烈在位后期的时候，他的政治举动更加成熟。当时的元朝实行四个民族等级，原来南宋境内的臣民被视为第四等，也就是最低的那等人，但忽必烈又重用着少数的南人。

南宋君臣被俘到元大都之后，忽必烈给他们特别的优待。这种礼遇是历史上亡国君臣难以得到的。

而最早重用南人为心腹可以追溯到灭宋之战时。南宋的大将如吕文焕、范文虎、夏贵、管如德、陈岩等在投降后，都得到了重用。

吕文焕在襄阳坚守了六年，忽必烈的灭宋心愿也被推迟了六年，但这并不能影响忽必烈对他的重视。相反，忽必烈对这个忠于南宋的大臣大加赞赏。

至元十三年（1276），忽必烈任命吕文焕为荆湖行省参知政事，跟随伯颜征讨南宋。

吕文焕亲自招降了鄂州守将张晏然、程鹏飞，蕲州守将管景模，池州张林等人。蒙古军一路兵不血刃，连下数城，顺利达到临安城下。

灭掉南宋之后，至元十四年（1277），吕文焕因灭宋有功，被封为行省左丞，兼任江东宣慰使，负责安抚南宋旧臣和军民。

至元十五年（1278），吕文焕的下属、江东按察使阿八赤向吕文焕索贿，要吕文焕分金银、宅邸还有奴婢给他。在遭到吕文焕拒绝之后，阿八赤诬陷吕文焕"私匿兵杖"。

忽必烈派出江南行御史台大夫相威去江南调查，最终查出是阿八赤对吕文焕的诬陷。

忽必烈没有偏袒阿八赤，免去他江东按察使的职务。

吕师夔是吕文德的儿子、吕文焕的侄子，曾任南宋江州安抚使。当伯颜大军压境之时，于至元十二年（1275）正月拱手让出江州，投降元朝。

没过多久，吕师夔追随蒙古军万户宋都台进攻江西，为元朝立下战功。之后被封为江东江西大都督、江西行省参政和左丞。

至元十六年（1279），瑞州的张公明控告吕师夔图谋不轨，右丞塔出认为张公明是在诬陷好人，为了安抚吕师夔，擅自下令杀了张公明。忽必烈也没有追究。

后来忽必烈召塔出和吕师夔回京，责问他们江西为什么会民不聊生，忽必烈甚至一度罢免了他们的职务。在一番调查之后，最终证明他们都是无罪的，才恢复了他们的职务。

范文虎原本是南宋战将，是吕文德的女婿。他对蒙古军队很是惧怕，不敢与之对战。

至元十二年（1275），当蒙古军队在攻打江州的时候，范文虎望风而降。

即便如此，忽必烈对范文虎依然很重视，1278年被任命为行省左丞。1281年范文虎受忽必烈之命，率军十万征讨日本。此战范文虎在遇到台风袭击后，抛弃军队独自逃回国内，十万大军全军覆灭。但他接受的惩罚也仅仅是革职查办，而且在一年后又东山再起。

至元二十四年（1287），江淮行省平章沙不丁上书忽必烈，称江南各省的官员中，南人太多了，并建议每个省只需要一两个南人就可以了。

忽必烈听从了这个建议，但同时也下旨要求保留陈岩、吕师夔、管如德、范文虎四人。

一直到忽必烈晚年，他一直坚持保留着这四个人在江南各行省中的官位。

这些南人将领投降后，不但得到了在南宋的时候都没有得到的重用，还屡屡升迁，都得到了善终。这固然有这些将领有功于大元社稷的一面，也有忽必烈安抚拉拢南人的一面。

至元十五年（1278），南宋残部在张世杰和益王赵昰的领导下，在福建、广东一带继续和元兵周旋。有一些已经归降的南宋官员也因此发生了动摇。

王积翁曾被宋理宗任命为兵部尚书，在谢太后和宋恭帝投降，传召各地停止对元朝的抵抗后，王积翁在福州降元。

至元十四年（1277），张世杰兵围泉州，同时给王积翁写了一封信，要他叛元归宋。此时，王积翁的仇敌也在暗中跃跃欲试，找机会刺杀他。

王积翁给张世杰回了一封信，表面上答应，实际上却反戈一击，将试图暗杀他的人全部除掉。张世杰后来因兵败撤退。

到了至元十五年（1278），有人向忽必烈状告王积翁和张世杰通信，分明是想反元。

王积翁辩解说："当时我们兵力不足，如果不假装和张世杰合作，只怕张世杰打来，会给老百姓带来祸患。"

对王积翁的分辩，忽必烈在思索后决定下诏赦免王积翁的罪过。此后，王积翁一直忠于元朝和忽必烈。后来，王积翁作为宣谕使，前往日本招降，在对马岛遇害。王积翁死后，他的儿子王都中也得到忽必烈的重用，被提拔为宣慰司和行省级官员。

和王积翁有差不多遭遇的还有南宋降将高兴。高兴于1275年在黄州降元。

曾经有人状告高兴私藏了南宋的黄金，忽必烈也没有责怪他。1280年，高兴将在江南收缴的珠宝都献给了忽必烈。

除了重用吕文焕、范文虎这样的投降武将之外，忽必烈还非常重视南人的文官。

程钜夫是忽必烈最早重用的南人文官之一。

程钜夫是江西建昌（镇）人。在南宋末年，他的叔叔程飞卿在建昌做通判，后来投降了元朝。

至元十三年（1276），程钜夫跟着程飞卿在上都觐见忽必烈。忽必烈封他为宣武将军、管军千户。至元十五年（1278），程钜夫又以质子的身份，来到大都成了宿卫。

有一天，忽必烈召见程钜夫问他，你在江南，可知道贾似道是什么样的人？

程钜夫详细回答了贾似道的优点和缺点，非常全面。忽必烈非常吃惊，他开始器重程钜夫。然后又问他现在是什么职务。

程钜夫如实回道是千户。忽必烈对近臣说，我看程钜夫整个人，相貌堂堂，有富贵的样子。听他的言论和观点，是个聪明有学识的人，可以调他去翰林任职。就这样，程钜夫成了翰林文字。

统一的前夜： 忽必烈吸纳江南

忽必烈曾经告诫程钜夫说："从现在开始，国家大事的得失，还有朝廷大臣的正义邪恶，都必须及时告诉我。"

对忽必烈的知遇之恩，程钜夫也感激不尽，他说："我本来是个偏远的小臣，没有想到能得到陛下的知遇之恩。我怎能不竭尽全力来报答陛下呢？"

程钜夫的能力得到了忽必烈的信任。时间不长，程钜夫又被升迁为翰林修撰、屡迁集贤直学士，兼秘书少监。

至元十九年（1282），程钜夫向忽必烈上奏书，提出对江南官吏的选拔、考核、俸禄、建立赃官档案等多项建议。程钜夫提到江南山高皇帝远，卖官鬻爵现象十分严重的问题。

对于程钜夫的建议，忽必烈非常重视，听从了绝大多数的建议，为了奖励程钜夫，忽必烈还赏赐大都的宅基地给他盖房子。

不久之后，程钜夫又当面向忽必烈建议：兴建国学。江南人才济济，请派遣使者去江南寻访隐居的贤人。

从程钜夫当上御史台侍御史开始，忽必烈就交给程钜夫"奉诏求贤于江南"的任务。平时，忽必烈下的诏书都是使用蒙古文字，这一次破例使用了汉字书写。

忽必烈向来听说过赵孟頫、叶李的名声。程钜夫即将出发的时候，忽必烈又下密谕，一定要让这两个人来入朝为官。

程钜夫不辱使命，除了赵孟頫和叶李外，他还推荐了余恁、凌时中、万一鹗、张伯淳、曾唏颜、胡梦魁、孔洙、曾冲之、包铸等二十多人。

至元二十四年（1287），朝廷重新建立尚书省。一开始，忽必烈打算任命程钜夫为参知政事，但程钜夫推辞了这个任命，忽必烈转而想让他做御史中丞。

御史台中有重臣对忽必烈说道："程钜夫是个南人，而且还很年轻。"

言下之意是程钜夫无法胜任御史中丞。

忽必烈大怒，斥责说道："你没有用过南人，怎么知道南人不能用？从今以后，各个省、部、台、院都必须起用南人。"

由于忽必烈的坚持和对程钜夫的信任，程钜夫被任命为行御史台侍御史。他也成了元朝第一个担任御史台较高级官职的南人。

当时的元朝宰相桑哥家世显赫，严刑峻法，以致人心惶惶。

至元二十六年（1289），程钜夫入朝，弹劾桑哥设立专门搜集钱粮盘剥百姓的部门，还任用贪官污吏。

桑哥得知以后怒不可遏，令人把程钜夫关押起来。桑哥前后六次奏请欲杀程钜夫，忽必烈都没有同意，他还命令御史台大臣把程钜夫安置在馆舍里。

忽必烈死后，程钜夫依然受到了赏识和重用。

延祐五年（1318）七月十八，程钜夫去世，享年七十岁。

程钜夫是南人中极少数以质子宿卫身份受到重用的官员之一。他不仅得到元世祖忽必烈的器重，还得到了成宗、武宗、仁宗三位皇帝的倚重。他不但自己进入了元朝御史台系统，还促成了大量江南名士进入元朝为官。

从某种意义上说，程钜夫是忽必烈重用江南士人的第一人，也是南人贤士的"伯乐"。

忽必烈对南人吴澄也很重视。

吴澄出生在1249年，是江南理学宗师。南宋灭亡后，吴澄隐居家乡一心著作。

至元二十三年（1286），程钜夫奉忽必烈的旨意到江南搜访遗逸。他把吴澄请到大都。但是，吴澄并没有和蒙古人合作的意愿。

1287年，吴澄借口母亲要回南方，和母亲一起重新回到了江南。即便如此，吴澄在大都一年，对外释放出不排斥蒙古人的统治，这对江南士人

统一的前夜： 忽必烈吸纳江南

影响很大。

回到江南的吴澄开始收徒讲学。对吴澄的不合作态度，忽必烈和蒙古王朝没有为难他，朝廷还下令地方官要对吴澄提供优待。

元朝宰相桑哥主政的时候，叶李、赵孟頫等南人，也得到了蒙古朝廷的重视。

叶李，字太白，杭州人。为人正直，刚正清廉。

1260年，年仅18岁的叶李就敢在宋廷上疏弹劾贾似道隐瞒与忽必烈的城下之盟。

贾似道对叶李恨之入骨，令党羽诬陷叶李，将他流放岭南。

南宋灭亡后，叶李不愿出仕异族，就在富春山隐居起来。

但是叶李的名气实在太大，忽必烈对他早有耳闻，特别是忽必烈与贾似道城下之盟后，叶李对贾似道的抨击，更是让忽必烈对他赞赏有加。

至元十四年（1277）御史大夫相威奉忽必烈的旨意来到江南，访求隐居的贤士。相威把叶李的名字也报了上去。忽必烈看到叶李的名字惊喜不止，立刻授予他奉训大夫、浙西道儒学提举。

此时的叶李仍然不愿意和蒙古人合作，他打算逃走，不愿意接受忽必烈的任命。但这个时候，右丞相安童给他送来一封信。说："先生在宋朝的时候，因为忠言直谏被世人所赞赏，连当今圣上也很关注你。现在给你五品官爵。德才兼备的人，在该归隐的时候归隐，该出仕的时候应该出仕，我们当竭尽全力来保全这特殊的知遇之恩。"

叶李最终听从了安童的劝告，接受忽必烈的封赏。

至元二十四年（1287），忽必烈下旨，令程钜夫把叶李带来，给了他很高规格的礼遇。

之后，每逢重大事件，叶李总能给忽必烈提出建议，忽必烈对他信任有加，几乎每一样都采纳了。

至元十九年（1282）以后，各道管理儒学的部门，被认为是无所事事的闲职，各道儒学提举司被撤罢。

叶李对忽必烈进言说："朝廷在创业、军务繁重的情况下，还能招纳儒士。如今陛下已统一天下，难道不更需要培养人才，弘扬圣上的治国之道吗？各道儒学提举和教授，肩负教化民众的重担，废除他们是不正确的措施。请陛下恢复提举司，专设提调学官，用来教育，讲明治国之道，而向太学提供培养人才，等待朝廷录用。儒户的徭役，也请豁免。"

忽必烈看后，采纳了叶李的建议，恢复江淮十一道儒学提举司。

还有一次，乃颜叛乱。忽必烈御驾亲征，他所用武将基本上都是蒙古人。

这些人和乃颜都有着不同的关系。在打仗的时候，根本不用心，甚至举止亲昵，聊天，就是不打仗。忽必烈对此深感忧虑。

叶李秘密向忽必烈启奏："既然蒙古军人和乃颜是同族，不肯尽力作战，不如让汉军为先锋，然后用大车切断他们后退的道路。乃颜军轻视我们，肯定没有防备。我军以大军进攻，一定能战胜。"

这次，忽必烈采纳了这个战略，果然击败了乃颜军。之后，忽必烈更加认定叶李是个人才。每次开完朝会，还要再召见他，商量政务。

后来，忽必烈授命叶李为丞相和中书省事。叶李再次推辞，说道："我的资格还不能有这样高的待遇。而且我的脚还有病，走路都不方便。"

忽必烈坚持，并特赐了车子，允许叶李进入朝廷。

有一次上朝商议国家大事的时候，叶李因为腿脚有病没有参加。忽必烈居然派人用五龙车接他进宫，并且特许他坐着。

忽必烈对叶李的信任和恩宠异于常人，甚至为了他，把人臣不得僭用皇帝乘舆的礼制都抛在了脑后。

还有一次，忽必烈想把江南赵宋宗室迁徙到北方。

243

统一的前夜： 忽必烈吸纳江南

叶李劝阻道："宋朝已经归顺了元朝，老百姓都安居乐业。现在要是无缘无故地迁徙，必然会引起大家的猜忌和疑心。万一有奸人趁机作乱，这对国家来说是不利的。"

忽必烈恍然大悟，迁徙赵宋宗室的事情就这样停止了。

有一次，忽必烈想要征伐交趾（今越南北部），他先召见叶李，征求他的意见。

叶李说，这样偏远的小国家，就算打下来也没什么好处。而大军远征，必定会耗费大量的物力和人力。而且交趾地形复杂，山路艰险，如果深入敌境，万一遭到失败，有损对四方小国的威望。

忽必烈再次听从了叶李的建议，就停止了征讨交趾的计划。

忽必烈只要有军国大事，必问有没有先和叶李商量过。

叶李为元朝立下很多功劳，他的职务也随之上升。先是资德大夫、尚书右丞，至元二十五年（1288），忽必烈甚至还想升他做平章政事。

叶李坚决推辞，才仅升他为一品，又赐平江田四千亩。

叶李和当时的权臣尚书省右丞相桑哥接触较多，桑哥大权独揽，曾经出台了几项财政政策，稳定了元朝的经济。但同时，桑哥为人贪婪，搜刮民脂民膏。甚至把老百姓逼迫到卖儿卖女的地步。叶李虽然是他的同事，但对叶李的不法行为也无可奈何。

据说，桑哥改定钞法，所发行使用的至元新钞，就来自叶李呈献的钞样。

至元二十八年（1291），桑哥因为紊乱朝廷罪被诛杀。

桑哥被杀以后，之前尚书省的官员大多数都受到了牵连。桑哥是叶李推荐的，自然不能置身事外。叶李以生病为由被批准回到了江南。

但有人还是不肯放过他。

扬州儒学正李淦上书弹劾叶李，说叶李本来是个被流放的罪犯。受到圣上的知遇之恩，可以说是千年难遇。

然而叶李第一件事就是向圣上推荐了桑哥这样的人。

根据宫廷近侍的说法，叶李以莫须有的罪名杀害了参政郭佑、杨居宽。还强迫官御史中丞刘宣自杀，囚禁御史陈天祥，免去御史大夫门答占、侍御史程文海等人的官，鞭打监察御史。

在经济上，叶李改变钞法，克扣学粮。征收军官俸禄、减少士兵的口粮。设立司农司、木绵提举司，增加盐、酒、醋的税额。不管是官员还是老百姓都深受这些政策的祸害。尤其让人痛心的是，要束木祸害湖广，沙不丁为祸江淮一带，灭贵里祸害福建；叶李大肆清理钱粮，搞得民怨沸腾，造成强盗增多。老天也对叶李愤怒而地震，水灾一次又一次地发生。

好在，皇上圣明，改革了他的错误政策。人们都知道桑哥用小人的罪过，不知道叶李推荐桑哥的罪过。叶李虽然被免去了职务，但没有被法办。老百姓往往私下议论，认为应该斩叶李以谢天下。

忽必烈看了这个奏章后，非常吃惊地说："叶李廉洁奉公，刚正不阿，我是知道的。还有这样的事情吗？"就传旨召李淦至京师询问。

李淦所列举的叶李的诸多罪状，表面上有点道理，实际上那些违法的事情，都是桑哥干的，让叶李背锅太过牵强。至于叶李推荐桑哥一事，在叶李上大都之前，忽必烈就已经开始重用桑哥了。

忽必烈没有认可李淦对叶李的弹劾，但仍然提拔他，以奖励他敢于直言。

叶李回江南到达临清的时候，忽必烈又派使者召叶李重新担任中书省平章，协助右丞相完泽主持朝政。叶李上表全力推辞。

至元二十九年（1292），叶李病逝。

叶李先受到赏赐很多，但他生活很简朴。他死后，他所受到的赏赐都交了官，一点儿都没有留下。

统一的前夜：忽必烈吸纳江南

忽必烈对叶李的评价是：叶李性子刚直，人们都不喜欢他，只有我喜爱他。

忽必烈器重的另一位南人官员是赵孟頫。

赵孟頫，字子昂，宋太祖赵匡胤儿子赵德芳后裔，赵匡胤十一世孙。赵孟頫还是中国历史上著名的书法家、画家、文学家。

宋自南渡后，赵德芳这支后裔住在湖州。赵孟頫自幼聪敏，读书只要看过一遍就能背诵，写文章，拿起笔很快就能写完。之后听从母亲的话，发愤读书。

至元二十三年（1286），程钜夫奉忽必烈诏令，寻访江南隐居的名士二十多人，赵孟頫成了他的首选。

赵孟頫朝见忽必烈的时候，忽必烈一看到他就非常喜欢他，称赞他简直就是神仙中的人物。

此时，御史中丞进言说，赵孟頫是宋朝宗室的子孙，不应该留在忽必烈左右。忽必烈没有听从。

第二年，忽必烈建立尚书省，命赵孟頫草拟诏书颁告天下。赵孟頫一挥而就。忽必烈看完诏书，兴奋地说，这些都是我想说的话啊。

忽必烈准备重用赵孟頫，一开始想让他做吏部侍郎、参议，但因为宋宗室的身份，而被阻止。最后只是奉训大夫、兵部郎中，掌管驿站。

赵孟頫职位不高，但忽必烈对他非常器重。甚至有一次，王虎臣举报平江路总管赵全为非作歹。忽必烈命令王虎臣前往调查。叶李以为不可让王虎臣去。这次忽必烈没有听从叶李的建议。直到赵孟頫也劝说，王虎臣强买强卖田地，他的宾客都是嗜利的人，赵全曾经和他争斗。这次如果派王虎臣去的话，王虎臣必然陷害赵全。就算查出来赵全有不法的行为，也不能让人信服。

忽必烈恍然大悟，于是改派其他人去调查赵全。

至元二十七年（1290）夏天，大都周边发生地震，伤亡几十万人。忽必烈来到龙虎台，召集集贤、翰林两院的官员开会，询问此次天灾发生的原因及消灾的办法。他告诫这个事情不能让桑哥知道。但是，这些官员都很害怕桑哥的权势，没人敢说真话。

赵孟頫秘密鼓动阿剌浑撒里趁机向忽必烈进谏，忽必烈听从了阿剌浑撒里的意见，大赦天下并免除赋税。

但是，在诏书草拟完之后，桑哥却说这不是忽必烈的旨意。

赵孟頫挺身而出，对桑哥说："之前因为赋税太重，老百姓已经苦不堪言。如果老百姓都死了，去哪里征集粮食和银钱？如果不能及时免除赋税。以后要是有人将此次没有征到钱粮作为损失而弹劾尚书省，这不是连累了丞相您吗？"

桑哥被赵孟頫说服，同意免除赋税，百姓因此而活命。

同样是深受忽必烈重视的南人汉臣，赵孟頫和叶李不一样。叶李和桑哥是同僚，二人关系很好。赵孟頫和桑哥不但关系不好，甚至是站在桑哥的对立面的。因此，他也遭到了不少的打击和报复。

赵孟頫在担任兵部郎中的时候，因为没有执行答责江南诸省官员的命令而遭到桑哥的斥责。

赵孟頫也曾经因为迟到被桑哥拉去打板子。所以说，赵孟頫对桑哥始终是怨恨的。

至元二十八年（1291），忽必烈曾经和赵孟頫一起品评赵宋投降过来的官员。

忽必烈问："留梦炎与叶李谁更好？"

赵孟頫回答："留梦炎是我父亲的好友，为人庄重厚道，也很自信，多谋能断，有大臣之才。叶李读的书我都读过，他知道的事情，能办到的事情，我也知道，我也能办到。"

统一的前夜： 忽必烈吸纳江南

忽必烈又说："你认为留梦炎比叶李要强吗？我不这样认为，留梦炎在宋朝当到了宰相的位子。在贾似道欺君罔上的时候，他却对贾似道阿谀奉承；叶李在当时虽然是普通百姓，却敢上书朝廷，斥责贾似道误国误民。显然，叶李要比留梦炎更加有贤德。你是因为留梦炎是你父亲的好友，不敢说他的坏话，你可以写诗来劝劝他。"

赵孟頫就写出了一首诗，其中有一句是"往事已非那可说，且将忠直报皇元"。

忽必烈看后大加赞赏。

赵孟頫刚刚与忽必烈谈论完叶李、留梦炎对奸相贾似道的态度，就遇到了速古儿赤彻里。

赵孟頫对彻里说："圣上说贾似道误国的罪名，责怪留梦炎不敢指责他。现在桑哥误国的罪行，比贾似道还要严重，我们不敢说，以后圣上肯定也会责怪我们的，我是皇上疏远的臣子，我要是说了，圣上肯定不听。在我看来，圣上信任的侍臣中，又读书而知义理、又慷慨有大节，还能是皇上亲信的人，除了你，没有别人了。捐出去自己的生命，为老百姓除害，这是仁者所做的事情。希望你也能做到。"

彻里果然向忽必烈揭发了桑哥的罪行。当时桑哥深得忽必烈的重用和信任，他对彻里的举报非常恼火，认为彻里是在诬陷桑哥。忽必烈命令卫士将彻里掌嘴，彻里的鼻子和嘴里都被打出了血，倒在地上。忽必烈再问，彻里还是痛斥桑哥的恶行。其他大臣也相继指责桑哥，忽必烈便派彻里去调查桑哥，最终将桑哥诛杀。

事后，彻里还感谢赵孟頫说："使我有万世名，公之力也！"

由此可见，赵孟頫基本属于反对桑哥阵营中的人物，与叶李充任桑哥得力助手的政治态度大相径庭。

忽必烈重用赵孟頫，南人士大夫都不无微词，认为他身为南宋宗室，不该事灭国的敌人。连赵孟𫖯的朋友戴表元也批评赵孟𫖯"遭逢不自阅，颇为谈者惜"。

然而，忽必烈的怀柔政策并不能收买所有人，只能在一小部分的南人范围内起到作用，绝大多数的南人士大夫对忽必烈的政策是漠视的，甚至长期抱着抵制的态度。他们自认为是华夏正统，对降元的南宋官员丧失气节的行为很蔑视，也很反感。

严州知州方回在元军未到时，多次慷慨激昂地表示，要与元军死战到底。然而，元军逼近的时候，他出城三十里投降了元朝。之后，被封为建德路总管，连他不少的亲戚朋友都和他反目成仇。

原淮西安抚制置大使夏贵，曾在与元军作战的时候屡建战功。宋谢太后投降后，夏贵也随之投降，被封为参政和左丞。当时部分南人甚至把他与贾似道相提并论，写诗嘲讽他。

至元十六年（1279），夏贵病逝。有人赋诗一首：

自古谁不死，惜公迟四年。
闻公今日死，何似四年前。

这首诗不但肯定了夏贵之前与元军血战的功绩，也批评了他投降元朝的行为。

南宋灭亡后，原来的太学生郑所南隐居今苏州，改名思肖，意思是思念赵宋。郑思肖把居室题额为"本穴世家"，如将"本"下的"十"字移入"穴"字中间，便成"大宋世家"，以示对宋的忠诚。

郑所南平时不和北人来往，就算和朋友一起坐，听到说话口音和自己不一样的，马上起身。大家都知道他性格怪僻，也没有觉得有什么不同的。

统一的前夜：忽必烈吸纳江南

郑所南画兰不画根与土，暗示大宋土地已经被蒙古人抢走。

郑所南的墨兰画非常出名，当时一些权贵向他求画，郑所南不给他们画。当地的知县知道他家有田产，就威胁要增加他的赋税和徭役。

郑所南大怒曰："头可断，兰不可画！"

郑所南以前和赵孟頫是好友，赵孟頫的书画诗文都是享誉全国的大家。

在得知赵孟頫投靠了元朝之后，郑所南马上和他断绝了来往。

赵孟頫有几次来看望他，郑所南都避而不见。赵孟頫也没办法，只好离去。

郑所南曾经写过一本书《大义略叙》，郑所南在书中多次多处指名道姓咒骂忽必烈及其所建元朝。

显然，忽必烈怀柔南人的政策，对郑所南这样的人是毫无效果的。

另一个无法被忽必烈收买的是谢枋得。谢枋得是江西信州人，是中国历史上著名的诗人和画家。

谢枋得是进士出身，曾经在南宋担任过六部侍郎。为人蔑视权贵，疾恶如仇。曾经举兵迎击元军，失败后藏在福建深山老林中。他的妻子在战斗失败之后和女儿以及两个婢女自杀，谢枋得的两个弟弟、三个侄子也都被蒙古人所杀。

至元二十三年（1286），程钜夫来到江南寻找贤士。程钜夫知道谢枋得的名声，把他也列入其中。谢枋得先是写信给程钜夫，借口母亲去世，以还没有安葬为由，拒绝了他。

至元二十五年（1288），留梦炎再一次推荐谢枋得。

留梦炎在南宋官拜右丞相，但他临阵降敌，也是他劝说忽必烈杀死了文天祥。谢枋得对留梦炎就没有对程钜夫那么客气了，他不但严词拒绝，还大大嘲讽了留梦炎。

元朝没有放弃，继续请他北上。前后达五次之多。谢枋得对他们毫不理睬。

福建行省参政魏天佑没有办法，只好把谢枋得抓起来，派兵押送至大都。

谢枋得一到大都，就问太皇太后谢道清坟墓和宋恭宗所在的方向，恸哭后再拜。后来，谢枋得被拘留于悯忠寺（今法源寺），他看到墙上有一块纪念曹娥的碑。

谢枋得说："一个年轻的女子尚能给她的父亲尽孝，我怎能不为国殉难呢？"从此，他开始绝食。

五天后，四月初五（1289年4月25日），谢枋得以死殉国，终年64岁。

忽必烈在怀柔南宋官员而且故意特别重用一些南人文臣的做法是有意图的。

首先，他是要拉拢南人，达到安抚江南人民，平息或缓和南方民众反元的情绪。

蒙古虽然在军事上占领了江南，但南人肯定不欢迎这些来自漠北的征服者。中原人一向以华夏正统自居，轻视四夷，这是在军事占领江南土地后的最大问题。忽必烈对此十分担忧。

忽必烈利用了南宋名臣和汉人降将，利用他们在当地的影响力和势力，向江南百姓宣告，蒙古人是得到了江南士大夫的认可的。可以笼络江南百姓的人心，降低和消磨他们的反抗意识。

其次，忽必烈也通过利用部分南人名士，对北方汉人的儒臣做到了抑制，削弱了北方儒士势力的同时，也加剧南、北方士大夫原已存在的隔膜，可以更加分裂汉人，以便更加稳固蒙古的统治。

最后，也是很重要的，忽必烈确实是重视人才的，从他做藩王开始，忽必烈就不拘一格地选拔不同民族、不同地域的人才为自己效力。

统一的前夜： 忽必烈吸纳江南

在前期，金莲川幕府在帮助忽必烈灭掉大理，蒙古内斗中击败了阿里不哥，以及后续消灭南宋中都起到了不可替代的作用。

然而，到了至元二十年（1283），金莲川幕府中的英才相继离世，忽必烈急需人才来帮他治理天下。

忽必烈所重用的程钜夫、叶李、赵孟頫，这些人恰恰是忽必烈急需的人才。

由于南宋王朝的腐败，原本应该为南宋效力的人，却成了灭掉南宋的关键人物。如果南宋朝廷能善待他的臣民，南宋在与元朝的作战中，可能会有另外一种结果。

甚至，忽必烈对南宋迅速崩溃很是不解，让他更加不理解的是，南宋这些将军为什么在与蒙古作战的时候一塌糊涂，甚至望风而降，在降元之后的灭南宋战争中，却都能展现出惊人的战斗力。

至元十三年（1276），忽必烈召见一些投降而来的南宋将军，询问他们："你们为什么这么轻易就投降了呢？"

这些人的回答是，南宋重文轻武，又有权臣贾似道当道，把持朝纲。我们遭受了不公平的待遇，早就感觉到愤愤不平了。所以，元朝大军一到，我们就投降了。

忽必烈则回说："既然是贾似道轻视你们，是贾似道一个人的错，宋朝皇帝又有什么地方对不住你们呢？按照这样说，贾似道看不起你们也是对的。"

在与南宋的战争中，南宋文武官员投降者不计其数。有的说，因为没有得到宋朝应有的待遇，有的说宋朝赏罚不明，有的则声称是因为自己的后人没有得到应有的赏赐。

南宋朝廷有昏庸不堪的一面，也有贾似道这样误国的丞相。但这些人贪生怕死和苟图富贵也是造成南宋投降的重要原因之一。

忽必烈对投降的将领不杀，让他们能够保全富贵，也是为了瓦解南宋军民的抵抗意志。但作为一国之君，忽必烈不会喜欢这种不忠于主人的行为。而蒙古人也有着忠君报国的传统观念，忽必烈对此的观念也是根深蒂固。即便他不喜欢，但出于对统治稳定的需要，也只能好好安抚这些投降而来的南人了。

第六章

不只草原，也不只是戈壁

统一的前夜： 忽必烈吸纳江南

一、元曲南戏

谈到元曲南戏，就不得不提一下我们国家的戏曲发展经历。

戏曲的萌芽期是从西周到南北朝时期，像春秋时期的"优孟衣冠"、汉代的"百戏"，都是在这个时代创作出来的。

经过一定历史沉淀和积累之后，在唐、宋、金这个时期，形成了一定的发展，像唐参军戏跟宋杂剧都是这个时期宝贵的艺术产物。

到了元代时期（从蒙古灭金的1234年开始计算，直到1368年朱元璋推翻元朝止），随着戏曲文化不断地发展，其中的南戏就成为中国最早成熟的戏曲形式，且在文坛上占有非常高的地位。

什么叫作南戏呢？所谓"南戏"，就是南曲戏文的略称，它最早起源于浙江温州（古名永嘉），所以南戏又叫作"温州杂剧"。

提到南戏，就必须说一下元曲。元曲由杂剧跟散曲两个部分构成。其中杂剧分为两个戏剧圈。北方戏剧圈以大都为中心，其中优秀的作家我们都耳熟能详，比如关汉卿、王实甫、马致远这些人。南方戏剧圈则以杭州为中心，不但流行南戏，同时还出了来自北方的杂剧，郑光祖、秦简夫等人都是非常出名的作家。

元杂剧是集合我国各种表演艺术之所长，再进行沉淀发展之后形成的一种非常完整也十分成熟的戏剧形式。初期代表作以关汉卿、白朴、高文秀等人的作品为主，诞生了例如《窦娥冤》《赵氏孤儿》《汉宫秋》等经典的悲剧作品。这些作品的风格都带着作家本身的性格色彩，同时，这些作品也直接奠定了元杂剧语言的传统。元朝中期代表作有王实甫的《西厢记》、郑光祖的《倩女离魂》，神仙剧有马致远的《黄粱梦》。这段时期的戏剧风格以文采为主，比如王实甫就是鼎鼎有名的大文豪。到了元朝晚期的时候，由于作家们大部分活跃在南方，元杂剧就跟当地的南戏相互交融，为后来的明杂剧提供了变化的基础。在这段时间内，虽然没能出现像初期那样备受赞誉的作家，但在作品的风格与特色上，他们也值得一提。除却语言上南北交融的特点之外，他们还在情节上带有浓郁的道德色彩，内容也曲折离奇，文化上也能反映出南北戏剧的交融。

元曲南戏之所以能在元朝盛行繁荣，就得聊一聊背后的原因了。相信大家都知道，元代分的十等人是"一官二吏、三僧四道、五医六工、七匠八娼、九儒十丐"。由此可见，文人在当时的地位是十分低下的，再加上停止科考的七十多年，使一大批文人走到了民间。

这些创作头脑十分丰富灵敏的文人，奠定了元曲南戏的发展基础，再加上元朝重视工匠的态度，致使大都都市经济繁荣，这让戏剧文化的发展有了观众基础与物质基础。

在此期间，诞生了大量的作品。根据元人钟嗣成《录鬼簿》、元末明初贾忠明《录鬼簿续编》辑录记载，元朝杂剧作家人数超过200人，作品达500多部。

其中代表人物有郑光祖、关汉卿、白朴、马致远等，这四人被誉为"元曲四大家"，只是不同的人物对他们的排序不同。其中，元周德清《中原音韵》提出：关、郑、白、马；何良俊《四友斋从说》提出：马、郑、关、白；蒋一葵《尧山堂外记》提出：关、马、郑、白；徐复祚《曲论》提出：马、关、白、郑。

以上人物无论是从作品的文学性来说，还是从思想高度来看，都发挥着举足轻重的作用。所以提到元曲，我们总是情不自禁会联想到这些人，以及这些人的代表作。

比如一提到关汉卿，我们马上就会联想到《窦娥冤》。

明朝的臧晋叔在《元曲序曲》里就这样写道："关汉卿辈争挟长技自见，至躬践排场，面傅粉墨，以我家生活，偶倡优而不辞折。"

明朝的朱权在《太和正音谱》里写道："关汉卿之词，如琼筵醉客。"

近代的王国维在《在宋元戏曲考》里写道："关汉卿一空倚榜，自铸伟词，而其言曲尽人情，字字本色，故当为元人第一。"

关汉卿一生创作的杂剧共计60多种，现在仅存18种。根据题材的内容来划分，可以分成公案剧、言情剧和历史剧这三个大类。

像我们熟知的《窦娥冤》《鲁斋郎》《蝴蝶梦》等，都是公案剧的典型代表，这类剧本往往都是反映社会的矛盾。比如《窦娥冤》里的女主角窦娥，之所以会成为悲剧人物，归根结底是因为民间的高利贷，而地痞无赖张驴儿的欺压无限则是酿成窦娥悲剧的直接原因，贪官投机受贿错判是窦娥悲剧的最终原因。

而《望江亭》《救风尘》这类杂剧则是言情剧的代表作。这些作品通常都是在歌颂男女之间可歌可泣的爱情故事，以及主人公对自由爱情的向往和幸福婚姻的追求，同时也具有批判封建社会与当时法律制度不完善的现实意义。

《单刀会》则是历史剧的典型代表，剧中将历史人物刻画得活灵活现，通过阅读这类巨作，能让我们更加详细地了解那段历史

元曲与南戏，它们诞生于同一个历史时代，虽然同属于戏曲，也都以歌舞、表演为主要的表现形式，它们却因为南北文化的差异，有着很明显的不同。首先，元曲的歌曲多样性非常明显，表演的方式也丰富和多元化；而南戏则由木偶戏、布袋戏和皮影戏等组成。其次，元曲注重情节本

身，通常情节复杂多变，比如我们耳熟能详的《窦娥冤》和《赵氏孤儿》；而南戏通常注重人物的塑造，刻画人物的情感跟人性，比如《琵琶记》。

除了这些创作方面的不同之外，我们还能从戏曲本身看到它们的差异。还是先以元曲举例，元曲一般是一本四折，每折都是内容发展大起大落的段落。剧本结尾通常有题目正名，每一折都用同宫调的曲子构成，每折都由词曲、宾白和科范组成。一般情况下，元杂剧一般是由一个角色演唱的，男子唱的叫末本，女子唱的叫旦本；而南戏则由唱词和科诨构成，在剧本的结构上，它不限宫调，不限长短，不限折数，也不限制人数。因此，相对于元曲来说，南曲显得更加自由灵活。

元代罗宗信在《中原音韵序》有叙："世之共称唐诗、宋词、大元乐府，诚哉！"

近代王国维在《宋元戏曲史序》也写道："凡一代有一代之文学：楚之骚、汉之赋……元之曲，皆所谓一代之文学，而后世莫能继焉者也。"

无论是元曲还是南戏，都在我国的文化发展史上，扮演着十分重要的角色，亦是我国优秀传统文化的体现。

二、火敦脑儿

黄河之水天上来，奔流到海不复回。

不论是部落的农耕时代，还是夏商周王朝，朝代的更迭、掌权者的继位，无不是根据江海河流的走向而奠定的基础。

在中国历史上，谁掌控了河流，谁就掌控了生民的基本需求，沧海变桑田，可人们对于河流源头的探索从未停止。

统一的前夜： 忽必烈吸纳江南

"河出昆仑虚"，古文中对于水源的描述，最为出名的便是《尔雅·释水》中的这句话，将昆仑山彻底推上神坛，神之所居之圣地，便是河流源头之最！

其实，所谓对源头的寻找，就是对中华文化的探寻。

当年大禹治水，传说一路寻到了源头，《尚书·禹贡》中记载："导河积石。"意思是，大禹治理洪水，是从偏远的积石山开始行动，而当年的积石山，据记载就是如今的阿尼玛卿山，史称"大积石山"。

另外的《山海经》却记录说，黄河源头，发源于昆仑山，这也是传统的主流源头，《尔雅·释水》中的"河出昆仑虚"，《淮南子·地形训》中的"河水出昆仑东北陬，贯渤海"，意思是河水是从昆仑山东北角喷涌而出的，随后汇聚成大大小小的河流，随后灌入了渤海。

当然，当年对于黄河源头的追寻，还有待商议，黄河的源头以及昆仑山的具体情况，至少在汉代之前，都是被诸多"异族"占领，古代交通并不发达，所谓"河出昆仑虚"，也不过是当时的中原人对于传闻中的只字片言延伸出来的臆想罢了。

在历史中，元朝的建立，是当年那个时代的转折点。

宋朝末年，中国南北分裂的局面已有数百年，对当时的发展造成了极大的影响，元朝将南北统一之后，整个青藏高原以及北方的一些荒凉之地全部并入中国版图，使得中国的国土面积一次性增加几百万平方千米，纵观历史，这是莫大的功绩！

元朝政府，更是积极扶持萨迦政权设立了"十三万户"，派去了当时国内顶尖的测绘官员进入青藏高原，为中国的历史留下了浓重的一笔记录。

当初的元世祖忽必烈更是意气风发，在他的爷爷成吉思汗的庇护下，他们的底蕴更加强大，这也导致了忽必烈曾一直想建立一座城市在黄河的源头。

《河源志》清晰地记载了当时忽必烈为什么要探索黄河的源头：黄河的源头，是汉朝、唐朝，乃至先秦都不知道在哪里的，现今成了他忽必烈的地盘，所以他要彻底调查出黄河的源头，并且建立一座城市，与这边的游牧民族开启互市，定制规则，才可以使皇朝更加久远。凡是这边的贡品物资，都可以通过水路送到京城，在以前没有这样的壮举，可是到了我这里，我将它们建立起来了！我这样的行为，对于王朝的以后，有着无尽的利益！利在千秋！

于是，至元十七年（1280），忽必烈任命满察都实为招讨使，佩带金虎符，去那里寻求黄河的源头。

都实他们从河州，也就是现今的甘肃临夏开始出发，沿着黄河往西边追寻，四个月的时候，才刚刚抵达黄河的源头，然后对整个黄河源头的地貌、气候、动植物资源等做了详细的记录和调查，使得黄河的源头进入历史的记载。

都实回到京都后，忽必烈命令他将这次带回来的各种资料全部做了解释以及汇成画作，为后人留下了极其珍贵的河源资料，这也是我们中国首次对于河流的源头派人实地考察的官方记录，极尽详细。

当时的这项考察，在整个历史上都是极具权威性的考察，根据《河源志》记载，都实的考察队伍到达了阿剌脑儿和火敦脑儿。

阿剌脑儿就是现今的扎陵湖和鄂陵湖，火敦脑儿是当今的星宿海。

当然，都实的这次考察，也进一步否定了黄河有两个源头的说法。

《河源志》记载，历史上称黄河有两个源头，一个出于阗山，一个出于葱岭，阗水北行，汇聚葱岭的河水一起注入了蒲类海（应作蒲昌海），也就是注入了罗布泊。

可通过这次都实的实地考察，他亲自到达了星宿海，将塔里木河水系

统一的前夜： 忽必烈吸纳江南

与黄河水系分割开来，彻底厘清了罗布泊作为当时黄河源头的传闻。

黄河的源头究竟在哪里？其实当时的都实也没能找到。据史料记载，都实等人的最后一站就是星宿海。

"星宿海"这个名字的由来正如表面意思那样，从远处看去就像银河一样倾泻而下，在草原中仿佛一条波光粼粼的玉带。

星宿海的位置正是在今天的青海省玛多县，东边是扎陵湖，西边则接近黄河源流玛曲。

当时，都实等人回到京都后，忽必烈大喜，重重地赏赐了都实一行人，全城大宴三天，为都实等人喝彩。

而这次考察，也是忽必烈政绩当中的重要一环，为后来的文献做了极大的贡献。

与此同时，在都实等人的政绩完成之后，元世祖忽必烈便又着手另一件伟大的政绩成就，为后世的数法打下了坚实的基础。

历法，就是依据日月星辰的运行规律而推算年月日时的记法，它不仅影响人们的生活起居和农耕节令，也直接关系到王朝的正朔和正统，向来为统治者所重视。

辽、金和元初使用的历法，与唐、宋二朝大不相同。唐朝先后使用的主要是当时编撰的《鳞德历》和《大衍历》，两宋共改历十六次，较有代表性的历法有《应天历》《乾元历》《仪天兰历》。辽、金和元初则沿用六七百年前南朝刘宋祖冲之编制的《大明历》。

《大明历》虽然在当时成就很高，但因时间久远，误差也就越来越大，以至于到了后来，忽必烈对于历法的编撰也越来越重视。

早在1220年时，成吉思汗西征驻扎在寻斯干城（今乌兹别克斯坦撒马尔罕城）附近，按照《大明历》，该年五月十五日子夜应有月食，当时的人们都极为迷信，对于月食这种自然现象的发生都抱有极大的向往及恐惧。

但初更时分（晚上八九点）月食都已经发生了，按照常规，微月开始在当月初三，但是那一年的二月初一和五月初一，都有微月出现在西南方向的天上。

可见，《大明历》虽然在当年的确是非常成功的天象历法，可到了成吉思汗这里，《大明历》比实际时辰滞后了许多，也已经不再适应成吉思汗这个年代了。

跟随成吉思汗一起西征的耶律楚材认为，他们如果想要建立丰功伟绩，当年的《大明历》必须放弃，并重新修整一部新的历法，这样才能拥有他们自己的《大明历》。

为此，耶律楚材还特地修订了一部《庚午元历》，上奏给成吉思汗，用以纠正《大明历》中的偏差。

可惜遗憾的是，当时成吉思汗西征战事正打得激烈，根本就没有工夫搞这些历法。况且《大明历》就算不是很正确，可时间的相差并没有多大，成吉思汗没有同意颁行新历，这件事也就搁浅了。

到了后来的窝阔台时期，耶律楚材这些年并没有停止对于历法的推算，在西域的这些年，他积极地吸收西域历法的长处，随后按照自己的想法以及毅力，自己算、自己印造、自己颁发，成功地编撰并推行了新的历书，从此流行于北方大部分地区，在当时号称"麻答把历"。

直到至元十三年（1276），元军终于平定南宋，几百年以来中国境内王朝更替的混战，在元世祖忽必烈的带领下南北归于一统。

原来用的《大明历》误差是越来越大了，甚至耽误了好几次比较重要的战机，而南宋末的《成天历》元朝又不可能会用，正值锋芒的元朝君临华夏南北，此时迫切地需要制定一部更为精确的朔闰历法，才能彰显元朝的皇朝权威，造福被多年战乱困扰、无法好好生存的百姓。

统一的前夜： 忽必烈吸纳江南

当时忽必烈突然想起了刘秉忠在世时提出的修订新法的建议，而自己又刚刚完成了对于黄河源头的探索，如果历法再重新修订一本，那么自己的政绩在历史上绝对会有浓重的一笔。

随后，忽必烈命王恂为太史令、郭守敬为同知太史院事，一起负责修订新的历法，随后又让御史中丞张文谦改任昭文馆大学士，统领太史院，与佥枢密院事张易一起负责主领这次的历法修撰。

他们四人均为当年"金莲川幕府"以刘秉忠为首的邢州术数家成员，此外，应王恂的举荐，亦召许衡赴京参议修定新历。

此次忽必烈对于历法的修撰要求极其严格，郭守敬、王恂、许衡三人也都根据自己的特长，各有分工。

王恂负责历法的推算，许衡最为清楚历法之理，郭守敬偏重各种各样仪器的制造以及对各种天象、天气的观测。

以郭守敬为首的新历法修撰官员倡导："修撰新历法的根本，在于不断地测验各种突发情况，以及使用好测验观测这些东西的仪器。所以我们必须要先制造好这些仪器，不要一味地仿制先人的观测仪器，要有创新，才能做到精确地观测新历法。我们现在用的司天浑仪，是北宋皇祐年间汴京的前辈制造的，这么多年过去了，跟现在的天时误差太大，而且有的时候根本就不准确，一点儿用都没有。"

一直到了至元十六年（1279），郭守敬终于制成了仪表式样，便迅速向忽必烈汇报研究成果。在忽必烈前来巡视的时候，郭守敬逐个介绍仪表，并解释这些仪表的构造和功能，解说极尽详细，仪表精密无比，令人心神为之一动。

忽必烈从未见过如此周密的仪表式样，对于郭守敬的研究成果观看得极其有耐心，到了晚上都不想回宫休息。

随后，在忽必烈的旨意下，郭守敬先后创制了简仪、高表、候极仪、浑天仪、玲珑仪、仰仪、立运仪、证理仪、景符、窥几、日月食仪、星晷定时仪等十二种绝无仅有的新仪器，一时风光无二。

在忽必烈的各种嘉奖之下，郭守敬还研究并制造出了供观测员外出游历时使用的四种可携带式仪器，分为正方案、丸表、悬正仪、座正仪，以及与仪表相互参考使用的"仰规复矩图""异方浑盖图""日出入永短图"等。

这些前无古人的发明创造，对于后世对历法的推算有着极其重要的作用，奠基了我国随后几百年对于历法的创新研究，郭守敬的这些发明成果，对我们现在的观测也是非常有帮助的。

简仪，是郭守敬发明的最重要的天文仪器，这里他简化了相当一部分的特有圆环装置，改造浑天仪的外、中、内三层同心结构，克服了七八个圆环互相交错而又见不到内部如何运转的缺陷，又将传统的窥管由正方形空心立柱管改作窥衡加立耳的装置，既便于使用，又容易加工。

另外还把浑天仪上的圆周刻度精确到十分之一度或三十六分之一刻，将整体的读数精度提高很大一部分。

而郭守敬在这个时期改造的赤道装置，就算是放到现代，很大一部分的天文望远镜中也都有对这些研究成果的广泛应用，他的刻度极其精密，在当时的那个社会，任何仪表都不可能达到这种精密的度数，可郭守敬做到了！

这种精密度数的观测仪表，一直到18世纪中期，以工业制造业而闻名的英国才开始使用，足见当时郭守敬的研究成果有多么超前。

元朝的子民姚燧当时称赞简仪："仪器简单而又重要，外表简易可内部周密无比，当今除了郭守敬，绝无二人能够制造，纵观整个历史，也没有能够和郭守敬的这项发明相比较的，就算是在整个世界的范围内，也能领先国外上百年。"

统一的前夜： 忽必烈吸纳江南

郭守敬发明的仰仪是一台铜制的、俯下身子就可以观测天象的仪器，形状是一口对着天空的铜锅，直径一丈二尺，深六尺。

这口铜锅口边缘区域刻着"东南西北"四个方位，里面刻着与观测地纬度相应的地理坐标。

铜锅上面用两根长棍相互交叉，支起了一块小木板，这块木板上面有一个小洞，太阳光正好可以透过这个小洞投射到锅里，然后在铜锅内部倒映出太阳的一个圆形倒影。使用者只要从上面俯身向下观察这个倒影，就可以读出此时此刻太阳的坐标，非常方便。

在一年中发生日食的情况下，观察者也可以从这口铜锅的内部看出相应的缺口，可以立刻算出日食此时的时间以及方位等，这项发明，彻底将中国的天文观察进度提到世界顶尖级别，国外至少要马不停蹄地追赶几百年。

元朝人姚燧对仰仪非常称赞，一个能够观测天象的东西，居然被他这个时代的人制造出来，乃是天大的发明！一仪可窥天！

高表、景符和窥几，是通过测影确定节气时刻的三种仪器。

古代测量节气日影的仪器，叫作"圭表"。

表是垂直立于地面的长棍或铜柱，在每日中午，太阳在正中间的时候，太阳照射棍子映射出的阴影投落在圭面上，就可以看出南、北这两个方向的长短，也就是可以读出夏至、冬至这两个节气所在的时间点。

而当此时的太阳映射到最北的方向位置时，映射出的影子最短，就是夏至的节气，而太阳映射出的阴影最长的时候，就是冬至，有了这项发明，观察节气就非常方便，当时元朝的子民都非常赞叹郭守敬的这项发明。

当然，以前的圭表也很不错，只不过前人发明的圭表太短，根本就观测不出准确的时差，误差很大，所以观察出的时间点也都是错误的。

而郭守敬发明的圭表，直接将原来圭表上的长棍增加到四十尺，相当于前人的长棍的五倍！故而又称"高表"，这样一来，太阳映射出来的长度瞬间缩减了以前的差距，误差也瞬间缩小了五分之四，准确度非常高。

景符，需要配合高表一起使用，如果高表的长棍太长的话，那么末端的位置一定是模糊不清的，这个时候借助景符的帮助，这个问题自然就不存在了，也进一步地增加了高表的准确程度。

不过，郭守敬也借鉴了先人制造的旧圭表，旧圭表不能观测晚上，也就是光线弱的时候，比如星星和月亮，这两个天象旧圭表就不能观测，所以郭守敬特意研究了很久，终于在一个月圆之夜发现了规律，从而发明了在夜晚也能够观测天象的器械——窥几。

它是一张长六尺、宽二尺、高四尺的长方形的桌子，这个桌子的桌面上开了一道长四尺、宽二寸的缝，缝两旁刻着尺、寸、分的刻度，非常详细。

把窥几放在圭面上，然后观察者蹲在几下面，利用桌面长缝，适当集中星月的光线，观测映射出来的影长。

高表、景符和窥几这三样发明的配合运用，使当时观察天象的人员对于太阳、月亮等星球的映射影子能够把握得更为准确和方便，在当时那个时代能够发明这些东西的人简直惊为天人。

郭守敬在研究发明天文观测仪器这方面的技术以及思想确实达到了巧夺天工和炉火纯青的地步，此后几百年都无人超越。

在这几件仪器的创造基础上，郭守敬趁热打铁，又向元世祖忽必烈提出了几次规模极其浩大的天文星象观测，并且向忽必烈上奏，说："当年的唐玄宗就曾在测子午线的时候设立十三座观察星象的观测站，现如今元朝的国土面积辽阔，更是收纳了青藏高原，这在以往历朝历代都没有过的广大国土，何不趁着此时外出派人观察天体星象，看看别的地方观察这些

统一的前夜： 忽必烈吸纳江南

天象是在什么位置，不论是昼夜的长短、日月星辰的高低都很有意义，而且我们刚刚新修撰的历法，也未必全是对的，何不将新历法在全国各地都开始实施？"

忽必烈认可了郭守敬的上奏，立马批准了他的计划，开始着手准备在全国各地开展天文星象观察，并一次性设立了十四位监测官，分别朝不同的地方出发，在这十四位监测官的带领下展开观测，东至高丽，西极滇池，南逾琼州，北尽铁勒。

忽必烈还在全国分设二十七个观测站，同时实施观测工作，包括南海、衡岳、台岳、和林、铁勒、北海、上都、大都、益都、登州、高丽、西京、太原、安西、兴元、成都、西凉州、东平、大名、滇池、阳城、扬州、鄂州、吉州、雷州、琼州等地。

这是世界天文史上绝无仅有的一次由朝廷组织出发，大规模性的观测。它积累了上述各个地方的纬度、夏至日影长和昼夜长短等丰富数据，为新历编制的顺利完成和准确性做了不可替代的资料参考，也是新历法中的重要部分，历史价值非常珍贵，同时也推动了后世对于天文知识的探索。

随后，郭守敬和王恂会同来自南、北方掌管天文历数的官员开始对比以前历代的历法，对比以前几百年星象的运行变化，试图找出规则，经过多日的周密计算，终于在至元十七年（1280）冬，由郭守敬领头编撰的新历法编撰成功，忽必烈大喜过望，采用了"敬授民时"这四个大字，赐名《授时历》。

第二年，也就是至元十八年（1281），忽必烈昭告天下，开始传播《授时历》。

当时的《授时历》，可以称之为世界上最优秀、最准确、最详细的历法，并且它是经过实地观测的历法，在当时整个世界，也没有这么详细的历法，是对历法的革新！

一是废除了传统的上元积年，重新计算出了一个全新的天文星象系统。

二是最先采用万分为日法，最终将一年的数值定格为365.2425天。

三是发明三次差内插法，经过周密计算，运用了与现代球面三角学公式相一致的思路，在当时那个年代，能够运用这些算法，说是世界第一也不为过。

随后，郭守敬开展了中国历史上第六次二十八星宿距度测定，是这些测量数据中准确度最高的，比北宋时期的测量数据提高了一倍，当时的误差记载只有0.075度，这项数据基本上已经达到了世界的顶峰。

据记载，郭守敬所编《新测二十八舍杂坐诸星入宿去极》和《新测无名诸星》这两本著作，不仅测定记录了前人已录的全部1464颗恒星，还测定了前人未定名的近1000颗恒星，使人类有史以来的恒星记录达到了近2500颗。

郭守敬创造性的科研工作，代表了元朝在中世纪世界上的科技顶尖霸主地位，尤其是他在天体星象学上的杰出贡献，将自己瞬间推为世界文化名人的佼佼者，是我们整个中华民族的骄傲。

早在忽必烈即大汗位之前，札马鲁丁（又译作札马剌丁）就应征东来，成为忽必烈王府的一名幕僚。

至元五年（1268），札马鲁丁已经开始了他的科技活动，陆陆续续将西域那边诸多小国的天文历法的一些成就携带去了元朝，并开始了他在元朝对天体星象观测的一系列活动。

札马鲁丁在元期间最有意义的工作，便是在郭守敬的影响下制造出了了七件西域天文仪器，这也是对后代影响较大的七件天文仪器，受中华文化影响颇深，在中世纪的国外也非常有名。

统一的前夜： 忽必烈吸纳江南

（一）咱秃哈剌吉，汉译黄道浑天仪。这架仪器也是铜制，用了一个与地面平行的单环，上面刻着周天度数，画十二个时辰的位置，以代窥管仰观天体。据研究，它最初是一种源自古希腊托勒密式黄道浑天仪的仿制品。

（二）咱秃朔八台，汉译测验周天星之器。是一个酷似古希腊托勒密发明的观察天体的长尺，可以上下左右转动，可以非常灵活地监测某一个地方，是一个精确度比较高的天文测量仪，后世的用处很多。

（三）鲁哈麻亦凹只，汉译春秋分晷影堂。形状是两座巨大的房间，屋脊里面有一个东西方向开着的痕系，透着光亮，能够让太阳光斜着映射到屋里，可以用来确认春分、秋分这两个节气，非常方便。

（四）鲁哈麻亦木思塔余，汉译冬夏至晷影堂。形状是五座巨大的房间，非常壮观，是用来观测屋脊上面的日光的，可以用来区分冬至、夏至这两个节气的日子，这项发明在当时非常有用，可以使人们提前准备过冬的物资。

（五）苦来亦撒麻，汉译天球仪。其实就是一种不能转动的窥测浑天仪，与郭守敬制造的有很大的区别，可以用铜钉来区分南北极。

（六）苦来亦阿儿子，汉译是一个简易版的古代地球仪。它纠正了以前的"天圆地方"传统思想，使当时的人们开始意识到我们所处的世界并不是直面的，而是一个球形。

（七）兀速都剌不，汉译定昼夜时刻之器。这个就比较好用了，白天可以观测影子，晚上可以观测星星、月亮，用来确定此时此刻的时间，非常方便。

一直到至元八年（1271），忽必烈在上都设立了司天台，任命札马鲁丁为"提点"，后又兼任秘书监长官。

他所制造的七件西域天文仪器，当时就矗立在司天台内，在当时是非常壮观的存在，忽必烈经常过去巡视札马鲁丁发明的这七件天文仪器，它的结构和功能基本反映了当时中世纪欧洲对于天体星象的先进水平，也一并开阔了忽必烈和郭守敬等人的眼界。不过，当时郭守敬在他制作的简仪和立运仪中改革的技术，估计是受了札马鲁丁的启发和影响，从而进一步地跻身世界领先地位。

札马鲁丁在元朝的另一项重要科技工作，是编制《万年历》。

这本历法也是至元四年（1267）进贡给忽必烈看的历法书，但是这本历法只在有限的范围地区颁行和使用，与郭守敬的《授时历》不同，后者是在全国范围内，包含多个地区都可以使用。

元朝信仰伊斯兰教的教徒遍布在世界各地，这些教徒一直保持着对伊斯兰教的宗教祭仪之类的风俗习惯，与当时大主流元朝子民不同，关于伊斯兰教的宗教节日，《万年历》是必需品，他们需要通过时间和节日来推算。

随后，一直到至元九年（1272）七月，当时的忽必烈突然发布禁止民间私售《万年历》的命令，因为有郭守敬编撰的《授时历》，所以直接批判《万年历》仅在伊斯兰教徒聚居区范围内使用颇广，但是其他地方的历法里面根本就没有记载。但到了元末文宗天历元年（1328），朝廷印制发出的《万年历》仍有5257册。明代在颁行《大统历》的同时，依然参用《万年历》，可见这本著作在当时的影响有多么大。

札马鲁丁编撰《万年历》在当时的伊斯兰教徒聚居区传播非常深远，由于地形的原因，人们对历法的用处向来讲究，也格外重视，所以舶来的西域历法的精华，更进一步地丰富了元人对西方历法的认识。

随后，札马鲁丁还在忽必烈的支持下，主持并编纂了《元一统志》。

至元二十三年（1286）三月七日，札马鲁丁担任秘书监长官，关于这本《元一统志》，文献的记载中有过两个记录。

统一的前夜： 忽必烈吸纳江南

至元二十八年（1291）初稿完成，计755卷，名曰《元一统志》。成宗大德七年（1303）又补充云南、甘肃、辽阳等行省材料，增修至1300卷。

《元一统志》超越先人的主要贡献有二：

第一，它以地图为本，图文并茂，除了各地有一些分图之外，还编撰添加了全国地理总图，内容极尽详细，可谓当年忽必烈的又一重大历史政绩。

第二，包含广袤，四极之远，混而一之。既有汉唐以来的原有疆域，又收录钦察汗国、伊利汗国、察合台汗国等西域版图。其首次以《元一统志》为名，不仅名实相副，而且直接影响了后来的明、清两代。

忽必烈当年的这些成就，彻底将他们两个人的命运连接到了一起，而忽必烈强大的成功政绩里面，就有支持郭守敬和札马鲁丁等默默无闻的天体星象观测者进行天文、水利等一系列领先世界的伟大创造。

据马可·波罗的记载，忽必烈在大都配备了一大批专业人员，为他们从事天文历法的观测研究提供了良好的条件。

当年的马可·波罗虽然未能举出郭守敬和札马鲁丁的名字，但汉文史书早就记载和印证了郭守敬和札马鲁丁就是当初那个年代的天体星象观测者中的佼佼者，是声名远扬的那一种，对历史的贡献同样巨大。

一个来自草原上的君主帝王，实在是不敢想象他对于自己生活的地方以外的美好事物充满了多少的期待与神往。

同样地，忽必烈的南北大一统，也为郭守敬和札马鲁丁提供了很好的研究平台，元朝能出现这两位杰出的科学家，少不了忽必烈为他们提供的这个完整又充满鼓励的时代背景。

第七章

一个朝代的挽歌

统一的前夜： 忽必烈吸纳江南

一、悲壮崖山

崖山多忠魂，后先照千古。

崖山位于海中，地处珠江出海口处，与西边的汤瓶山对立，延伸入海，宛如一道半开半掩的门。崖山北边的水极其浅平，每日早、午两次落涨，而身在此处的守军可以利用落涨的潮汐进行战斗，顺着潮可以一战，而逆着潮便又可退。正是因为进可攻退可守的优良地形，张世杰在看到崖山的地形后，便认为此地绝妙，只要守在这里便一定会胜，于是他开始打造行宫，聚拢周边的船只，大举制造兵器，并在当地招兵买马聚集了二十余万军民，作为此次行朝的最后安全堡垒，希望这里能成为他们复辟宋朝的据点。

闰十一月，率领步骑的元朝李恒军队一举击败了在广州守城的宋朝名将凌震，并抢夺了近三百艘船只，擒拿了将吏宋迈等二百余人，并举兵占领了广州。同年十二月，张弘范率领元军在广东海丰五岭坡围剿以文天祥为首的行督府，并成功将文天祥俘获。

这样二人各自率领的队伍，便彻底清除了新帝赵昺在崖山据点的外围军事支持，让他失去了最外一层的保护。

至元十六年（1279）正月，张弘范抓获了宋斥候刘青、顾凯，并在甲子门得知了新帝赵昺身处崖山，他的行朝就驻于其中的消息，于是张弘范立即率兵彻底将崖山包围，进行最后的征伐之战。

张弘范率领自己的主力军队从崖山的东边转而南入海中,整体地控制住了崖门以南,而李恒则以两艘战舰镇守住了崖山的背面,准备两面夹击。

当时,宋军与元军双方的战舰军力相比,元军甚至不占什么优势,宋军千余艘战舰环列在海中,沉重的大索垂入四周海底,船上的四周建起了楼棚宛如坚硬的城堞,战舰的四周更是以土泥涂抹在上面,悬置着无数个水桶,想以此办法来对付敌方的火攻。宋军除了战舰之外,另有千艘小船,可以行动迅速地进行游击,因此张弘范率领的元军起初所进行的进攻,并没有取得很好的成效。

张弘范眼见难以攻打,便派遣张世杰的亲外甥韩某前往崖山行宫进行招降,但去了三次全都遭到拒绝,张弘范犯难之际,终于从一名被抓来的俘虏口中得知,宋军其实根本没有什么太多的精锐部队,仅剩下张世杰麾下的大约1500名淮兵,剩余的全是些不懂行军之道的民兵。张弘范最终决定积极攻打,与宋军进行决战。

张弘范先是命令骑兵首先切断崖山宋军的水源,其次焚烧了位于崖山西边的赵昺所居住的宫室。由于宋军极其缺乏淡水,宋军的处境十分窘迫,已成强弩之末。

二月六日清晨,张弘范率领的元军开始总攻。

征战前夕,元军诸将向张弘范提议利用火炮进行轰击,但张弘范认为,若是使用火炮攻击,宋军定会随着海浪而散去,但导致分散的此举对于元军十分不利,他主张不如与敌船互相面对直接对攻,将宋军聚集在一块儿,并将他们一举歼灭。

张弘范决定了此战略之后,元总军队分成四个分支,从东、南、北三面开始进攻,而张弘范则亲自率领一支军队。

早上趁着潮汐退去,海水向南流动,李恒则率兵从崖山北面顺着海水流动方向冲击,突入宋军的军阵之中。等待中午涨潮的时候,海水向北方

统一的前夜： 忽必烈吸纳江南

流动之时，北面的军队则顺着潮汐的去向而退，张弘范率领的队伍则乘着潮汐而向宋军大举进攻。

虽然宋军的舰船十分大，且难以靠近攀登，但张弘范对此也有自己的良策，他在自己战舰的尾部构筑起高楼，外面的四周蒙上布遮挡住，让元军士兵们拿着盾牌埋伏在此处，并在船上奏响音乐。张弘范此时下令，当士兵们听到他的音乐响起再进行作战，违反者将其斩首。

当宋军听到元军的战舰上响起了音乐，误以为元军正在进行宴乐娱乐，便对元军产生了懈怠。但很快便反应过来，觉得元军此举有诈，并向元军的船舰射出大量的箭羽。而偏偏元军的兵士们正在举着盾牌伏地，且未发出任何动静，元军的战舰缓缓靠近宋军，此时才敲响锣鼓撤下布障，并同时将弓弩火器等一并发射，顷刻之间，元军便夺下宋军的巨舰一艘，运用此法，元军大队接连攻破七艘船舰。两军陷入殊死的混战之中，现场听闻声震天海，而宋军也因此大溃。

行朝之中的陆秀夫眼瞅着宋军的大势已去，甚至将自己的妻儿沉到了海中，又抱着赵昺跳海赴死。

杨太后在听闻自己的孩儿赵昺已跳海身亡，心中十分悲切，她隐忍多年到了如今的地步，只有这么一个赵氏的骨肉，如今却对往后日子不抱希望，随后便也跳海而死。

此战宋军将士死于火弩焚烧、水溺而亡者有十余万人，元军所缴获的巨型战舰也有近八百艘，而代表赵昺皇帝身份象征的符玺印章也被元军拿走了。

张世杰在奋力向着南边突围交战之际，遇到飓风而船毁人亡。到此为止，岭海（今两广地区）已被元军全部占领，南宋的军队荡然无存。

张弘范此战大胜，身处崖山之时，在山边崖上的一块石头上，刻下此次战役的功绩，随后率领元军凯旋。

第七章 ■ 一个朝代的挽歌

文天祥曾赋诗一首述及这场战役，以"一朝天昏风雨恶，炮火雷飞箭星落。谁雌谁雄胜负分，流尸漂血洋水浑"的诗句记录下此次战役的惨烈与当时宋军的惨状，更是以"唯有孤臣雨泪垂，冥冥不敢向人啼"诉说自己心中对于宋军一败涂地的苦楚。

对于伯颜奉忽必烈的命令渡江灭宋，以及南宋最后一场战役崖山大战，北方思想家刘因也赋诗一首《白雁行》。

诗中刘因以猛烈的北风比作忽必烈的元军，把元军统帅伯颜名字的谐音称为"白雁"，诗中全文更是对元军扫平整个江南、一统南北，以及在崖山大战的胜利持有些许的喜悦之情，而这也和江南之人所描述的绝望悲痛之心，形成了十分鲜明的对比。

此次崖山之战，是宋元之争的最后一战，彻底歼灭了二王逃亡行朝以及南宋所有的军事力量，忽必烈因此控制了两广之地。在这场大战的前后，重庆、泸州、合州等川蜀之地，也相继被占领，至此南宋彻底灭亡，忽必烈所一直期盼的南北统一，在大战胜利后彻底得以圆满地实现，在宋人看来，元朝已经天下正统，再无转圜余地。

忽必烈亲眼看到自己的蒙古铁骑踏平了中原，也终于将顽强抵抗的南宋军队全部歼灭，这是自从他亲灭大理之后，最伟大的一次军事征伐功业，而这份功业也彻底奠定了他大汗的地位，他自然十分欣喜，自己已然成为优秀的成吉思汗继承者，甚至他的功业超过了早已死于钓鱼城下、只得到川蜀一半土地的汗兄蒙哥。

福王赵与芮的身份十分尊贵，他是宋理宗的弟弟，也是宋度宗的亲生父亲，在赵宋宗室中是地位极高的长辈。

在至元十三年（1276）二月，赵与芮便主动给元朝宰相伯颜写过信，内容十分恳切，伯颜也给他回信一封，信中称只要他们的国家能够投降于元朝，那么南北便统一成为一家人，劝他不要再犹豫，应该速速前来，一

统一的前夜： 忽必烈吸纳江南

同商谋做大事。

福王赵与芮在收到伯颜的回信后，也果然同意来到伯颜的军中，与他一同商议，所以赵与芮应该是首位与元朝政权建立密切联系的赵宋宗室之人。

之后，有人向元军统帅告密，称福王赵与芮家的子侄们，是大宋的血统，理应一同北上。

福王赵与芮在随着队伍到达大都之后，很快被忽必烈封为平原郡公，在当上平原郡公后，他先后联络元朝廷的达官贵人，希望能够得到他们的照拂。不久之后，忽必烈下达命令，将福王赵与芮在江南的所有财产全部运到大都，并且交付元朝朝廷记录在册。

福王赵与芮是被允许在大都与亲孙子赵㬎见面的，但二人在他乡见上一面，却因思乡之情只能互相流泪，根本过不上理想中的天伦之乐。

在亲孙子赵㬎被忽必烈下令送往上都的时候，忽必烈见福王赵与芮年事已高，不宜迁往上都，便特许批准他留在大都，这样也使得他们祖孙二人再也无法相见。

福王赵与芮去世于至元二十四年（1287）二月之前，晚年的生活也不过是有幸留得了一具全尸，但死后也无法落叶归根。

在福王死后，忽必烈还允许他的儿子赵孟桂承袭了他的爵位，成为平原郡公。

赵与芮是南宋君臣北上队伍中，最受忽必烈青睐之人，早年赵与芮中进士后，身在鄂州教授。至元十一年（1274）元军渡江的时候，赵与芮率领着身在鄂州的所有赵氏宗族去面见伯颜，请求他不要杀害他的宗属们，只要伯颜能够保全他们，他便归降。在那之后，伯颜在面见忽必烈时，忽必烈曾问起这群赵宋宗室中有谁是贤良之人，伯颜在听后也推荐赵与芮。

赵与芮本人十分忠于职守，并且有话直言，从不拐弯抹角，曾经就亲自上书抨击杨琏真迦身在江南的敛财之举操之过急,而挖掘南宋皇陵更是有诸多弊端,同时他指责元朝权臣桑哥的行为举止粗暴无礼,宛如闯进城池的凶狠老虎。

赵与芮的家产在被元朝没收之后,过着负债累累、十分贫穷但有操守的日子,忽必烈在得知他的情形之后,随即命令官府为他偿还了债务,并且还赏赐宝钞一万三千贯,每年还给他的妻子粟米布帛等,这几次之后敢于直言的赵与芮深受忽必烈的关怀。

随行北上的南宋朝廷中的重要大臣们,大多在北上后也是充满悲剧性的,如贾余庆、吴坚、谢堂和家铉翁四人。

右丞相兼枢密使贾余庆,是谢太后和幼主赵㬎亲封的祈请使,他起初来到大都是为了奉表献玺纳土,也为了乞求忽必烈能够为南宋留下宗社,但这任务太艰巨他并未成功,在抵达大都后不久,全太后和幼主赵㬎便也被送来了大都,南宋彻底宣告灭亡。

而这位祈请使在来到大都后,其实未见到忽必烈的真面,所以自然是没有将他的目的讲出,后因身染重病于至元十三年(1276)闰三月十四日死在了幽燕(今河北北部及辽宁一带)。

贾余庆是最先带着任务抵达大都的,也是第一个死去的北上大臣,而他的死,更是让不少南宋大臣们感同身受,十分悲哀。

祈请使不止贾余庆一人,左丞相吴坚也是其中一位。

在贾余庆客死幽燕之后,左丞相吴坚便成了这群身在大都的亡国臣子们的首领,无论是应召大都,还是受忽必烈的赏赐,他都位列前位。

在至元十三年(1276)五月初二的御宴上,忽必烈曾亲自向吴坚询问:"你已经老了,又该如何做丞相为他们办事呢?"吴坚回答:"丞相陈宜中不知去向,朝廷中根本无人能够任此职,而我做丞相也没有多长时间。"与此同时,吴坚更是声称自己年事已高,期望元朝皇帝忽必烈能够

统一的前夜： 忽必烈吸纳江南

放他告老还乡，回到江南过田野村夫的日子，但并未得到忽必烈的准许。

听闻吴坚在成为祈请使准备北上前往大都的前夕，曾与贾余庆等人面见过谢太后，并上奏乞求谢太后能够乞封他的三代包括他的妻儿，谢太后最终也动用自己最后的权力准了他的奏，并满足了他的要求。

这件事情在当时南宋朝野之中也引起了不小的非议，群臣指责吴坚等人，国难临头，却贪慕虚名，根本没有一丝报国之心。

如今身在大都的吴坚，不知对数月前的"乞封"，内心是什么感觉？

谢堂是谢太后的谢氏侄儿，至元十三年（1276）二月，他假充祈请使奉命前往大都向忽必烈请命，而谢堂为人圆滑，正因多次向元军将领行贿，才得以返回临安。

但在同年三月，伯颜亲自护送全太后和幼主赵㬎离开临安前往大都，谢堂再也没了逃脱的机会，只能跟随，而北上后便一直居住在了幽燕。

像谢堂这样想要苟且偷生的南宋大臣不少，最有骨气的便只有一人，那就是家铉翁。他曾经是端明殿的学士，更身负签书枢密院事，在南宋灭国时他充任宰执。

在谢太后颁布诏书投降元军的时候，家铉翁却拒绝签字，甚至因此还差点儿被元将程鹏飞所绑。

但不久之后，家铉翁也身在祈请使的队伍中，成为其中的一员，提前北上来到大都。家铉翁在到达大都之后不久，南宋彻底灭亡的消息才传来，家铉翁得知后日夜流泪，甚至数月不进一米，郁郁寡欢。

元代朝廷当时想为他封授官爵，但家铉翁称自己不侍两朝君主，而直接拒绝，又掏出自己所有的家底，只为了能够赎回文天祥的妹妹。

之后，家铉翁便开设学馆，教授《春秋》，一直到成宗即位，成宗皇帝为其赐号"处士"，并且还让他返回江南，而成宗皇帝亲赏给他的金币盘缠，他也一分不收，极具骨气。

南宋想要再回到过去已然是不可能的事情，崖山一战之后关于南宋的光景也随之破灭，一个朝代的挽歌就此悲鸣在上空。

二、千古帝王

中华上下五千年的文明，历代皇帝各显功绩，他们在历史的洪流中树立起伟岸的形象，影响着当朝的子民，也为后代奠定了强大的基础，就是他们的出现，让中华民族增添了一抹亮丽的风采。

忽必烈也是这样一位千古帝王，元朝著名诗人王恽就曾写过八首诗追忆早年的忽必烈。他在诗中描述忽必烈善用谋臣，赏罚分明，又赞赏他是一位有着辽阔江山的帝王，不只活跃在中原，甚至在大漠都有他的丰功伟绩。

忽必烈的确善待子民，在他统一南北之后，他不但没有将蒙古旧制糅杂在汉地上，反而沿用中原王朝的正统，在他统治下的元朝，文化非但没有退步，反而演绎出了更多的新篇章，丰富了这个朝代的历史底蕴。

因为忽必烈的血液中流淌着成吉思汗的基因，他自然也是充满豪气与勇谋的，他亲征四方，既是擅骑的猛将也是听政的君主，无论从哪个方面去看，他都是一个极具才华的人。

波斯史学家瓦撒夫曾对忽必烈致以最高的评价：

罗马之诸恺撒，波斯之诸库萨和，支那之诸帝王，阿勒壁之诸开勒，耶门之诸脱拔思、印度之诸罗阇，萨珊、不牙两朝之君主，塞勒柱克朝之诸算端，皆不足道也。

他之所以如此崇拜忽必烈，也与当时的波斯伊利汗国和忽必烈走得很

统一的前夜：忽必烈吸纳江南

亲近有关，毕竟都是同宗族人统治的王朝，就好像自带了一层滤镜去看待忽必烈，尽管如此，也不否认忽必烈自身的优秀。

明朝时期的史学家认为忽必烈以汉法治汉地是一个明智的举措，清朝史学家也认为忽必烈天下混一当有功，是一代开国明君。

比起秦皇汉武、唐宗宋祖，忽必烈又有怎样的不同之处？

我们可以从他从政时的几个方面去分析一下。

喜欢读历史的人都知道，历史从来都是充满残忍与血腥的，不论是征战四方还是皇室争权，都少不了那些被淘汰的不幸者。

尤其是游牧族人，他们从草原上来，比起中原人多了一分原始的豪放，很难让人不畏惧他们。

忽必烈却与前面几个蒙古统治者不太一样，一是因为他很早就接触了汉文化，二是他的确是一个很早就被开化的人。

不论是平大理还是攻南宋，忽必烈始终能保持不轻易杀害无辜者的态度，这也颠覆了当时的蒙古人在许多中原人心中的印象。

并且除了不嗜杀，忽必烈还实施了很多文明的新举措，他将行刑上面的规则也修改了一番，让刑罚看起来不再那么失衡，就好比对待小偷不至于用处死的方式去惩罚他们，还留有一些可以让他们改过自新的机会。

忽必烈曾对南宋降将管如德说道："朕治理这个天下，重视每一条人命，若是这个人有罪，朕也会反复核实他的罪状，绝不错杀一人。朕与南宋的那些奸臣不一样，他们视人命如草芥，写错几个字就夺去一个人的性命。"

在死刑上，忽必烈也显得格外重视。他曾叮嘱身边的群臣，说道："若是朕在生气的时候让你把这个人杀了，你先别着急动手，等过个两天再来找朕复奏！"

自忽必烈统治元朝以来，他从来没有改变过自己的原则，面对官员处死强盗的建议，忽必烈也只是保留了处罚意见，选择戍边从军的方式，免去了他们的死刑。

甚至在牢狱人满为患的时候，忽必烈下令放归除了犯下死罪之外的犯人，原本定在秋日处刑，也因其心生恻隐而赦免罪行。

除了加强对死刑的管控，忽必烈还将鞭背、跪碎瓦等酷刑取消，这一点元王朝甚至做得比南宋还要宽容。

除了统治元朝时期忽必烈不轻易杀人，在中统年间，忽必烈也曾对阿里不哥手下的同党以怀柔之策使之顺服，一千余人仅杀十人。

当然，忽必烈也并非圣人，不能做到时时刻刻保持贤明，所以他也需要身边幕僚的辅佐和提示。

例如当年有人曾控诉史天泽的儿子与侄子等人在外权势太强，只怕时间一长将难以抑制，是廉希宪为史天泽说情："陛下，你了解史天泽，他并非怀有二志之人，若陛下今日选择不信任史天泽，那么臣等人也将会被人怀疑，还请陛下三思。"

忽必烈认为廉希宪言之有理，于是停止对史天泽的追查。

就罪臣或被诬罪臣在朝廷上展开辩论，是忽必烈常用的处理方式，例如"王文统与李璮勾结谋反""伯颜被诬告私藏南宋宝物"等事件，都是在朝廷上直接审对后才做出处置的。

另外，除了公正，忽必烈还有一个节约的美德。

这一点是受到了察必皇后的影响，皇后用旧弓弦织衣裳，取羊皮缝地毯，处处展现了节俭的作风。

忽必烈要求宗室与后宫不得铺张浪费，所有人身上穿的衣服都不能镶金镀银，这一点在史料中都有所考据。

当然，比起前几位大汗，忽必烈的赏赐就显得没有那么慷慨了，所以他也会在蒙古诸王心中留下一个"世祖啬财"的印象。

统一的前夜： 忽必烈吸纳江南

但是忽必烈对百姓很好，他经常救济贫困的子民，甚至压低了药价，为了让人人都能看病。

至元三年（1266），忽必烈曾打开粮仓帮助济南饥民。

至元六年（1269），忽必烈设立了常平仓和义仓。常平仓也是效仿汉唐制度，在米价便宜的时候，让官府高价买来，在米稀缺的时候，再便宜卖给百姓。义仓则在灾年将纳来的米供给众人。

至元八年（1271），忽必烈在各路设立了救济站，发课银赈济甘肃贫民。

在药医上，忽必烈也是做到了便民惠民，先是让王祐设立药局，从资金到管理都由官家掌管，提前储备药物，聘请良医坐馆，为贫穷百姓治病。

后来又将这种药局开设在各个地方，统称"惠民药局"。

如今社会很注重绿化，元朝也一样。

至元九年（1272），忽必烈命人在城路种植树木，并且这些树木的使用权都在百姓手里。

元朝时代也曾刮起过一阵禁赌风，忽必烈曾亲自下发旨令，任何人不得赌博，如果有人违反规定，就会被抓去地里种田。

忽必烈就像一个与生俱来的帝王，除了平复天下，他也知道如何治理百姓，若一个朝代遇到了一位可贵的明君，那个朝代将会迎来繁荣的盛世。

元朝在大一统后也是如此。

可谓：惠民有局，养济有院，重囚有粮，皆仁政也。

如果说金莲川幕府是忽必烈在称帝之前的储备军，那么他成为皇帝之后的招贤纳士，就是能够帮助他实现大一统的人才库。

忽必烈用人巧妙，他会认真观察每一个人的能力，确保能够信用的情况下才会任用，不会因为花言巧语就随意将大权交出去。

南宋降将程钜夫在被忽必烈召见后，忽必烈曾问他："贾似道是什么人？"

程钜夫将贾似道的事情全部告诉了忽必烈，没有任何隐瞒，忽必烈对身边的人说："朕看他面相就是个富贵之人，听他说话，也觉得聪明且有胆识，不如将他安排到翰林去吧！"

于是一代降将程钜夫就这样改变了命运，得到了重视，成为元朝官员中仕宦最为成功的人之一。

虽然忽必烈本人不喜欢科举这东西，但他对科举出来的状元确实十分喜爱，他手下的幕僚中就有状元，平复南宋后，南宋的状元也被忽必烈器重，都得到了很好的安排。

为了搜罗优秀的人才，忽必烈不惜拿出重金邀请，与他个人的节俭形成鲜明的对比，他对贤才毫不吝啬，也很乐意这么干。

对优秀的臣子，忽必烈从来不吝夸奖。

他称赞大臣不忽木能言善辩，吐词犀利；又称赞官员虎都铁木禄言简意赅，让人乐意听取。

洪君祥立下开运河与筑万岁山的功劳，忽必烈则满意地夸赞他忠心耿耿，是个栋梁之材。监察御史姚天福是个心直口快的人，经常与权臣作对，指点对方过错，忽必烈则赐他一个"巴儿思"的名字，也就是"老虎"。南宋降将管如德在狩猎时面对湍急的河流，跨下马匹，脱衣游上对岸，为此忽必烈则欣赏他的豪爽与果断，称他是个勇士。

比起那个因为嫉妒大臣写诗好过自己，从而下令诛之的隋炀帝，忽必烈的大度赏识与那位胸襟狭窄的帝王形成天壤之别。

也有人说忽必烈对家世背景看得很重，但这并非是说忽必烈眼中只有出身高贵的人，比起这些虚无的东西，他更在乎这些人的家族是否与自己

统一的前夜： 忽必烈吸纳江南

有过往来。

就像当年为自己爹娘管理过分邑的孟速思，他虽是畏兀人，却因为旧交被忽必烈邀请到藩府中去做事。

而汉族臣僚窦默、李德辉等人也因为与忽必烈结识得很早，所以深受忽必烈的信任。甚至在窦默年事已高时，忽必烈还说："这样的贤者实在太难得了，如果上天能再多给他几年时间，将他留在朕的身边一起治理天下就好了！"

在李德辉遭人诬陷时，忽必烈却直接替他说话，表示自己完全信任李德辉。

比起还被审讯了一番的伯颜以及曾经被剥夺权力的史天泽，忽必烈更信任自己的旧知交，虽说也是人之常情，但并非所有人都能做到，哪怕是从小就认识的人，也有人对此产生过怀疑。

除了旧交，忽必烈也死认"有其父必有其子"这个理，当有人质疑张弘范的儿子张珪太过年轻，不足以担任枢密院重职时，忽必烈直接反驳，说："他们一家三代人效忠于我，有什么不可以的？"

最后还是将张珪安排去了枢密院。

忽必烈这么想也不无道理，当年与南宋海战时，董文炳的儿子董士选也确实表现出不输于父亲的英勇之姿。

政权中有人眼红布鲁海牙的子孙大多在忽必烈身边被授用，劝忽必烈减少一些，忽必烈却生气地回道："布鲁海牙为朕立下那么多功劳，他的子孙朕也都熟悉，这不是你能干涉的事情！"

身为元朝名臣之一的廉希宪就是布鲁海牙的儿子。

除此之外，对待大将忽必烈也有很巧妙的拉拢方法，例如在对南宋之战中出生入死的李庭芝，犒劳他除了赏赐无数金银财宝，忽必烈还在举办宴席的时候，特意请他坐在左手边，并对他说道："刘整将军都不曾坐在这个位置，只因你立下功劳，所以特殊礼待你。"

在廉希宪引荐下为忽必烈效力的张雄飞为人清正廉洁，从来不接收任何贿赂。忽必烈为此很是佩服，他特意叫来张雄飞，对他说："爱卿，朕知道你是个真正清廉的人，现在特意赏赐你2500两白银、2500贯钱币。"

就在张雄飞即将离开的时候，忽必烈又追赐了五十两黄金，以及无数金子制成的器皿。

除了对功臣们行赏夸赞，忽必烈也十分关心臣子们的身体，君主如此体恤，元朝的大臣们心中也都很是感激。

至元十五年（1278），董文炳患了重病，向元廷提出辞去中书左丞一职的请求。忽必烈将董文炳叫去上都，告诉他什么地方适合养病。

而来到上都的董文炳认为自己可以在上都继续为忽必烈效力，忽必烈却拒绝了，他认为董文炳十分忠诚，但也顾及他的身体，此后对他更加关怀。

当年西北诸位叛乱，海都私自拘留忽必烈派出的使者石天麟，待石天麟回到元廷的时候已经是个七十多岁高龄的老人了，无法再重用他，然而忽必烈仍很关心他，为了让石天麟出行方便，他竟将自己用的金龙头手杖送给他使用。

如成吉思汗当年赐封对自己有过救命之恩的人一样，忽必烈也赐过功臣之子"答剌罕"的封号，例如蒙古月里麻思奉忽必烈之命出使南宋，被囚禁折磨长达三十六年，最终客死他乡，为了体恤他的子孙，忽必烈就赐了"答剌罕"这个称号给他的儿子忽都哈思。被西北叛王所杀的桑忽答儿的兄长麦里也在忽必烈的怜悯下追封了"答剌罕"，答剌罕比起常人要更自在不受约束，有罪不惩，免除赋税和徭役。

对待那些为国捐躯的功臣，忽必烈格外善待他们的家属，这让许多人都对他十分感激。

统一的前夜： 忽必烈吸纳江南

在平复南宋的那场战役中，伯颜被忽必烈任命为统帅，而阿术则为副统帅，相比起与自己曾经一起上刀山下火海的阿术，伯颜要显得关系远得多，但忽必烈不因为关系远近而命职。

他深知伯颜的用兵之道，他统领的将士全都服从他的指令，阿术虽然聪颖也有能力，但比起伯颜缺少了一些征服力，军中将士很难全部服从于他。

出于这一点考虑，忽必烈的选择是没有任何问题的，甚至还很英明。

在教育臣子上，忽必烈也有一套他自己的想法。他认为"年纪"并不能决定这个人能不能继续为国家效力。

这就好比当代社会，许多人到了退休的年纪就不在岗位上工作了，但也有很多人认为自己虽然到了退休年纪，却仍然可以做很多事情，闲不住就会出去找点其他事做，或者在家中也不会闲下来。

而有人则是一退休就认为自己什么事也做不了了，认为自己老了，也认命了。

忽必烈曾对近臣这么说道："说你年老，你还没老，说你年轻，你也不年轻了。但这个时候正是可以继续做事的年纪，不要浪费了你的毕生所学！"

他认为汉人总喜欢以年纪大了为理由选择不再做事，他却认为，只要身子骨还健朗，人就不算老。

在中原地区也确实有这么一个习惯，人到了年纪则自然退休，蒙古人却对此没有概念，除非是患病或者残障，忽必烈依然劝他们努力为国效力。

这一点忽必烈也是如此，尽管后来他年事已高，腿脚不便，仍然选择亲征打仗。

历代皇帝都是普通人，但他们要一直坐在这个位置上直到死去，才换

第七章 · 一个朝代的挽歌

下一个人登极。

如同南宋灭亡时文天祥留给忽必烈的印象,他一直很赏识文天祥,曾被他忠诚的心所感动,也发出过"为何这样的家臣却不为我所用"的感慨,忽必烈对"忠诚"二字看得很重。

李璮反叛对他造成的打击是很大的,只是因为有阿里不哥的事情才将注意力转移了大半,汗位之战结束后,乃至他的后半生,其实他一直活在被背叛的阴影中。

面对降元宋军杨大渊,忽必烈亲颁手诏;面对坚守辽东、高丽一代的王珣与王荣祖,忽必烈抚恤他们,称其诚节忠贞。听说降将管如德为父至孝,他则说:"这么孝顺父亲的人,一定也能效忠于朕!"

在海都攻掠漠北的时候,两个和林宣慰使一个选择投靠海都,一个选择逃回元廷。面对经历艰难险阻回到身边的刘哈剌八都鲁,忽必烈喜出望外,毫不犹豫地重重行赏。而对另一个背弃元廷的宣慰使怯伯,则用"一条为了吃的而抛弃主人的狗"的形容唾骂了一番。

当然忽必烈也有得意时说错话的时候,就好比有一次,他夸赞某大臣曾在蒙哥称汗的时候偷偷帮助过自己。

大臣不忽木却提醒了忽必烈:"这就是所谓的当人臣子却对他人怀有异心。若现在陛下的大臣里出现一个私下勾结其他亲王的人,陛下会怎么想?"

忽必烈猛然注意到自己的言行有失公允,于是赶紧向不忽木承认自己的失误。

虽然忽必烈身为帝王,但在被臣子指出失言之过的时候,他仍然会选择虚心听从,并且加以改正。

南宋除了出了个奸相贾似道,留梦炎更是臭名远扬。虽然降元,但忽必烈仍然清楚这些人的品行,绝不袒护半分,反而更加注重忠义这点。

289

统一的前夜： 忽必烈吸纳江南

当然，还是那句话，忽必烈也并不是完人，身边出现一些罪臣也只是那些人自身的问题，并不代表忽必烈一眼就能看穿对方抱的什么心思，更何况有些人就是墙头草，曾经忠心耿耿，也会在未来的某一天突然变卦。

这些都是无法预知，并且很难提前掌控的。

所谓因地制宜，也因人而异。

忽必烈对不同的人，分配不同的工作，结合他们的长处，将适合他们的事情分配给他们做。

这是身为一个君主应当擅长的事情。

元朝建立以来，基本上是沿用了金莲川幕府的班底，像姚枢、刘秉忠、廉希宪等人，依然留在忽必烈身边做事。

在阿合马之前，是王文统负责财政工作。直到西北诸王叛乱的爆发，开始任用擅于敛财的阿合马为宰相，到后来又更换卢世荣负责理财，事关国家财务大事，这个职务也更换了不少人。

不论是王文统还是阿合马、桑哥，都不得不承认，这些人都有极其出色的能力得以胜任。

所以我们也不难看出，忽必烈的宰相通常来说都是与理财挂钩的。

一个国想要强大，必须得有充足的国库，当初忽必烈在漠南总领军事时，也曾因为私下攒了一笔自己的金库而被蒙哥派阿兰答儿钩考了一番，说明忽必烈对管理钱财的观念很强，从早期就可以看出来。

平复南宋也让忽必烈狠狠地掏了一把国库，兵器、船舰、军力，都是需要财力才能建立起来的东西，他之所以敢主动出手，也是因为他对当下的财务很有信心。

试想，如果国库空虚，打仗打了一半突然没钱了，也是一件功亏一篑的事情。

所以，想要打赢胜仗，忽必烈必须重用可以帮他敛到巨大财富的人。

但是有一个弊端，人都会利欲熏心，在面对那么多金钱的时候，总有人会眼红。

所以有时候也未必能埋怨阿合马与桑哥等人，他们的专权也是一种包袱，对于他们本人而言，时时刻刻甚至以后都有可能背负骂名，压力也很大。

除了在财政方面忽必烈喜欢以专权的方式交给信任的臣子，军事方面他也一样分配清晰，很少出现俯仰随人的尴尬局面。

在忽必烈刚即位初，反对忽必烈的势力中就有当年钩考他的阿兰答儿等人，阿兰答儿和浑都海二人想要在关陇占据一席位置，却被忽必烈发现。

忽必烈当即派出廉希宪前往关中，由于廉希宪对阿兰答儿也有旧怨，这趟战事进行得十分顺利，前提也是忽必烈将专权全盘交付给了廉希宪，这让他在战役中发挥自如，没有受到什么阻碍。

至元十一年（1274），伯颜顺利渡江，然而由谁来担任前线的支援，成了一个问题。忽必烈认为廉希宪最为合适，于是叮嘱廉希宪，一定要以怀柔政策去治理江陵，对归附的人进行抚慰，对没有归顺的人加以劝说。

他认为廉希宪的品行一定会被宋人看好，果不其然，廉希宪把荆湖地带的前线工作做到了最好。

在南宋灭亡后，昔里吉等叛王趁机骚扰和林附近，面对这些同宗，忽必烈没有派出蒙古大军，反而任用了两名汉将。

他认为，这是一场蒙古人间的内斗，如果让汉人前往战场，则少了很多顾虑。

然而漠北的风势却越来越大，已经到了难以掌控的阶段，于是忽必烈

统一的前夜： 忽必烈吸纳江南

又将平宋功将伯颜与阿术调去前线。然而，伯颜却有着自己的一套作战方案，让忽必烈短时间内看不到成效，于是他让玉昔帖木儿顶替伯颜的位置。

虽说换掉伯颜可能是忽必烈的失误，因为以伯颜的战略走下去，或许能加速解决西北叛王的骚扰，但玉昔帖木儿也不是什么临时人选，他是成吉思汗时期的万户博尔术的孙子，熟悉漠北地势，在当地也有着很高的声望，其实从细节来看，忽必烈用人都有自己的见解，且清晰又明确。

重用某位谋臣，是忽必烈从来不会失手的决定。他与身边的这些人彼此了解，彼此信任，一旦选择用人，忽必烈一定提前斟酌了很久。

当然他也不会给属下太大的压力，如果遇到突发情况，临时改变策略也是允许的事情。

例如在对付浑都海的时期，忽必烈派廉希宪赶往川陕作战，廉希宪担心密力火者提前动兵，于是派有勇有谋的刘黑马假传圣旨。当密力火者赶到朝廷告状时，忽必烈则说："确实是朕的旨意。"

一句话将廉希宪等人护了下来，前提也是他明白廉希宪这么做的目的，当时的情况一定属于危急关头，否则廉希宪不会选择铤而走险。

当年出使大同的刑部尚书不忽木在来到当地后正好遇到饥荒，他直接打开仓库救济当地百姓，被人告到忽必烈那里，说他擅自开仓，但忽必烈反问告状的人："若百姓都死了，这罪要算在谁身上？"

除了允许部下随机应变，忽必烈甚至提前观察大局，主动叮嘱可以擅自行动。例如汉人将领刘国杰在讨伐海都的时候，忽必烈就对他说过："要是有不听从你指令的人，先斩后奏，不必顾虑。"

他用人则信人，这让君臣关系格外融洽，忽必烈的知人善任成全了一批又一批的功臣名将，他们跃然于元朝历史的篇章，谱写了一段又一段传奇的人生。

第七章 一个朝代的挽歌

早在蒙哥汗时期,忽必烈就学习汉地皇帝治理朝政的手段,例如:纳谏。

放在现代,一个团队想要产生很好的点子,就必须得召集一组人聚在一起展开头脑风暴,放在过去,也就是皇帝与臣子之间展开头脑风暴。

忽必烈经常要求身边的幕僚多多提供意见,好的意见则采纳,不好的意见也不会被责怪,所以他身边的幕僚经常聚在一起提供自己的思路,时时刻刻辅佐忽必烈在理政上保持清醒。

忽必烈知道自己身边的这些侍从个个充满学识,自古以来皇帝难当,能集中他人的智慧指点自己,也是件聪明的事情。

有一次,忽必烈足疾发作,痛苦难忍,王府医师许国祯为忽必烈配了治疗足疾的药来,忽必烈尝了一口发现苦涩难咽,于是不愿意用药。

许国祯是元代出名的良医,他劝道:"古人都说,良药苦口利于病,忠言逆耳利于行。"

待到足疾重蹈折磨而来,忽必烈才感到后悔,于是他这一次积极配合许国祯的治疗,也愿意听从忠告。

在巩固政权期间,职务的分配也成了一个问题,经常会出现一个地方选任了两个长官这类情况。

御史大夫姚天福提醒忽必烈:"古时候有一种说法,一条蛇有九根尾巴,头动的时候尾巴会跟随其后,但如果出现了两个头,那这条蛇就寸步难行了。如今我们的纲纪还不够完善,恐怕存在一条蛇两个头的隐患。陛下要是不尽快做出调整,只怕久而久之会出现大问题!"

忽必烈听罢,立刻将职务重新分配,一个地方只留一个长官。

当初减省刑罚时忽必烈也是听取了大臣张雄飞的建议,为此忽必烈还很高兴,说了这样一番话:"只有在展开一场盛大的狩猎仪式后,才能知道谁更擅长骑马射箭,同样,只有聚集了诸位爱卿在这里一同讨论,才能

统一的前夜： 忽必烈吸纳江南

得到明智的建议。"

除此之外，忽必烈还很喜欢直言敢谏的人。

有一年大安阁出现了失窃案，用来祭祀神仙的钱币被人偷走了，忽必烈决定抓住并处死这个窃贼，当时朝中无人提出反对的意见，这时太医许国祯站出来说："祭祀神仙乃是善事，若因为这个事处死一人，只怕神仙也不会接受我们的贡品。"

忽必烈认为许国祯说得很有道理，能在这个时候及时劝阻，反而让他感到高兴。于是，他不但放走了盗贼，还赏赐了许国祯。

因为忽必烈是来自草原上的君王，所以带来了许多蒙古的旧习，例如宴会上不能豪爽饮酒的人就要脱去衣物以作惩罚，但汉人幕僚魏初却认为这实在有失汉地礼仪，若是让外来的使臣看到我们中国的礼节竟这样不雅观，恐怕会叫人笑话。

忽必烈后来听取了魏初的建议，将这些陋习全都废除。

像忽必烈这样愿意听从礼节教导的君主是难能可贵的，尤其是从小就生长在蒙古人的圈子，不但不狂放，反而还变得谦卑起来。

前朝也多少有些君主与臣子之间因为进谏的事情争吵起来，多数都是皇帝不乐意、大臣受委屈，但忽必烈比起很多君主，要显得冷静许多，尽管有时候他也会被触犯到，但他不会轻易动怒，最多埋怨几句。

就好比面对经常直言不讳的廉希宪，忽必烈就曾这样抱怨他："你身为皇帝的臣子，就这么倔强吗？"

尽管如此，君主二人的感情依然没有遭到损伤，说明忽必烈理智，他知道维护关系，也明白廉希宪这么做的目的，一切都是为了他好。

能够成为一代名帝，忽必烈自身的才能不可缺，所谓"强将手下无弱兵"，一个贤明的君主下面自然汇聚各类英杰，而忽必烈也把他的这个团体维护得很好，可以说，有忽必烈的元朝并不输于任何一个繁华的朝代。

忽必烈在政坛上活跃了四十多年，如果要把他的功绩总结罗列，大致上他做了三点重要的贡献：第一，他建立了多民族统一的庞大王朝；第二，汉法治国，弥补空缺；第三，杂糅蒙汉，开拓版图。

忽必烈确实是中国历代皇帝中第一个统一全国的少数民族皇帝，往前数的话不是汉人皇帝就是未能统一全国的少数民族皇帝，忽必烈首先打破了这个规则，成为中国历史上的一个具有划时代意义的皇帝。